Schriftenreihe des Freiburger Instituts für
angewandte Sozialwissenschaft e.V. (FIFAS)

Vorstand: PD Dr. Baldo Blinkert
Thomas Willmann
Johannes Stock

Band 8

Kommunale Jugendarbeit und Jugendforschung

Forschungen mit und über Jugendliche

Bericht über eine FIFAS-Studie
über die Situation von Jugendlichen
in Staufen im Auftrag von SOS-Kinderdorf e.V.

Baldo Blinkert / Uta Güsewell / Jürgen Spiegel

unter Mitarbeit von
Regine Berglez und Markus Winkelmann

Centaurus Verlag & Media UG 2003

Zu den Autoren:

Baldo Blinkert, Dipl.-Soziologe, Dr. phil., habil., Privatdozent für Soziologie an der Universität Freiburg. Gründer und Leiter des Freiburger Instituts für angewandte Sozialwissenschaft (FIFAS). Schwerpunkte in der Forschung und Lehre: Stadt, Region, soziale Sicherheit, soziale Dimensionen von Kindheit, Jugend und Alter, gesellschaftliche Übergänge und Brüche (Zivilisationstheorie, Modernisierung, Kriminalität, soziale Ungleichheit, Wandel der „Arbeitsgesellschaft"). Forschungsarbeiten mit einer engen Verknüpfung von soziologischer Grundlagenforschung und praktischer, angewandter, politischer Themenstellung.
email: Baldo.Blinkert@soziologie.uni-freiburg.de
internet: http://www.soziologie.unifreiburg.de/blinkert

Uta Güsewell, Jahrgang 1972, Dipl.-Sozialarbeiterin, einjährige Planung und Umsetzung der Kinderstadt Lollytown in Kooperation mit einer Freiburger Gesamtschule, zweijährige pädagogische Mitarbeit in einer Wohngruppe für männliche Jugendliche und junge Erwachsene, seit Mai 2001 Mitarbeiterin des SOS-Kinderdorfes Schwarzwald in Sulzburg als Jugendreferentin in Staufen und in dieser Funktion mit der Initiierung, Gestaltung und Begleitung verschiedener Ansätze offener Jugendarbeit in der Stadt Staufen auf der Grundlage der Ergebnisse der Jugendstudie Staufen befasst.

Jürgen Spiegel, Soziologe M.A., wissenschaftlicher Mitarbeiter beim Freiburger Institut für angewandte Sozialwissenschaft (FIFAS). Mitarbeit an verschiedenen FIFAS-Studien im Bereich Kinder- und Jugendforschung.
email: Spiegel@fifas.de

Die Deutsche Bibliothek – CIP-Einheitsaufnahme

Bibliographische Information der Deutschen Bibliothek
Die Deutsche Bibliothek verzeichnet diese Publikation in der
Deutschen Nationalbibliographie; detaillierte bibliographische Daten
sind im Internet über http://dnb.ddb.de abrufbar.

ISBN 978-3-8255-0408-3   ISBN 978-3-86226-839-9 (eBook)
DOI 10.1007/978-3-86226-839-9

ISSN 0930-9470

© CENTAURUS-Verlagsgesellschaft mit beschränkter Haftung, Herbolzheim 2003

Umschlaggestaltung: DTP-Studio, Antje Walter, Hinterzarten
Umschlagabbildung: Gerhard Geist
Satz: Vorlage der Autoren

Vorwort

Die vorliegende Studie gewährt Einblicke in die Lebenslage der in Staufen wohnenden Jugendlichen. Sie zeigt deren Bedürfnisse auf und formuliert Bedarfe. Sie ist nicht als Grundlagenforschung konzipiert, sondern greift, analog der Enquetekommission für Jugendarbeit und Jugendpolitik in Baden-Württemberg, die Forderung auf, sozialraumbezogene und partizipativ gestaltete Forschung und Planung zu initiieren.

Diesem Ansatz liegt der Gedanke zugrunde, durch Beteiligung von Betroffenen einen Aktivierungsprozess zu gestalten, der Bürgerschaftliches Engagement konkret werden lässt und örtliche Eigenheiten sowie Ressourcen entdeckt, nutzt und weiterentwickelt. Somit ist die vorgelegte Studie eine ideale Grundlage für die Unterstützung einer mittelfristigen Jugend-hilfeplanung offener Jugendarbeit in der Fauststadt Staufen. Die Besonderheit dieser Aktionsforschung ist die durchgängige und konkrete Mitarbeit der Jugendlichen nicht nur in der Planungsgruppe und weiteren Bausteinen der Studie, sondern auch innerhalb der Befragungs-aktion als Interviewer. Durch diese breitangelegte Beteiligung werden Jugendlichen politische Erfahrungen vermittelt und sie werden nicht nur als fordernde Problemgruppe erlebt, sondern als gestaltende, aktive Experten in eigener Sache wahrgenommen. Explizit entspricht dieser Prozess den Forderungen und der Stellungnahme der Bundesregierung zur Beteiligung und Teilhabe junger Menschen in unserer Gesellschaft wie sie im 11. Kinder- und Jugendbericht dokumentiert sind.

Inwieweit auch in der Umsetzung der Empfehlungen der Studie die Belange Jugendlicher von Seiten der politischen Entscheidungsträger oder gar die Teilnahme an den die Jugendlichen betreffenden Entscheidungen möglich sein wird, das wird zukünftig auf dem Prüfstand stehen.

Eines ist deutlich: Jugendliche brauchen ihren selbstbestimmten Platz in unserer Gesellschaft, ohne Vorbedingungen, so auch in Staufen. Sie benötigen Räume, die sie sich selbst aneignen können und in denen sie ihre jeweilige Kultur entwickeln können. Und diese Kultur ist vielfältig, zeitlich kaum erfassbar und bedingt die Begleitung durch Erwachsene ebenso wie klar ausgewiesener erwachsenenfreier Bereiche.

Die Ausgangslage

Im Rahmen der Agenda 21 bildete sich eine Gruppe bestehend aus Gemeinderäten und Experten zum Thema Jugend und Schule. Dieser *Beteiligungsprozess von Bürgern* zur Entwicklung der Gemeinde Staufen führte zur Anfrage des SOS-Kinderdorfes Schwarzwald, das bereits in anderen Gemeinden offene Jugendarbeit mit unterschiedlichen Konzepten betrieben hatte. In den ersten Gesprächen wurde deutlich, dass in Staufen traditionell eine sehr vielfältige Jugend- und Vereinskultur existierte, genaue Kenntnisse über die Bedarfslage und eine Zusammenarbeit untereinander jedoch nicht festzustellen war. Die Verwaltung war oft Ansprechpartner, konnte jedoch aufgrund fehlender zeitlicher und fachlicher Ressourcen nur punktuell tätig werden. Als Ergebnis der Gespräche schloss die Stadt Staufen mit dem SOS-Kinderdorf Schwarzwald eine Kooperationsvereinbarung, die zunächst als wichtigen Schritt die Einrichtung eines Jugendrefera-tes beinhaltete, welches in der ersten Zeit damit beauftragt werden sollte, eine Jugendstudie für Staufen zu erstellen. Nach einjähriger aktivierender Forschungstätigkeit, die den Schwerpunkt der Arbeit des Jugendreferates bildete und dennoch parallel zu der eigentlichen Arbeit vor Ort verlief, liegt nun ein differenziertes und als Ganzes rundes Gesamtergebnis vor. Für eine sozialräumliche Konzeptentwicklung offener Jugendarbeit in Staufen bietet die Jugendstudie alle notwendigen Grundlagen. Und nun nach Abschluss der Studie, noch vor deren Drucklegung, sind die ersten Umsetzungsschritte bereits in vollem Gange.

Zur Würdigung des Engagements

Ermöglicht werden konnte diese beispielhafte Forschungs- und Planungsarbeit durch die Weitsicht eines interessierten Gemeinderates, einer unterstützenden Verwaltung und eines engagierten Bürgermeisters. Vor allem aber durch das aktive Mitgestalten und die Geduld vieler Jugendlicher, diesen langen, zunächst wenig praktisch-konkreten Prozess bzw. dessen erst mal nicht sichtbaren Ergebnisse durchzuhalten. In FIFAS wurde ein Partner gefunden, der es immer verstand, wissenschaftliche Erkenntnisse in praktische Prozesse vor Ort einzubinden. Die Beteiligten fühlten sich in ihrer Arbeit gut begleitet und konnten vom Wissen der Experten profitieren. Auch die Beratung durch Herrn Dr. Sierwald vom Sozialpädagogischen Institut (SPI) des SOS-Kinderdorf e.V. in München zur Initiierung der Studie war sehr hilfreich. Die wohlwollende Unterstützung und die Fachlichkeit des Jugendhilfeplaners des Landkreises Breisgau-Hochschwarzwald, der die entscheidende Initialzündung zu der beschriebenen Vorgehensweise gegeben hat, steuerte diesen Planungsprozess in eine zeitgemäße Ausrichtung. Verbindende Person der Studie war die Jugendreferentin, die mit ihrem großen Engagement und ihrer fachlichen Kompetenz den gesamten Prozess zu diesem umfassenden Ergebnis geführt hat. Die Studie konnte letztlich nur dank der freundlichen Unterstützung des SOS-Kinderdorf e.V., der Egon-Härtenstein-Stiftung, der Jugendstiftung Baden-Württemberg und des Landkreises Breisgau-Hochschwarzwald durchgeführt werden.

Im einzelnen danken wir:

- Den engagierten Jugendlichen, besonders den TeilnehmerInnen der Planungsgruppe Jugendstudie und der Gruppe der InterviewerInnen;
- den beteiligten Bürgern und vor allem den Aktiven in den Arbeitsgruppen;
- allen Vereinsvorsitzenden für ihre großartige Unterstützung und Mitarbeit;
- Herrn Bürgermeister a.D. Graf von Hohenthal;
- Herrn Bürgermeister Benitz;
- den Mitarbeitern der Stadt Staufen, besonders Herrn End;
- dem Gemeinderat der Stadt Staufen, hier besonders Frau Battke, Frau Dengler, Herrn Müller, Herrn Siehr für deren Engagement, das zahlreiche Wege ebnete;
- Herrn Privatdozent Dr. Blinkert und der wissenschaftlichen Mitarbeit von Herrn Spiegel (FIFAS);
- Herrn Dr. Sierwald (SPI, München);
- Herrn Bayer (MDL);
- Herrn Pflüger, Jugendhilfeplaner des Landkreises Breisgau-Hochschwarzwald;
- dem Freiburger Verein für soziale Medienarbeit Argus e.V.;
- den Mitarbeitern des Bereiches „Gemeindebezogene Jugendarbeit" des SOS-Kinderdorfes Schwarzwald in Sulzburg;
- allen hier nicht aufgeführten Personen, die diese Arbeit unterstützt und mit ihren Beiträgen bereichert haben;
- der Jugendreferentin, Frau Güsewell, ein besonderer Dank für ihre außerordentliche Motivation und Professionalität.

Die Finanzierung der Jugendstudie Staufen – Besonderer Dank an:
- den SOS – Kinderdorf e. V. München, Herrn Dr. V. Then, stellv. Vorstandsvorsitzender SOS-Kinderdorf e.V. und Herrn R. Romer, Fachreferent, für die wohlwollende Prüfung und Genehmigung;

- Herrn H. Katterfeld (RA), Hamburg, für die Bereitstellung von Mitteln aus der Egon-Härtenstein-Stiftung;
- die Jugendstiftung des Landes Baden-Württemberg und
- den Landkreis Breisgau-Hochschwarzwald, Herrn Bayer bzw. Herrn Pflüger.

Im Juli 2002

H.-G. Schäfer
Projektleitung der Jugendstudie Staufen
Leiter des SOS-Kinderdorfes Sulzburg

Auch ich möchte mich an dieser Stelle bei allen jugendlichen und erwachsenen Menschen, die die Arbeit an der Jugendstudie Staufen mitgetragen und unterstützt haben, ganz herzlich bedanken.

Mit dieser Studie wurde zunächst eine ganze Menge an repräsentativen und diese ergänzende Informationen über die Situation von Jugendlichen in Staufen (und ein bisschen mehr...) gesammelt, aus denen jetzt konkrete Angebote gebastelt werden können und müssen.

Und auch da, denke ich, sind wir schon jetzt auf einem guten Weg!

Ich möchte mich, was die Aufzählung der einzelnen Personen, Einrichtungen und Institution anbetrifft einfach Herrn Schäfer anschließen. Eure und Ihre Mitarbeit war für die Studie und meine Arbeit enorm wichtig und wertvoll!

Und ich freue mich auf eine Fortsetzung in den nächsten Wochen und Monaten...

Im Juli 2002

Uta Güsewell
Jugendreferat Staufen

Inhaltsverzeichnis

Uta Güsewell

Teil A:
Jugendarbeit und Jugendliche in Staufen

Bericht über die Staufener Jugendstudie aus der Sicht des Jugendreferats

I. Staufen studiert Jugend... Warum eine Jugendstudie?

Jugend gilt als die am meisten untersuchte Bevölkerungsgruppe Deutschlands. Allenthalben und ganz aktuell ist offene Jugendarbeit in aller Munde. Kein Politiker, keine Gemeinde kann es sich heute leisten, diese Thematik auszusparen – und dennoch: konkret oder gar planvoll wird zu selten gehandelt. Verantwortliche Erwachsene, also Eltern, Experten und Politiker glauben oftmals zu wissen, was Jugendliche brauchen, handeln punktuell und ohne die tatsächlichen Experten, die Jugendlichen selbst, ernsthaft mit einzubeziehen. Dabei läge das so nahe: Wie wäre es, wenn Jugendliche selbst bei der Erforschung ihrer Bedürfnislagen und dessen, was notwendig erscheint, um diese zu planen und zu gestalten, mitwirken würden? Welches tatsächliche Aktivierungspotential erscheint möglich im Hinblick auf die Realisierung eigener, jugendlicher Interessen?

Die Fauststadt Staufen – ein kleiner Eindruck

Das kleine Städtchen mit den Teilorten Grunern und Wettelbrunn liegt etwa 20 km südlich von Freiburg im sonnigen Breisgau. Ein gewachsenes Gemeinwesen mit ca. 8.000 Einwohnern, in dem sozio-kulturelle Aspekte des Miteinander einen hohen Stellenwert genießen und ehrenamtliches Engagement große Tradition hat - was sich nicht zuletzt in der Tatsache ausdrückt, dass in Staufen über 60 Vereine aktiv sind.

Staufen ist eine alte Stadt, sowohl was die eigentliche Geschichte anbetrifft, als auch im Hinblick auf die Bevölkerungsstruktur: Hier wird man gerne alt. Dagegen lebten zum Zeitpunkt der Erhebung im Gemeinwesen lediglich 412 junge Menschen im Alter zwischen 12 und 18 Jahren.
Die Möglichkeiten für Kinder und Jugendliche, ihre Freizeit in Staufen unabhängig von ihrem Zuhause und den Vereins- bzw. Verbandsstrukturen zu gestalten, beschränkten sich dementsprechend bis Februar 2002 auf ein selbstverwaltetes Jugendzentrum, welches dann auf Grund verschiedener Probleme geschlossen wurde, ein Gelände für Inlineskater, Skateboarder und BMX-Biker, den so genannten Fun-Park und einige informelle Treffpunkte im Freien. Seit der Schließung des Jugendzentrums gibt es in Staufen keinen offenen räumlichen Treffpunkt für Jugendliche mehr. Viele Jugendliche in Staufen fühlen sich zudem im Hinblick auf Angebote und kulturelle Veranstaltungen nicht wahrgenommen. Und auch in Staufen gibt es eine wachsende Gruppe junger Menschen, die in ihrer Freizeit sich selbst überlassen bleiben, die sich in Vereinen nur noch eingeschränkt „beheimatet" fühlen, denen das Juze kein Treffpunkt ist – die in Staufen scheinbar nicht präsent, aber sehr wohl existent sind.

Warum studiert Staufen Jugend?

Ausgangspunkt des Engagements in der Fauststadt waren die Vorarbeiten der Arbeitsgruppe „Jugend und Schule" im Rahmen des Agenda 21 – Prozesses, in deren Verlauf man auf die Aktivitäten des SOS-Kinderdorfes im Bereich präventiver, offener Jugendarbeit aufmerksam wurde: Unter dem Arbeitstitel „Gemeindebezogene offene Jugendarbeit" firmiert der vierte Bereich der ausdifferenzierten Jugendhilfen des SOS-Kinderdorfes „Schwarzwald" in Sulzburg. In Kooperation mit inzwischen vier Gemeinden operieren die Mitarbeiter dieses Bereiches mit – je nach Bedarfslage vor Ort – unterschiedlichem inhaltlichem Ansatz. Die Palette reicht hier vom Aufbau eines Jugendzentrums in Badenweiler bis hin zu einer planerischen und bedarfserhebenden Installation offener Jugendarbeit über die Einrichtung eines Jugendreferates und die Erstellung einer Jugendstudie in Staufen.

In einem gemeinsamen Diskussionsprozess des Staufener Gemeinderats, der Jugendhilfeplanung des Landkreises Breisgau-Hochschwarzwald und dem SOS-Kinderdorf „Schwarzwald" analysierte man die gemeinsamen Beobachtungen und Einschätzungen und beschloss nach konstruktiver Bedenkzeit die Einrichtung eines Jugendreferates. Wichtig in diesem Zusammenhang: Diese Entscheidung fiel nicht unter dem Druck eines ausgemachten Krisenherdes, sondern mit einem in dieser Form überaus seltenen Weitblick und einer Bereitschaft für präventive Jugendarbeit.

Darüber hinaus war man bereit, auch im Hinblick auf die Festlegung des Aufgabengebietes der künftigen Fachkraft neue Wege zu gehen: Die Erstellung einer differenzierten Bestandsaufnahme bzw. Bedarfsanalyse in Form einer Jugendstudie sollte erste Aufgabe des künftigen Jugendreferenten sein und deren Ergebnisse die Grundlage einer zu erarbeitenden Konzeption offener Jugendarbeit in Staufen bilden.

Hintergründe und Grundaussagen der Jugendstudie

Die Jugendstudie Staufen war von Beginn an als aus verschiedenen Elementen bestehende Feldforschung angelegt. Sie sollte einen ausdrücklich aktivierenden und vernetzenden Charakter haben, d.h. jugendliche und erwachsene Experten sollten ebenso wie vor Ort etablierte Strukturen frühzeitig in den Planungsprozess mit eingebunden werden. Über all` diesen Maßnahmen stand folgendes Ziel: Die Erarbeitung einer ausgewogenen Bedarfserhebung als Vorlage für den Gemeinderat und darauf basierend die Konzeptentwicklung einer zukünftigen Jugendhilfeplanung für die Stadt Staufen, respektive für die inhaltliche Ausgestaltung der Arbeit des Jugendreferates.

Mit FIFAS (Freiburger Institut für angewandte Sozialwissenschaft e.V.) wurde für die Erstellung der Studie ein Institut beauftragt, das mit Erhebungen jugendspezifischer Themen bereits einige Erfahrung hat und ein Interesse daran entwickelte, sich an einem solchen Prozess mit einem gewissen Maß an Offenheit im Hinblick auf den tatsächlichen Ablauf und dessen (Teil-) Ergebnisse zu beteiligen. Dazu gehört auch, die Inhalte der eigenen Arbeit, für Jugendliche und Erwachsene, die „Experten vor Ort", oftmals sozialwissenschaftliches „Fachchinesisch", tatsächlich auf den Boden der Tatsachen herunterzuholen, sich auch einer kritischen Prüfung der Inhalte zu stellen, mehr noch, diese auch als Gewinn zu verstehen und immer wieder in den Studienverlauf zu integrieren.

Es wurde festgelegt, dass die Bedarfserhebung im Zeitraum zwischen Mai 2001 und Frühling 2002 stattfinden soll. Darüber hinaus wurden folgende Grundaussagen formuliert:

- Beginn der Studie bei gleichzeitiger Einstellung einer Fachkraft;
- Bestandteile der Jugendstudie waren zunächst Expertengespräche, eine quantitative Befragung aller Jugendlichen im Einzugsgebiet im Alter zwischen 12 und 18 Jahren, Stadtbegehungen und Gruppendiskussionen; auf Grund des Verlaufes der Befragung wurde ergänzend ein videodokumentarischer Beitrag, eine Art sozialraumorientierte Cliquenportraits, initiiert;
- Wissenschaftliche Begleitung durch das Sozialpädagogische Institut des SOS-Kinderdorfes e.V.;
- Im Zeitraum der Bedarfserhebung keine weiteren konkreten Aufgaben für die Jugendreferentin;

- Bildung einer Projektgruppe, in der neben Jugendlichen weitere möglichst gute Multiplikatoren versammelt werden; diese Gruppe soll Wissenschaftler, Betroffene und Experten zusammenführen und inhaltlichen Austausch im Rahmen der Studie ermöglichen; außerdem sollen hier die einzelnen „Bausteine" der Gesamterhebung vorbereitet werden;
- Gezielte Öffentlichkeitsarbeit über unterschiedliche Medien; Regelmäßig Berichterstattung hin zur Gemeinde; Aktivierung der Thematik in allen Bereichen wie Schule, Gemeinderat, Elternvertretungen.

Der Grundgedanke der Sozialraumorientierung im Rahmen der Jugendstudie

Im Mittelpunkt der Jugendstudie Staufen stand die Untersuchung des Sozialraums Staufen aus Sicht junger Staufener im Alter zwischen 12 und 18 Jahren. Man beschäftigte sich im Zuge dessen mit grundlegenden Fragestellungen wie den folgenden: An welchen Orten haben in der Vergangenheit Aneignungsversuche stattgefunden bzw. sind diese auch erfolgreich verlaufen, wenn nicht, warum? Wo und wie laufen aktuell ähnliche Prozesse? Welche Qualitäten haben einzelne Orte in Staufen, Grunern und Wettelbrunn für die Zielgruppe, unabhängig davon, ob eine Aneignung stattgefunden hat oder nicht? Wo liegen Defizite, welche Konsequenzen ergeben sich daraus zum einen für die Situation der betroffenen Kinder und Jugendlichen und darüber hinaus für eine Konzepterstellung Offener Jugendarbeit in Staufen? Welche Bedeutung haben in diesem Zusammenhang regionale Bezüge?

Die Jugendstudie war so angelegt, dass man sich diesen Fragen aus verschiedenen Blickwinkeln und mit unterschiedlichen methodischen Ansätzen nach und nach annähern wird, um letztlich konkrete Einschätzungen formulieren zu können, die als Fundament einer Konzeptentwicklung tragen. Neben Expertengesprächen, die ausschließlich mit erwachsenen Engagierten in Schulen, Vereinen und Verbänden oder anderen Zusammenhängen geführt wurden, die kontinuierlich mit Kindern und Jugendlichen in Kontakt sind, wurde in der Planungsgruppe über einige Wochen hinweg ein Fragebogen für eine quantitative Befragung der gesamten Zielgruppe entwickelt. Interessierte Jugendliche wurden als Interviewer geschult und führten, begleitet von der Jugendreferentin, diese Befragung über einen Zeitraum von etwa vier Wochen durch. Weitere Bausteine der Jugendstudie bildeten Gruppendiskussionen, Ortsbegehungen, die von einer Video-Gruppe des ortsansässigen Gymnasiums begleitet wurden, sowie eine Videobefragung von Jugendlichen in Staufen, in der verschiedene Cliquen in ihrer Freizeit gezeigt und nach ihren Einschätzungen gefragt wurden.

Auch bei der Vorbereitung eines die Jugendstudie abschließenden Jugendforums, in dessen Verlauf die Ergebnisse der Jugendstudie der Öffentlichkeit vorgestellt und ein Austausch zwischen Jugendlichen, Institutionen und Verbänden und den politisch Verantwortlichen über Bedarfe junger Menschen und künftige Ansätze offener Jugendarbeit initiiert wurde, bezog man interessierte Jugendliche und Bürger vorab mit ein. Mit dem Jugendforum begann die Phase der Konzepterstellung. Die Ergebnisse der Jugendstudie und des Diskussionsprozesses aus dem Jugendforum heraus wurden gebündelt und in grundlegende Aufgabenstellungen einer künftigen Jugendarbeit umformuliert und dem Gemeinderat zur Verabschiedung vorgelegt.

In diesem Abschlussbericht soll der Aufbau und der Verlauf der Jugendstudie Staufen unter Berücksichtigung einzelner Bestandteile der Studie unter verschiedenen Aspekten nachgezeichnet werden.

- Der Aspekt der Aktivierung und Beteiligung verschiedener Bevölkerungsteile, die Vernetzung mit bereits bestehenden Strukturen;

- Der Verlauf der einzelnen Forschungsabschnitte und daraus gezogene Konsequenzen;
- Das Wahrnehmen von und der Umgang mit Einflüssen auf die Jugendstudie durch Entwicklungen vor Ort;
- Ein Resümieren der Herangehensweise gerade auch aus Sicht der beteiligten jugendlichen und erwachsenen Staufener;
- Über die zentralen inhaltlichen Ergebnisse der Jugendstudie Staufen - soweit sie die Befragung und die Gruppendiskussionen betreffen - wird in einem gesonderten Teil berichtet.

Abschließend wird auf die Übertragbarkeit der Jugendstudie Staufen und auf Konsequenzen für künftige Projekte dieser Art eingegangen.

II. Die Grundidee zur Jugendstudie: Aktivierung und Vernetzung

Hintergrund der Jugendstudie Staufen war von Anfang an das Erarbeiten einer Grundlage für eine in Staufen im Hinblick auf offene Jugendarbeit neu einsetzende Jugendhilfeplanung. Die Stadt hatte sich entschlossen, in Kooperation mit dem SOS-Kinderdorf Schwarzwald eine Fachkraft einzustellen, die in erster Linie in der präventiven Jugendarbeit tätig werden sollte.

Und Staufen war bereit, sich die Zeit zu nehmen, um zunächst die gegenwärtige Situation bzw. den Bedarf von Jugendlichen zu erheben und damit eine differenzierte Grundlage für den gesamten weiteren Prozess der Hilfeplanung zu schaffen.

Die Jugendstudie Staufen war somit die erste zentrale Aufgabe der eingestellten Jugendreferentin, die sich durch diese Arbeit gleichzeitig einen Überblick über das Gemeinwesen verschaffen und wichtige Kontakte knüpfen konnte - damit lagen die der Studie zu Grunde liegenden Elemente auf der Hand: Sie sollte sowohl vernetzenden als auch aktivierenden Charakter haben. Orientierungspunkt und Wirkungsfeld zugleich war der Sozialraum als solcher. In ihm galt es zu wirken - und ihn galt es zu erforschen.

Die Jugendstudie war also gleichermaßen Grundlage und Einstieg in die offene Arbeit mit Jugendlichen und ihre Einbindung in das Gemeinwesen - wo immer möglich - von großer Wichtigkeit. Es war deshalb an der Jugendreferentin, nicht nur den Erhebungsprozess als solchen zu planen und zu gestalten, sondern auch für eine Vernetzung mit den vor Ort existierenden Strukturen bzw. eine Beteiligung von Jugendlichen und darüber hinaus Interessierten Sorge zu tragen. Dazu wurden auf verschiedenen Ebenen verschiedene Instrumente installiert.

Die Planungsgruppe

Vor Beginn der Jugendstudie wurde eine Gruppe gebildet, zu deren Mitarbeit neben den Organisatoren der Studie auch der Jugendhilfeplaner des Landkreises, Vertreter aller im Gemeinderat vertretenen Fraktionen, der Schulen und alle interessierten Jugendlichen aus Staufen eingeladen waren. Diese so genannte Planungsgruppe Jugendstudie begleitete über in regelmäßigen Abständen stattfindende Treffen, in denen einzelne Bausteine besprochen oder anstehende Etappen vorbereitet wurden, den gesamten Studienverlauf.

Sehr gut veranschaulichen lässt sich die Funktion dieser Arbeitsgruppe am Beispiel der Erarbeitung des Fragebogens für die quantitative Befragung der Jugendlichen in Staufen im Alter zwischen 12 und 18 Jahren. Gemeinsam wurden zunächst die Themenkomplexe festgelegt, die im Rahmen der Studie von Interesse sein könnten. Anschließend stellte FIFAS verschiedene Möglichkeiten vor, die gewählten Themen in Fragen umzusetzen. FIFAS gab immer wieder soziologischen Input in die Gruppe, deren Mitglieder als Experten für die Situation vor Ort die einzelnen Bereich inhaltlich abrundeten, dabei einige der wissenschaftlichen Herangehensweisen durchaus auch kritisch hinterfragten. In gemeinsamer mühsamer Kleinarbeit wurde schließlich der Fragebogen mit insgesamt 79 Fragen fertiggestellt und eingesetzt.

Nicht alle Bausteine wurden von der Gruppe so intensiv vorbereitet wie das Kernstück der Studie, die Befragung. Aber alle Bausteine wurden in der Gruppe besprochen, teilweise - wie die spielerische Ortsbegehung „Expedition Meet the Tee-Nager" - auch mit den Mitgliedern vorher im Sinne einer Veranschaulichung ausprobiert.

Auch in die Auswertung der Befragung erhielt ein Teil der Gruppe einen Einblick: Das Aufbereiten der Daten, erste Statistiken und die Frage, wie kann man diese interpretieren, welche Ergebnisse lassen sich daraus ziehen und welche Kriterien gilt es zu berücksichtigen, will man wissenschaftlich haltbare Aussagen machen.

Die Planungsgruppe war konsequenterweise auch der Kreis, dem die zentralen Ergebnisse als erstem vorgestellt und zur Diskussion gestellt wurden und der dann auch, zumindest teilweise, das 1. Staufener Jugendforum mit vorbereitete, in dessen Verlauf nicht nur die Studienergebnisse einer breiten Öffentlichkeit zugänglich gemacht werden sollten, sondern wodurch auch nochmal eine Diskussion über Jugendarbeit angeregt werden sollte, bevor im Gemeinderat Entscheidungen getroffen wurden.

Die aktive Mitwirkung bei den einzelnen Bausteinen

Jugendliche hatten auch die Möglichkeit, an bestimmten Stellen in aktiver Rolle teilzunehmen. Im Rahmen der quantitativen Befragung etwa plante man von Anfang an mit jugendlichen Interviewern, die zuvor geschult und für Ihre anspruchsvolle Aufgabe auch bezahlt wurden. Bewerber mussten mindestens 16 Jahre alt sein und wurden zunächst in einem Info-Gespräch auch dahingehend befragt, mit welchem Interesse sie an der Befragung mitarbeiten wollten - es ging darum, Jugendliche zu finden, die man auch über die Befragung hinaus für eine Mitarbeit an der Studie gewinnen konnte, was auch gelang. Begleitet wurden die jugendlichen Interviewer vom Jugendreferat, das sowohl als Dreh- und Angelpunkt als auch Anlaufstelle bei Problemen fungierte.

Ein Teil der Jugendlichen, die bei der Befragung als Interviewer mitgearbeitet hatten, erhielten später auch einen Einblick in die Aufarbeitung der Daten und die davon ausgehende Interpretation der Ergebnisse. So dass es fast schon naheliegend war, dass sie beim einige Wochen später stattfindenden Jugendforum die zentralen Ergebnisse der Jugendstudie vorstellten.

Ein weiteres Beispiel der aktiven Mitwirkung von Jugendlichen an der Jugendstudie war die Mitarbeit von zwei Jugendlichen, die in ihrer Schule ein gemeinsames Video-Projekt betreiben und die die Ortsbegehungen mit der Kamera dokumentierten oder auch die Vorbereitung und Durchführung der spielerischen Ortsbegehung mit der Planungsgruppe, die im wesentlichen von fünf Jugendlichen in Kooperation mit der Jugendreferentin in Angriff genommen wurde.

Die Teilnahme an der Jugendstudie

Ein weiteres, letztendlich ganz entscheidendes Instrument der Aktivierung war die Mobilisierung einer möglichst großen Gruppe Jugendlicher aus Staufen, Grunern und Wettelbrunn, an den verschiedenen Erhebungsmethoden als solchen mitzuwirken. Um unterschiedliche und insgesamt möglichst viele Jugendliche zu erreichen, näherte man sich dem Thema aus verschiedenen Richtungen. Es wurde zudem versucht, einen möglichst niedrigschwelligen Zugang zu den einzelnen Bausteinen zu schaffen. Zum Beispiel indem Jugendliche die Befragungen durchführten oder Jugendliche die Ortsbegehungen dokumentierten oder aber indem Jugendliche dort abgeholt wurden, wo sie sich ohnehin aufhalten - in den Vereinen oder auch in der Schule.

Im Rahmen des letzten Bausteines der Jugendstudie, dem 1. Staufener Jugendforum, wurden zu den das Forum dominierenden Themen Arbeitskreise eingerichtet, zu denen alle Besucher des Forums eingeladen waren. Hier wurden noch einmal verschiedene Einschätzungen aufgenommen und mit den bis dato bereits zusammengestellten Ergebnisse der Studie abgeglichen.

Die Vernetzung mit den Strukturen vor Ort

Die Kontakte über die Planungsgruppe und auch die zu Beginn der Studie geführten Expertengespräche vermittelten dem Jugendreferat einen ersten Überblick über Angebote und Zusammenhänge vor Ort und eröffneten Wege, um weitere Bürger bzw. Jugendliche kennen zu lernen. Wichtige Aufgabe des Jugendreferates war es, sowohl über den Studienverlauf, aber auch parallel dazu mit vielen Menschen ins Gespräch zu kommen, diese Kontakte zumindest teilweise kontinuierlich zu pflegen, dabei gesammelte Informationen zu bündeln und wenn dies sinnvoll erschien zu streuen. Dazu gehörte auch eine ausgewogene Informationspolitik hin zu den Jugendlichen, zur Gemeinde, zur Bevölkerung und darüber hinaus an Jugendarbeit Interessierten. Neben einer zeitnahen Pressearbeit beinhaltete dies eine regelmäßige Berichterstattung im Gemeinderat sowie bei verschiedenen Veranstaltungen.

Ein Ergebnis dieser Arbeit war die Tatsache, dass noch während des Studienverlaufs in Kooperation mit verschiedenen Initiativen Projekte entstanden oder Ideen dafür entwickelt wurden, die sich teilweise wohl auch nach und nach umsetzen lassen.

Im Vorfeld der Videodokumentation über Jugendliche in Staufen war es dem Jugendreferat möglich, über die Vernetzung mit verschiedenen Vereinen und Initiativen entsprechende Drehtermine mit den verschiedenen Gruppierungen zu arrangieren bzw. diesbezüglich Kontakte zu vermitteln. Gute Verbindungen zu den Schulen sowie zu einigen Vereinen ermöglichten beispielsweise im Vorfeld des Jugendforums deren Einbindung als wichtige Multiplikatoren. Die Einbindung in die und Vernetzung mit den Staufener Strukturen war zugleich Grundlage und wichtige Aufgabe der Jugendstudie Staufen.

III. Der Aufbau der Jugendstudie Staufen

Die Jugendstudie Staufen war von Beginn so angelegt, dass man sich dem zentralen Thema „Freizeitmöglichkeiten von Jugendlichen in Staufen" aus verschiedenen Blickwinkeln nähern wollte.

Grundbausteine bildeten die am Anfang stehenden Expertengespräche, die nicht nur einen Blick über die in Staufen bereits etablierten Angebote für Jugendliche geben sollten, sondern auch einen Einstieg in das eigentlich Thema. Die Gesamtheit der geschilderten Einschätzungen vermittelten einen ersten Eindruck über die Qualitäten und Defizite der bislang in Staufen geleisteten Jugendarbeit und die Situation der einzelnen Vereine und Institutionen. Daneben stand mit der quantitativen Befragung das einzige repräsentative Element der Studie und gleichzeitig so etwas wie das Kernstück, das es zu ergänzen galt. Ergänzt wurden diese Bausteine durch Gruppendiskussionen, in denen durch die Befragung nur vage erhaltene Antworten nochmals aufgegriffen werden sollten.

Im Verlauf der Studie wurde deutlich, dass speziell die Gruppe der strukturell benachteiligten Jugendlichen, die in Staufen ohnehin bislang kaum in Erscheinung getreten ist, aber sehr wohl existiert, über die Befragung nur sehr schlecht erreicht wurde. Und dabei ging es unter anderem auch gerade um diese Jugendlichen und ihre Bedarfe. Deshalb nutzte man die Offenheit des Studienrahmens, den Verlauf als solchen durch zwei weitere Bausteine zu ergänzen, mit denen man u.a. diese Gruppe zu erreichen hoffte.

Auf die Expertengespräche und die Befragung folgten die Ortsbegehungen und einige Wochen später eine Videodokumentation. Abgerundet wurden alle Bausteine durch die zeitlich nah an der Umsetzungsphase liegenden Gruppendiskussionen, die neben der bereits erwähnten Klärung ungenauer Aussagen auch noch einmal ganz aktuelle Themen aufgreifen und beleuchten sollten. Etwa zwei Wochen nach der letzten Gruppendiskussion fand das 1. Staufener Jugendforum statt, das den Beginn der Transformationsphase bildete.

Auf die Vorbereitung, den Verlauf und die Erfahrungen, die mit den einzelnen Bausteinen gemacht wurden, wird im Folgenden eingegangen.

IV. Die Bausteine der Jugendstudie Staufen

An dieser Stelle werden die einzelnen Bausteine näher beschrieben. Wie verlief die Vorbereitung, wie die Durchführung und was ergab die Auswertung der einzelnen Verfahren? Und welche Erfahrungen wurden mit den Methoden in der Arbeit mit Jugendlichen gemacht?

IV.1 Die Expertengespräche

Die Vorbereitung

Im Vorfeld der Expertengespräche wurde zunächst sondiert, welche Vereine, Initiativen und Institutionen angesprochen werden sollten. Dabei stand zunächst die Frage im Vordergrund, wo und von wem in Staufen in verschiedenen Zusammenhängen mit Jugendlichen bislang gearbeitet wurde bzw. wird. Sich hier einen Überblick zu schaffen, war im Grunde ein erster Schritt, der deutlich machte, wie vielseitig das vereinsgebundene Programm für Jugendliche in Staufen ist, aber auch, dass es vor Ort bislang kaum offene Angebote bzw. auch kaum räumliche Treffpunkte mit offenem Charakter gibt. Parallel dazu wurde ein Erfassungsbogen, der die persönlichen Hintergründe des Engagements und damit zusammenhängende wichtige Daten aufnahm, und ein Leitfaden für die Gespräche entwickelt, der aber nur bestimmte Themen vorgeben und ansonsten Raum für einen unabhängig davon geführten Gesprächsverlauf geben sollte. Der Leitfaden gestaltete sich wie folgt:

Leitfaden für Expertengespräche

a) Worin genau liegen Ihre Berührungspunkte mit Jugendlichen in Staufen?
Welche Jugendlichen sind konkret ihre Zielgruppe?
Seit wann sind Sie dabei?
Wie hat sich die Situation der Jugendlichen seitdem verändert
(positive wie auch negative Aspekte...)?

b) Welche Möglichkeiten der Freizeitgestaltung bieten sich Ihrer Meinung nach Kindern und Jugendlichen in Staufen?
Welche Altersgruppe steht dabei Ihrer Meinung nach v.a. im Mittelpunkt, welche kommt in jedem Fall zu kurz?
Warum ist das Ihrer Meinung nach so?

c) Welche Probleme oder Konfliktpunkte sehen Sie aktuell im Hinblick auf Jugend in Staufen?
Welche Schwierigkeiten explizit im Zusammenhang mit den Möglichkeiten der Freizeitgestaltung?
Welche Ursachen stehen dahinter?
Welche Ideen haben Sie, wie man daran etwas verändern könnte?

d) Wo sehen Sie generell Handlungsbedarf im Hinblick auf die Angebotsstruktur der Freizeitaktivitäten in Staufen?

e) Benötigt Staufen eine Jugendreferentin?
Warum?

f) Welche Erwartungen haben Sie an die neue Jugendreferentin?
Haben Sie Interesse an einer Zusammenarbeit mit dem Jugendreferat und wo sehen Sie Möglichkeiten dazu?

g) Wie denken Sie wird sich die Situation der Jugend in Staufen in den nächsten Jahren weiterentwickeln?
Was heißt das konkret für Ihre Arbeit?

Die Durchführung der Expertengespräche und deren Ergebnisse

Zwischen Juni und Juli 2001, vereinzelt auch noch danach, führte die Jugendreferentin 25 Gespräche mit Vertretern von Vereinen und Initiativen, den Kirchen, den Schulen, der Polizei und des Jugendamtes. Das Interesse der angefragten Gesprächspartner an den Expertengesprächen teilzunehmen und darüber hinaus an der Studie an sich, war mit wenigen Ausnahmen sehr groß.

Die Jugendreferentin erhielt durch die Gespräche einen guten Überblick, erste Ideen für mögliche Kooperationen in der Zukunft und eine Idee davon, welche Themen im weiteren Verlauf der Studie in jedem Fall im Blickfeld bleiben sollten.

Die Auswertung der qualitativen Gespräche ergab folgendes Bild:

- Das Freizeitangebot für Jugendliche ist so groß, dass manche damit überfordert sind – Konsequenz: Jugendliche binden sich nicht mehr so verpflichtend an ein Angebot, konsumieren eher an verschiedenen Punkten, ohne tiefer einzusteigen; und Jugendliche sind oft zu sehr sich selbst überlassen, suchen sich Nischen wie Konzentration auf neue Medien, haben weniger Kontakte in der realen als in einer virtuellen Welt;
- Wenn es eine benennbare Gruppe von Jugendlichen gibt, die im Hinblick auf eine Angebotsstruktur bislang zu wenig Berücksichtigung gefunden hat, ist es die der Jugendlichen ab 12-13 Jahren bzw. Jugendliche, die das Juze nicht nutzen;
- Fehlende Angebote für Jugendliche sind in der Hauptsache ein betreutes räumliches Angebot für Jugendliche unter 14 Jahren, abseits von Zigaretten und Alkohol, sowie ein Kino-Angebot;
- Wichtige Aufgaben eines Jugendreferates:
  a) Zentrale Anlaufstelle sein,
  b) Gesprächspartner für Jugendliche sein,
  c) Vernetzung, gerade auch im Hinblick auf jugendkulturelle Angebote,
  d) Begleitung eines Juze-Teams;
- Die Einrichtung eines Jugendreferates wird ohne Ausnahme sehr begrüßt, die Befragten zeigten sich sehr an den Ergebnissen der Jugendstudie interessiert.

Wie in den Befragungen von Jugendlichen wird auch in den Gesprächen mit den erwachsenen Experten die Wichtigkeit offener räumlicher Treffpunkte für Jugendliche deutlich - nicht nur abends, auch nachmittags und speziell abgestimmt auf die jüngere Altersgruppe bis etwa 14 Jahre, dann allerdings in einem betreuten Rahmen.

Ein abweichendes Bild ergibt sich Hinblick auf die Wahrnehmung der Angebotsstruktur für Jugendliche in Staufen. Während gerade Vertreter von Vereinen wiederholt ein Überangebot bemängeln, das Jugendliche überfordert, wünschen sich Jugendliche mehr Angebote in Staufen. Jugendliche denken dabei jedoch an Alternativen zu den zahlreichen verbindlichen Angeboten bei Vereinen und Verbänden - an themenbezogene Projekte, die nur in einem überschaubaren zeitlichen Rahmen verpflichten.

Der Wunsch junger Menschen nach offenen Angeboten impliziert den Wunsch nach „pflichtfreien" Gestaltungsräumen ihrer Freizeit, die ein Engagement punktuell ermöglichen aber nicht automatisch voraussetzen - eben eine Rückzugsmöglichkeit aus ihrem Alltag.

IV.2 Die Befragung

Die Befragung bildete als einzige quantitative Erhebungsmethode mit repräsentativem Charakter eine Art Kern der Jugendstudie Staufen.

Die Vorbereitung

Gerade bei diesem Baustein trafen Wissenschaft und Praxis ganz unmittelbar aufeinander, erarbeiteten beispielsweise Soziologen des beauftragten Freiburger Forschungsinstitutes FIFAS gemeinsam mit Bürgern und Jugendlichen aus Staufen einen Fragebogen. Letztere brachten sich dabei als Experten für die Situation und die entscheidenden Themen vor Ort ein. FIFAS lieferte das wissenschaftliche Hintergrundwissen, um den Inhalten in einer Befragung den entsprechenden Rahmen zu geben und informierte über bei ähnlichen Erhebungen bereits gesammelte Erfahrungen.

Und man ließ sich auf eine in dieser Form ganz außergewöhnliche Befragungsmethodik ein, bei der nicht erwachsene Honorarkräfte von außerhalb, sondern Staufener Jugendliche, Experten in eigener Sache - entsprechend ausgebildet - andere Jugendliche interviewten. So sprachen Interviewer und Interviewte nicht nur „eine Sprache", sie waren sich zudem nicht völlig fremd und den Interviewern musste nicht viel erklärt werden - sie waren sozusagen „vom Fach". Jugendliche wurden so nicht nur zu Mitspielern der Jugendstudie, sondern - wie bereits zuvor festgestellt - zu Akteuren, auch über die Befragung hinaus. Mit diesem Ansatz - Jugendliche befragen Jugendliche - waren allerdings durchaus auch gewisse Unwägbarkeiten verbunden: Zum einen die Frage der datenschutzrechtlich korrekten Durchführung der Befragung, zum anderen die Unsicherheit, wie sehr ein durch den Bekanntheitsgrad entstehender sozialer Druck die Qualität der gegebenen Antworten beeinflussen würde. Die Planungsgruppe erarbeitete aus diesem Grund einen zweiteiligen Fragebogen, dessen erster Teil alle Fragen beinhaltete, die aus den o.g. Gründen bedenklich erschienen.

Im Vorfeld der Befragung wurden alle zu befragenden Jugendlichen und deren Eltern getrennt voneinander angeschrieben und um ihre Mitwirkung gebeten. Über die lokale Presse wurde nochmals über die Jugendstudie und die bevorstehende Befragung informiert. Außerdem besuchte die Jugendreferentin alle Klassen der Hauptschule, um das Vorhaben dort persönlich vorstellen und auf auftretende Stimmungen sofort reagieren zu können.

Die Durchführung der Befragung

Jedem Interviewer wurden im Schnitt zwischen 20 und 25 Adressen zugeteilt. Während der Schulung wurden diese bei besonders ausgeprägter Sym- bzw. Antipathie nochmals getauscht und dann festgelegt. Die Interviewer nahmen Kontakt zu den ihnen zugeordneten zu Befragenden auf, vereinbarten Termine, führten die Interviews durch, informierten über den Hintergrund des Vorhabens und verwiesen gegebenenfalls an das Jugendreferat. Das Jugendreferat war gleichermaßen Knotenpunkt und Anlaufstelle - hier liefen die Fäden zusammen, gaben die Interviewer ausgefüllte Unterlagen ab und versorgten sich mit neuen, konnten Frust und Freude abladen oder sich einfach nur mal mit anderen Interviewern oder der Jugendreferentin austauschen.

Und einer anfänglichen Euphorie, mit wie viel Spaß und Leichtigkeit sich gutes Interviewerhonorar verdienen lässt, folgten schon bald Frustration und Ermüdungserscheinungen. Denn einige hatten sich mit der Menge der Adressen, die sie angenommen hatten, überschätzt. Einige der Interviewer gaben folglich zum Ende der vierwöchigen Befragungsdauer noch einige Befragungstermine ab, andere meinten, das Programm bis zum Ende durchziehen zu müssen, was die Quote der Absagen bzw. Verweigerungen noch einmal etwas erhöhte.

Und dennoch zeigte sich bei der späteren Auswertung der Fragebögen, dass die jugendlichen Interviewer sehr gute Arbeit abgeliefert hatten, dass die vielen offenen Fragen beispielsweise sehr ausführlich beantwortet wurden, was darauf hinweist, dass die Interviewer mit großer Mehrheit konstruktive Befragungssituationen schaffen konnten, was nicht immer ganz einfach war.

Die Auswertung der Fragebögen

Im Nachfeld der Befragung ermöglichte FIFAS interessierten Interviewern, sich einen Einblick in die Aufbereitung, Auswertung und Interpretation des erhaltenen Datenmaterials zu verschaffen. Auch diesen wichtigen Teil einer Befragung sollten die Jugendlichen mitbekommen, wenn sie auch vom Eingeben des reinen Datenmaterials, was gerade angesichts der zahlreichen offenen Fragen im Rahmen der Staufener Befragung sehr aufwändig war, verschont blieben.

Über die Ergebnisse der Befragung berichtet der von FIFAS verfasste Forschungsbericht.

IV.3 Die Ortsbegehungen

Der Hintergrund

Eine erste Konsequenz aus den Beteiligungsquoten bei der Befragung war die Entscheidung, über Ortsbegehungen hauptsächlich jene Jugendliche gezielt anzusprechen, die durch die Befragung nicht erreicht wurden. Dies waren zunächst einmal in auffallender Häufigkeit Hauptschüler. Die Schwelle, sich einer sehr wortlastigen Befragungssituation zu stellen, war für viele unter ihnen zu hoch und so verweigerten einige - zudem an der Hauptschule von einem bestimmten Zeitpunkt an das Gerücht kursierte, der Fragebogen enthalte sehr intime Fragen. Diese Information erreichte das Jugendreferat allerdings erst gegen Ende der Befragung, als ein Reagieren darauf schon zu spät kam.

Ein weiteres Kriterium bei der Zusammenstellung der Gruppen war das Alter der Jugendlichen. Sie sollten zumindest 11-12 Jahre alt sein und noch nicht in einem Alter, in dem viele Treffpunkte und damit verbundene Schwierigkeiten gerade Erwachsenen und damit auch in eine Kamera hinein nicht mehr gerne „preisgegeben" werden. Die Jugendlichen sollten Lust haben, zu zeigen und zu erzählen.

Weiterer wichtiger Aspekt war, im Rahmen der Begehungen den spezifischen örtlichen Gegebenheiten Rechnung zu tragen, d.h. hier auch jedem Ortsteil Raum zu geben.

Die Begehungen

Die Gruppen wurden gebeten, Treffpunkte und Aufenthaltsorte von Jugendlichen aus ihrer Sicht zu zeigen und von deren Qualität bzw. von Defiziten und generell fehlenden Möglichkeiten der Freizeitgestaltung zu erzählen. Dokumentiert wurden die Begehungen von zwei Jugendlichen, die sich im Rahmen einer Schul-AG mit Videoarbeiten befassten und gerne zu einer Mitarbeit bereit waren. In Vorgesprächen wurde abgestimmt, auf welche Einzelheiten die Kamera gezielt gerichtet werden sollte und in welchen Situationen wichtige Gespräche entstehen könnten.

Die 1. Gruppe, die um eine gemeinsame Ortsbegehung gebeten wurde, setzte sich aus 6 Hauptschülern im Alter zwischen 12 und 13 Jahren zusammen, die aus allen drei Ortsteilen Staufens kamen. Sie hatten sich bei einem Besuch ihrer Klasse freiwillig gemeldet.

Die 2. Gruppe bildeten 6 Jugendliche aus Wettelbrunn im Alter zwischen 14 und 18 Jahren. Sie waren über Kontakte zu anderen Jugendlichen angesprochen worden.

Die 3. Gruppe schließlich komplettierten 4 Jugendliche im Alter zwischen 11 und 14 Jahren aus Grunern, die über Kontakte aus den Expertengesprächen um eine Mitarbeit gebeten und auch gerne dazu bereit waren.

Bei allen Ortsbegehungen spielte das Handicap Wetter eine nicht eben glückliche Rolle. Die Begehungen fanden im Januar und Februar statt, einer für Erkundungsgänge im Freien eher ungeeigneten Jahreszeit. Auf Grund des Zeitplans der Studie ließ sich daran jedoch nichts ändern.

Im Verlauf der Begehungen wurde deutlich, dass die erste Gruppe, eine Clique, die in dieser Konstellation auch immer wieder Freizeit miteinander verbringt, die mit Abstand lebhafteste und damit auch - was die inhaltlichen Ergebnisse anbetrifft - ergiebigste war. Nach anfänglichen, von Unsicherheit geprägten Spielchen begannen die Jugendlichen vor allem in Einzelgesprächen zu erzählen. Manche Orte blieben zwar auch dann noch ausgespart, mussten aber dennoch erwähnt werden...
Die Begehungen mit den beiden anderen Gruppen, vor allem der zweiten, bunt zu-sammengewürfelten, blieben inhaltlich an der Oberfläche. Der Austausch glich einem Frage-Antwort-Spiel, es gelang also nur ansatzweise, mit den Jugendlichen tatsächlich ins Gespräch zu kommen - was das eigentliche Ziel dieses Bausteines war.

Die Ergebnisse

1. Gruppe:
- Den Jugendlichen fehlt ein offener räumlicher Treffpunkt jenseits des Juze, der auch nachmittags für sie zugänglich ist, im Juze fühlen sie sich nicht wohl;
- Die Möglichkeiten, in der Stadtbücherei Staufen einen Internetzugang zu nutzen, sind in den Augen der Jugendlichen nicht ausreichend – die Nachfrage ist zu groß;
- Der Bolzplatz im Gewerbegebiet erfüllt für einen Großteil der Gruppe eine sehr wichtige Aufenthaltsfunktion;
- Die Jugendlichen halten sich häufig im öffentlichen Raum auf, der für sie sowohl als Treffpunkt wie auch als Aufenthaltsort wichtig ist. Sie sind oft „überall und nirgendwo"; ihren eigenen Treffpunkt haben sie bislang noch nicht gefunden;

2. Gruppe:
- Der Bolzplatz im Ortskern bildet den wichtigen Treffpunkt für Jugendliche in Wettelbrunn - allerdings sind dessen Bodenverhältnisse sehr schlecht; ein Bespielen des Platzes war deshalb zuletzt sehr schwer möglich; außerdem sind die Netze kaputt;
- Auf dem Bolzplatz wird nicht nur gespielt, hier treffen sich viele Wettelbrunner Jugendliche ganz unterschiedlichen Alters auch einfach zum Reden;
- Die Jugendlichen wünschen sich einen eigenen Raum; bislang besteht hin und wieder die Möglichkeit, im Proberaum des Musikvereins nach den Proben noch zusammen zu sitzen;

- Die Jugendlichen treffen sich viel zuhause und nutzen auch Angebote in Staufen selbst, wie beispielsweise das Juze;

3. Gruppe:

- Wichtiger Treffpunkt ist auch hier der Bolzplatz an der Schule; auch hier Bodenverhältnisse sehr schwierig, vor den Toren gibt es keinerlei Rasen mehr, im Boden befinden sich zahlreiche Schlaglöcher;
- Der Weg in Richtung Trainingsgelände des Fußballvereins ist Treffpunkt für eine Gruppe von Jugendlichen aus Grunern und Ballrechten; hier gibt es allerdings keine Möglichkeit, Musik zu hören und bei Regen oder Kälte ist der Ort im Freien sehr ungemütlich;
- Bei Treffen zuhause fühlen sich die Jugendlichen zu sehr beobachtet und mit einer größeren Gruppe ist das im eigenen Zimmer ohnehin schwierig;
- In Grunern gibt es einen großen Wunsch nach einem räumlichen Treffpunkt; ein Raum, in dem man sich treffen, spielen, Musikhören kann, auch wenn es draußen regnet oder kalt ist;

Die Ortsbegehungen erwiesen sich als sehr geeignete Methode, sich vor Ort, sozusagen im Kleinen einen Überblick über die Situation zu verschaffen - sie haben insofern ihre Aufgabe als ein die Befragung ergänzender Baustein erfüllt. Deutlich geworden ist zudem, dass es Sinn macht, mit natürlichen Gruppen zu arbeiten, keine künstlichen Situationen zu schaffen. Dadurch wird die Gesprächssituation unnötig gehemmt und wenig ergiebig. Der direkteste, allerdings auch am wenigsten planbare Weg ist der, Jugendliche spontan an ihren Treffpunkten aufzusuchen und vor Ort mit ihnen ins Gespräch zu kommen - im Rahmen der Jugendstudie war das in erster Linie auf Grund der Jahreszeit und des Wetters leider nicht möglich.

Zusammenfassung

Allen an den Ortsbegehungen beteiligten Jugendlichen war ein Wunsch gemein: Der nach einem räumlichen Treffpunkt, der ihnen und ihren Freunden offen steht. Den sie sich optimalerweise zu bestimmten Zeiten auch nicht mit anderen Alterssegmenten teilen müssen. Ein Wunsch, der nicht überrascht. Verschiedene Cliquen unterschiedlichen Alters haben grundsätzlich das Bedürfnis, sich einen eigenen räumlichen Treffpunkt zu „erobern", an dem sie im günstigsten Fall unter sich sind – was nicht bedeutet, dass sie nicht auch zu Kompromissen bereit sind. Die Bolzplätze haben für Jugendliche in allen Staufener Ortsteilen einen hohen Stellenwert. In Grunern und Wettelbrunn sind sie die zentralen Treffpunkte für Kinder und Jugendliche in einer nicht einzugrenzenden Altersspanne, in Staufen selbst gibt es mit dem Fun-Park, dem Gummi-Platz oder auch dem Freibad im Sommer mehrere Alternativen. Die offenen Treffpunkte sind für Jugendliche neben ihrem Engagement in Schule und Vereinen wichtig. Hier treffen sie ihre Freunde und finden einen Ausgleich zum „verplant" sein und dem Druck ihres Alltags. Es ist wichtig, dass diese Treffpunkte in einem Zustand gehalten werden, die ihre Nutzung möglich macht. Für einen bespielbaren Boden eines Bolzplatzes Sorge zu tragen, bedeutet beispielsweise einen vergleichsweise kleinen Aufwand mit einer großen Wirkung.

IV.4 Die Videobefragung

Mit der Videobefragung von Gruppen, neben den Gruppendiskussionen der letzte Baustein der Jugendstudie, begann die Phase der Transformation der zentralen Studienergebnisse. In Kooperation mit dem Freiburger Medienverein Argus e.V. und nach einer intensiven Vorbereitung auch in der Planungsgruppe Jugendstudie, wurden Jugendliche aus verschiedenen Zusammenhängen vor die Kamera geholt und ihr Engagement in Vereinen, Treffpunkten und bei anderen Freizeitbeschäftigungen sowie ihre Einschätzungen im Hinblick auf Freizeitmöglichkeiten für Jugendliche in Staufen bildlich festgehalten.

Das Ergebnis dieser Arbeit, eine aus Unmengen von Bildmaterial geschnittene 40-minütige Dokumentation, sollte zum einen das Interesse der Jugendlichen an dem einige Wochen später stattfindenden 1. Staufener Jugendforum wecken, der Veranstaltung, mit der sozusagen der Schalter von der Erhebung in Richtung Umsetzung umgelegt werden sollte. Denn dort hatte der Film Premiere. Zum anderen sollten über diesen Film, der zu Beginn des Jugendforums gezeigt wurde, die Einschätzungen vieler Jugendlicher (an den Dreharbeiten wirkten über 100 Jugendliche mit) in die Veranstaltung hinein tranportiert werden. Erwachsene sollten zunächst zuhören, die Bilder, die auch die Bandbreite jugendlichen Engagements zeigte, wirken lassen. Am Ende des Films standen die für Jugendliche entscheidenden Themen im Raum und eröffneten den Diskussionsprozess des Jugendforums.

Eine weitere Qualität der Videobefragung war die Tatsache, dass dieses Konzept einmal mehr an den Grundelementen der gesamten Jugendstudie ansetzte: Man nutzte die durch die Expertengespräche geschlossenen Kontakte, vernetzte sich mit den Strukturen vor Ort und machte neben diesen v.a. die Jugendlichen zu Akteuren in eigener Sache - noch einmal auf einer anderen Ebene, als bei allen anderen Bausteinen zuvor. Durch das Aufsuchen der Jugendlichen an den Orten, an denen sie sich ohnehin aufhalten (Vereine, Fun-Park, Schule), gelang es auch jene zu erreichen, für die die Befragung oder die Gruppendiskussionen eine zu hohe Schwelle bedeutet hatte.

Im Rahmen der Videobefragung wurden insgesamt 8 verschiedene Gruppen vor die Kamera geholt: Neben Schülern der Hauptschule (8. und 9. Klassenstufe) die Jugendfeuerwehr, die Jugendkapelle, die Pfadfinder, eine Mannschaft des Staufener Fußballvereins FC 08 Staufen, der Kinder- und Jugendzirkus Faustino, das Betreiberteam des inzwischen geschlossenen selbstverwalteten Juzes und Jugendliche des in Staufen stark frequentierten Skater-Areals, des Fun-Parks.

Die Videobefragung brachte in Ergänzung zu den mittlerweile zeitlich etwas zurückliegenden Bausteinen der Jugendstudie eine hohe Aktualität in die Diskussion hinein. Der zentrale Bedarf den die Jugendlichen in dem Film zu Ausdruck brachten war der nach einem offenen räumlichen Treffpunkt - durch das einige Monate zuvor geschlossene Juze bereits bekannt für den Abend, aber auch als Anlaufstelle für den Nachmittag.

Ein weiteres großes Thema waren kulturelle Veranstaltungen für Jugendliche in Staufen. Neben dem bereits bekannten Bedarf Kino waren damit hauptsächliche Konzerte aber auch weitreichendere Angebote, „events" für Jugendliche, gemeint. Auch eine Berücksichtigung jugendlicher Interessen bei den bereits in Staufen zahlreichen etablierten Veranstaltungen wurde gewünscht.

Außerdem wurde die unzureichende Anbindung an den öffentlichen Nahverkehr nach Freiburg und vor allem nachts von Freiburg nach Staufen zurück bemängelt. Angesprochen wurden außerdem der Wunsch nach Angeboten während der Ferien und generell nach einer Anlaufstelle für jugendliche Interessen.

Die Funktion der Videobefragung wurde in jeder Hinsicht erfüllt. Durch die Dreharbeiten war das Jugendforum in aller Munde, viele Jugendliche erschienen am Abend des Forums zunächst einmal, um sich oder Freunde in diesem Film zu sehen. Und es zeigte sich einmal mehr, welche Wirkung Worte in Verbindung mit Bildern haben - die Inhalte des Filmes erreichten das Publikum des Jugendforums und legten eine gute Grundlage für den weiteren Verlauf der Veranstaltung.

Eine durch die Dreharbeiten ins Rampenlicht gerückte Gruppe von breakdancenden Hauptschülern hatte am Ende des Forums ihren ersten, viel umjubelten öffentlichen Auftritt, dem in den darauffolgenden Wochen viele andere folgten. Auch an dieser Stelle ein wertvolles Stück Aktivierung.

V. Die Phase der Transformation

Noch während der einzelnen Erhebungsbausteine der Jugendstudie begannen sich die Organisatoren damit zu befassen, wie deren zentrale Ergebnisse in die Öffentlichkeit und zu den politischen Entscheidungsträgern hin transportiert werden könnten. Hintergedanke dabei war, die Ergebnisse nicht nur publik zu machen, sondern damit gleichzeitig noch einmal eine Diskussion auf breiterer Basis anzustoßen. Auch diese Phase sollte neben der Studie bei der Ausarbeitung konzeptioneller Vorstellungen berücksichtigt werden - bevor im Gemeinderat Entscheidungen getroffen wurden.

Das 1. Staufener Jugendforum

Naheliegend war in diesem Zusammenhang die Durchführung eines Jugendforums, zu dem alle an Jugendarbeit interessierten Institutionen, Personen und natürlich die Jugendlichen selbst eingeladen wurden. Als wichtiges Instrument der Jugendhilfeplanung musste ein solches Forum als städtische Veranstaltung vom Gemeinderat befürwortet bzw. verabschiedet werden. Grundlage hierfür war die Präsentation der zentralen Studienergebnisse im Gemeinderat, darauf aufbauend der Vorschlag eines „1. Staufener Jugendforums". Der Gemeinderat der Stadt Staufen stimmte dieser Idee einstimmig zu und so konnte eine breit angelegte Werbekampagne für das Forum über persönliche Einladungen, Plakatierung, Flyer und die Presse beginnen. Parallel dazu liefen die bereits erwähnten Dreharbeiten von Argus und der Kontakt über verschiedene Vereine und Institutionen, die als Multiplikatoren wirkten. Mit Erfolg: Das 1. Staufener Jugendforum besuchten mehr als 150 Interessierte, etwa die Hälfte davon Jugendliche!

Die Videobefragung und die kompakt präsentierten zentralen Ergebnisse der Studie bildeten den Input des Forums, auf dem alle Anwesenden aufbauend ihre Sicht der Dinge äußern bzw. auch Fragen an die anwesenden politisch Verantwortlichen stellen konnten. Alle Beiträge aus dem Plenum wurden parallel auf Stellwänden festgehalten und nach Oberthemen sortiert. Am Ende des Forums wurden vier Arbeitsgruppen gebildet, die sich im Nachfeld der Veranstaltung intensiver mit folgenden Themen befassten:
1. Jugendzentrum (Juze) Staufen, das auch diesen Abend beherrschende Thema
2. Jugendarbeit ist mehr als Juze
3. Kommunikation zwischen Jugendlichen und Erwachsenen bzw. Verwaltung
4. Fun-Park

Arbeit in den Arbeitsgruppen

In den Wochen nach dem Jugendforum trafen sich die ersten drei Arbeitsgruppen jeweils einmal, griffen nochmals auf, welche Aussagen im Zusammenhang mit ihrem Thema während der Veranstaltung festgehalten worden waren und bauten diese im Austausch untereinander und mit dem Jugendreferat zu konkreten Vorschlägen aus. Die vierte Arbeitsgruppe kam nicht zustande, da die betroffenen Jugendlichen keinen aktuellen Handlungsbedarf sahen.

Die Ergebnisse der Arbeitsgruppen

Gruppe „Juze Staufen":
* Die Einrichtung eines betreuten offenen Treffpunktes für Jugendliche noch im gleichen Jahr;
* Öffnungszeiten des Treffpunktes auch nachmittags;

- Die Gruppe schloss sich dem Vorschlag des Jugendreferates, die Räumlichkeiten des bisherigen Juzes aufzugeben und konkret benannte andere entsprechend umzubauen, an;
- Dieser erste Jugendtreff ist ein Anfang; damit wird man aber nicht alle 600 Jugendlichen im Alter zwischen 12 und 19 Jahren in Staufen erreichen. Daher ist eine weitere Planung in dieser Richtung unerlässlich - ergänzende Angebote müssen folgen;
- längerfristig befürwortet die Gruppe die Einrichtung eines größeren zentralen Treffpunktes in Staufen, in dem die gesamte Bandbreite der offenen Jugendarbeit Platz findet.

Gruppe „Jugendarbeit ist mehr als Juze":
- Kulturelle Veranstaltungen für Jugendliche und Berücksichtigung ihrer Interessen bei bereits etablierten Veranstaltungen;
- Einen räumlichen Treffpunkt nicht nur für den Abend, auch für den Nachmittag;
- Das Jugendreferat soll eine neutrale Anlaufstelle für Jugendliche werden;
- Projektbezogene Kooperation mit den Staufener Schulen;
- Ferienangebote für Jugendliche;
- Internetangebot;
- Thema "Anbindung an den öffentlichen Nahverkehr" aufgreifen.

Gruppe „Kommunikation zwischen Jugendlichen und Verwaltung / Erwachsenen:
- Die Etablierung eines Jugendforums in Staufen, das in regelmäßigen Abständen stattfindet und eine Plattform für einen Austausch zwischen Jugendlichen und Erwachsenen (politischen Entscheidungsträgern) bilden könnte. Ein Jugendrat scheint hierfür kein geeignetes Mittel zu sein, da es an sich kein jugendgemäßes Instrument ist (Zeitfaktor, sprachlich weniger versierte Jugendliche bleiben davon ausgeschlossen, Jugendliche engagieren sich in der Regel themenbezogen und nicht global...);
- Das Jugendreferat soll zu einer Anlaufstelle werden, Kontakte zwischen Jugendlichen und Verwaltung vermitteln, „übersetzen"...;
- Unter bestimmten Voraussetzungen (Häufigkeit, Rahmenbedingungen) könnte mit dem Staufener Bürgermeister eine Jugendfragestunde stattfinden - Ort: nicht das Rathaus, besser ein Jugendlichen vertrauter Boden;
- Installieren eines Briefkastens für anonym geäußerte Anliegen oder Themen.

Ausblick

Auf der Grundlage der Studienergebnisse und der Ergebnisse aus den beschriebenen Arbeitsgruppen formte das Jugendreferat einen Konzeptvorschlag offener Jugendarbeit in Staufen. Wichtiger und dringlichster Baustein dieses Vorschlags bildet die Einrichtung eines offenen räumlichen Treffpunktes. Der Konzeptvorschlag wurde im Juli 2002 dem Gemeinderat vorgestellt. Noch in der gleichen Sitzung fasste dieser den Beschluss, dem Vorschlag des Jugendreferates zu folgen und die darin benannten Räumlichkeiten zu einem betreuten Jugendtreff umzubauen.

Das vom Jugendreferat vorgelegte Gesamtkonzept wird nach der Sommerpause im Gemeinderat beraten; danach werden Entscheidungen hinsichtlich einer künftigen offenen Jugendarbeit in Staufen gefasst.

VI. Die Jugendstudie Staufen im Rückblick

Es ist keine neue Erkenntnis, dass mit Befragungen längst nicht alle Jugendlichen erreicht werden, im Grunde genommen eher jene, die weniger Probleme damit haben, ihren Standpunkt verbal zu vertreten. Das war auch in Staufen nicht anders. Und gerade deshalb war die Befragung von vorne herein als *ein*, wenn auch zentraler Baustein der Studie geplant worden; gerade deshalb entschied man sich von vorne herein, im Zusammenhang mit der Bedarfsermittlung verschiedene Wege zu gehen. Ziel war es, auch jene zu erreichen, deren Sache es nicht ist, sich ausschließlich über die Sprache und quasi „unter 4 Augen" mitzuteilen. Diese Jugendlichen haben sehr wohl Bedarfe, traten aber in Staufen bislang kaum in Erscheinung. Im Rahmen der Jugendstudie Staufen wurden mit Ortsbegehungen und einer Videobefragung, in deren Verlauf Cliquen aufgesucht und teilweise auch recht spontan mit einer bestimmten Fragetechnik um ihre Meinung gebeten wurden, methodisch sich ergänzende Bausteine eingeplant.

Deutlich wurde aber auch, dass die Mitarbeit von jugendlichen Experten als Interviewer tatsächlich genau die Wirkung hatte, die man sich im Vorfeld davon versprochen hatte. Zum einen erkundigten sich Jugendliche oft direkt bei den Interviewern, warum eine solche Befragung überhaupt stattfindet – hier wurde also oftmals ein Wissensdefizit ausgeglichen, zu dem sich viele Jugendliche einem unbekannten Erwachsenen gegenüber vermutlich noch nicht einmal „bekannt" hätten. Zum anderen berichteten die Interviewer immer wieder von einem enorm großen Erzählbedürfnis einzelner Befragter – hier zeigte die gemeinsame Sprache, die ähnliche Ebene, Wirkung. Die Interviewer eigneten sich durch ihre Arbeit einen großen Wissensschatz an und es gelang ihnen dabei nahezu ausnahmslos, diese vielen Eindrücke zunächst von Ihrer eigenen Einschätzung getrennt zu beleuchten.

Eine Beteiligungsquote von ca. 65 % zeugt zudem davon, dass die jugendlichen Interviewer ihre Gesprächspartner sehr überzeugend erreicht haben und wäre ein paar Interviewern gegen Ende nicht die Puste ausgegangen, stünde hierfür ein noch deutlicherer Beleg.

Konsequenzen aus dem Verlauf der Studie

Die Jugendstudie Staufen erstreckte sich von Juni 2001 bis Mai 2002, alles in allem also über einen Zeitraum von einem Jahr.

Die Verantwortlichen der Studie waren 2001 mit dem Ziel angetreten, Jugendliche und interessierte Erwachsene im Rahmen einer umfassenden Erhebung zu aktivieren, diese zu einem Thema für breite Bevölkerungsteile zu machen. Dabei sollten bereits bestehende Strukturen in den Verlauf mit eingebunden werden.

Es zeigte sich, dass eine zunächst wachsende Gruppe von Jugendlichen und Erwachsenen durchaus Interesse an einer Erforschung der Situation junger Menschen in Staufen hat. Die Entwicklung jener Planungsgruppe Jugendstudie Staufen ist in verschiedener Hinsicht symptomatisch für den Gesamtprozess, deswegen soll diese etwas näher beleuchtet werden:

Aktiviert wurden in erster Linie Jugendliche, die das örtliche Gymnasium besuchen, die sich untereinander gut bis sehr gut kennen und einem bestimmten Bevölkerungssegment entstammen. Es ist gelungen, mit der Studie in bestimmten thematischen Zusammenhängen immer wieder jene Jugendlichen anzusprechen, die tendenziell weniger Probleme haben, sich zu artikulieren und für eigene Interessen einzusetzen. Andere, die auch an den bis dato existierenden Treffpunkten für Jugendliche in Staufen und in organisierten Gruppen wie Sportvereinen nur wenig präsent sind, konnten hauptsächlich über die direkte Ansprache im Rahmen der Ortsbegehungen bzw. der Videobefragung, teilweise auch über eine breitangelegte Mobilisierungskampagne im Vorfeld des Jugendforums und über persönliche Kontakte erreicht werden. Im Rahmen der Befragung und der Gruppendiskussion funktionierte das nur eingeschränkt.

Es gelang jedoch nicht, diese Zielgruppe in den Planungsprozess mit einzubinden. Wenig verwunderlich, denn zu vielen fehlte sowohl ein praktischer, als auch ein inhaltlicher Bezug zur Studie: Der Gesamtzusammenhang, auch zeitlich gesehen, überforderte viele – auch Erwachsene. Welcher Schritt baut auf welchem auf und warum dauert es so lange, bis die Ergebnisse der Befragung vorliegen und interpretiert werden können? Jugendliche, die im Mai Interesse an einer Ortsbegehung zeigten, hatten selbiges im Herbst, als der Verlauf der Studie sich mit dieser Methodik konkret zu beschäftigen begann, schon wieder verloren.

Die Planungsgruppe blieb nahezu ohne personelle Veränderung bis zum Schluss am Ball, auch wenn es schwierig war, über all' die Monate eine Konstanz zu halten. Im Grunde erstaunlich, denn Gremienarbeit ist kopflastig und immer wieder auch langatmig – aber die jugendlichen Mitglieder kämpften sich durch und lieferten an verschiedenen Punkten überaus wichtige Beiträge – in vielen Momenten waren sie die Experten in eigener Sache. Aber das Thema Jugendstudie wurde nicht zu ihrem.

Was sich ebenfalls feststellen lässt, ist die Tatsache, dass einige für die Jugendarbeit in Staufen wichtige Vertreter in der Planungsgruppe nicht repräsentiert waren. Um dies einschätzen zu können, bedarf es allerdings auch einer guten Kenntnis der Strukturen vor Ort, die für die Verantwortlichen zu Beginn der Studie noch nicht gegeben war. Damit war eine Vernetzung mit bestimmten Strukturen auf einer gemeinsamen Ebene über Studie nur schwer möglich.

Das Bild der Studie in der Öffentlichkeit

Der Öffentlichkeit die Inhalte der Studie und die damit verbundenen Ziele zu vermitteln, gelang nur an bestimmten Stellen, beispielsweise im Zusammenhang mit der Befragung. Dieses Instrument ist vielen Bürgern als solches bereits recht vertraut, Gruppendiskussionen oder auch Ortsbegehungen waren für viele schwer einzuordnen.

Es war spürbar, dass viele Staufener den Verlauf der Studie zwar mit Zurückhaltung aber dennoch mit Interesse verfolgten. Deutlich wurde in diesem Zusammenhang, wie wichtig aber auch zeitintensiv gute Öffentlichkeitsarbeit ist. Hier stieß die Jugendreferentin immer wieder an Grenzen, musste Kompromisse machen und abwägen, welche Investition an bestimmten Stellen tatsächlich notwendig waren.

Und damit verbunden war immer wieder die Frage nach den Inhalten der Arbeit der Jugendreferentin – auch hier fehlte ein konkreter Bezug bzw. fehlten die für die Öffentlichkeit sichtbaren Ergebnisse.

Wie viel Zeit räumt Öffentlichkeit einer differenzierten Forschung ein? Welchen Stellenwert hat auf diese Art angelegtes langfristiges Denken, wenn dadurch zunächst keine Ergebnisse sichtbar sind? Was darf empirische Arbeit kosten, auch wenn sie nicht vom öffentlichen Träger finanziert ist – zumindest nicht direkt?

Im Verlauf der Studie wurde deutlich, dass Expertengespräche zwar durchaus dazu geeignet sind mit Vertretern von z.B. Vereinen und Verbänden in Kontakt zu treten. Nicht aber um Kontakt zu Jugendlichen aufzubauen. Die Jugendstudie ebnete in dieser Hinsicht keine Wege, sondern benötigte vielmehr immer wieder bereits bestehende Verbindungen, um auf deren Grundlage aufbauen zu können.

Deshalb begann die Jugendreferentin nach und nach auch außerhalb der Studie in verschiedenen Zusammenhängen aktiv zu werden, was wiederum zu zeitlichen Verzögerungen im Hinblick auf den Ablauf der Studie führte.

Zusammenfassend lässt sich hierzu festhalten, dass es weder realistisch noch ratsam erscheint, sich in der Aufbauphase einer Einrichtung der offenen Jugendarbeit zu sehr auf ein Projekt dazu noch ein so abstraktes wie eine Jugendstudie zu konzentrieren. Wichtig ist allerdings, in der Arbeit Schwerpunkte zu legen und dementsprechend mit den schnell von verschiedenen Seiten geäußerten Erwartungen umzugehen – die Zeit zum Erheben wird ansonsten in jedem Fall zu kurz kommen. Und es lohnt sich, sich diese Zeit zu nehmen, immer wieder Räume dafür zu schaffen – die Jugendstudie Staufen bot der Jugendreferentin die Gelegenheit, als professionelle Akteurin in der offenen Jugendarbeit an der Erforschung einer Ausgangssituation und der entsprechenden Realisierung bestimmter Projekte, zumindest der maßgeblichen, mitzuwirken.

Die Bedeutung des Zeitaspekts im Zusammenhang mit der Erstellung einer Studie sollte aber im Vorfeld bedacht und von verschiedenen Seiten beleuchtet werden.

Ein Ausblick

Die Jugendstudie Staufen ist abgeschlossen, aus den Ergebnissen der Studie und des mit dem Jugendforum verbundenen Diskussionsprozesses erarbeitete das Jugendreferat einen Konzeptvorschlag, der dem Gemeinderat der Stadt Staufen noch vor der Sommerpause zur Kenntnisnahme vorgestellt wurde.

In der gleichen Gemeinderatssitzung wurden darüber hinaus bereits erste Entscheidungen getroffen: Der Gemeinderat folgte dem Vorschlag des Jugendreferates und beschloss einstimmig die Einrichtung eines betreuten Jugendtreffs. Weitere Beschlüsse werden nach der Sommerpause gefasst.

Die Jugendstudie hat für den weiteren Prozess der Jugendhilfeplanung in Staufen nicht nur faktisch wichtige Grundlagen gelegt. Über den damit verbundenen Prozess der Aktivierung und Vernetzung wurde innerhalb der Bevölkerung ein Bewusstsein für die Belange junger Menschen geschaffen, wurden beispielsweise mit dem 1. Staufener Jugendforum neue Wege beschritten und bei vielen Jugendlichen und Bürgern Interesse für weitere Vorhaben geweckt.

Was in Staufen steht, ist mittlerweile vielen klar - nun stellt sich die Frage: Was geht?

Baldo Blinkert, Jürgen Spiegel

Teil B:
Ressourcen und Freizeitpräferenzen von Jugendlichen

Eine empirische Untersuchung über die Situation von Jugendlichen in einer Kleinstadt

Einleitung

Wie verbringen Jugendliche ihre Freizeit? Was für Wünsche und Interessen haben sie? Wie zufrieden sind sie mit den vorhandenen Möglichkeiten? Wie werden Freizeitangebote genutzt? Was für Angebote und Anregungen würden dazu beitragen, ihr Wohlbefinden zu steigern? Das sind Fragen, die in der für die Stadt Staufen durchgeführten Jugendstudie im Vordergrund standen. Wir haben uns dabei ausdrücklich an den Interessen der Auftraggeber orientiert, vor allem aber auch an den von den Jugendlichen im Rahmen einer projektbegleitenden Arbeitsgruppe an uns herangetragenen Fragen. In Verbindung mit der Schaffung einer neuen Stelle im Bereich der Jugendpflege sollte die Untersuchung eine der Grundlagen für eine Neuorientierung der Jugendarbeit in Staufen sein. Im Vordergrund standen also Fragen, die vor allem unter praktischen Gesichtspunkten bedeutsam sind. Hinzu kam die Absicht, die Jugendlichen selber in hohem Maße an dieser Untersuchung zu beteiligen und so über die Partizipation an einem Forschungsprojekt zu einer Aktivierung beizutragen.

Unser Bericht ist wie folgt gegliedert: In *Kapitel I* werden nach einem kurzen Bericht über die "Sozialstruktur von Staufen" - kurz deshalb, weil viele Informationen nicht vorliegen - die Methoden der Untersuchung dargestellt. Daran anschließend werden einzelne und auf die praxisnahe Fragestellung bezogene Ergebnisse zu den verschiedenen Schwerpunkten der Befragung berichtet: Über welche Ressourcen verfügen Staufener Jugendliche? - strukturelle Ressourcen, jugendkulturelle Ressourcen, Räume, Freizeitangebote und Mitgliedschaften *(Kapitel II)*. Welche Freizeitaktivitäten stehen im Vordergrund? Was tun Jugendliche gerne? Was würden sie gerne mehr tun? *(Kapitel III)* Es folgt dann eine zum Teil zusammenfassende Darstellung von Eindrücken auf der Grundlage der Ergebnisse von Gruppendiskussionen *(Kapitel IV)*.
    Nach dieser Darstellung von einzelnen für die praktische Jugendarbeit vielleicht wichtigen Ergebnissen versuchen wir in *Kapitel V* eine Art strukturierende Zusammenfassung. Das ist nicht ganz einfach, denn die Lebenssituation von Jugendlichen, ihr Hintergrund und ihre Interessen, sind viel zu heterogen, um alle Beobachtungen subsumierend und systematisierend unter einer theoretischen Perspektive einzuordnen. In der Soziologie hat es immer wieder solche Versuche gegeben. Es ist aber fraglich, ob sich diese Ansätze dafür eignen, die in dieser Studie gewonnenen eher auf praktische Interessen ausgerichteten Erkenntnisse zu ordnen. Das gilt sicher für die "klassischen Theorien" struktur-funktionalistischer, klassentheoretischer oder entwicklungspsychologischer Provenienz[1]. Lebensweltorientierte und sozialökologische Ansätze sind dafür sicher besser geeignet, bieten aber im Grunde nur einen deskriptiven Rahmen an, der allerdings zu außerordentlich aufschlussreichen und produktiven Beschreibungen einzelner jugendkultureller Szenen und Handlungsmuster angeregt hat[2]. Der von uns unternommene Versuch einer Systematisierung lässt sich am ehesten als "ressourcentheoretischer Ansatz" beschreiben[3] - obwohl eine solche Etikettierung auch wiederum Erwartungen entstehen lässt, die wir im Rahmen dieser Untersuchung sicher nicht erfüllen konnten. Mit wenigen Stichworten lässt

---

[1] Vgl. z.B. S.N. Eisenstadt (1966); F.H. Tenbruck (1962); J. Clarke et al (1979); C. Wiesner / R.K. Silbereisen (1996)

[2] Vgl. z.B. M. Kieper (1980); H. Becker et al. (1984); K. Lenz (1988); W. Thole (1991); R. Tippelt et al. (1986); I. Müller (1984)

[3] Grundlegende Bedeutung haben in diesem Zusammenhang die Untersuchungen und Konzeptualisierungen von P. Bourdieu (1984); vgl. auch B. Blinkert (1995, 1998)

sich unser Ansatz folgendermaßen skizzieren: Wir nehmen an, dass auch die Situation von Jugendlichen durch Ungleichheit geprägt ist, dass diese Ungleichheiten - im Hinblick auf wichtige Ressourcen, aber auch bezüglich des Geschlechts - sich in Handlungsmöglichkeiten und -restriktionen manifestieren und auf diese Weise bei den Jugendlichen einen Habitus entstehen lassen, der wiederum mit ganz konkreten Freizeitinteressen und -aktivitäten verbunden ist. Diese Praktiken wiederum können Auswirkungen auf einige der Ressourcen von Jugendlichen haben und z.B. für die weiteren sozialen Chancen einige Bedeutung besitzen. Anders als in einer strikten Auslegung dieser Perspektive gehen wir aber davon aus, dass dieser Zusammenhang nicht deterministisch ist. Gleichwohl lässt sich auch in dieser Untersuchung für die Stadt Staufen zeigen, dass trotz zunehmender "Individualisierung" das Freizeitverhalten und die Freizeitwünsche von Jugendlichen ihre Stellung in der Sozialstruktur in nicht unbeachtlichem Maße reflektieren.

Eine Untersuchung wie die für die Stadt Staufen durchgeführte ist ohne vielfältige und engagierte Unterstützung nicht möglich. In erster Linie sind dabei die Jugendlichen selber zu nennen, nicht nur diejenigen, die geduldig und mit großer Bereitschaft an den Interviews teilgenommen haben, sondern auch die Jugendlichen, die unsere Forschung in einer Projektgruppe aktiv begleitet haben. Ihnen verdanken wir wertvolle Anregungen und es ist nicht übertrieben zu sagen, dass wesentliche Ideen zum Interview in dieser Gruppe entwickelt wurden. Die jugendlichen Teilnehmer an der Projektgruppe haben dann auch die Interviews durchgeführt, mit großer Sorgfalt und mit viel Einfühlungsvermögen. Sie konnten auf diese Weise auch ein bisschen die Praxis der Sozialforschung kennen lernen. Wir hoffen, dass es ihnen Spaß gemacht hat. In der Projektgruppe haben auch engagierte Staufener Bürgerinnen und Bürger mitgearbeitet. Auch ihnen gilt unser Dank für die Anregungen und für die vielfältigen Informationen über die lokalen Bedingungen und über die Lebenssituation von Jugendlichen. Ein ganz besonderer Dank gilt aber dem Auftraggeber für diese Studie, dem SOS-Kinderdorf, vertreten durch Herrn Hans-Günter Schäfer. Die von der Stadt Staufen neu eingestellte Jugendreferentin, Frau Uta Güsewell, hat sich mit viel Engagement und Kompetenz in die Forschung eingeschaltet. Sie hat nicht nur laufend an der Entwicklung und Diskussion der Fragestellung und Methoden mitgearbeitet und die Feldforschung organisiert, sondern auch selbständig wesentliche Bereiche der Untersuchung bearbeitet und darüber einen Bericht verfasst. Der Beitrag von Herrn Schäfer ist vielfältig. Er ist der eigentlich Initiator dieser Studie und war bei der Durchführung eine Art Motor, der nicht nur immer wieder die Einhaltung der Termine angemahnt und den Praxisbezug eingefordert hat, sondern auch ein überaus produktiver Ideenlieferant war. Bedanken möchten wir uns auch bei den Studierenden eines am Institut für Soziologie der Universität Freiburg durchgeführten Begleitseminars zu dieser Studie, die dabei nicht nur viel über die Praxis der empirischen Sozialforschung lernen konnten, sondern auch wertvolle praktische Arbeit bei der Methoden-entwicklung, Feldforschung und Auswertung geleistet haben. Unser Dank gilt auch Herrn Dr. Sierwald vom sozialpädagogischen Forschungsinstitut des SOS-Kinderdorfes, dem wir vielfältige Anregungen für diese Studie verdanken. Bei Herrn Bayer (MdL) möchten wir uns dafür bedanken, dass er auf kommunal- und landespolitischer Ebene die Wege für diese Untersuchung frei gemacht hat.

I. Hintergrund und Methoden der Staufener Jugendstudie

I.1. Die Stadt Staufen - Charakter der Stadt und Sozialstruktur

I.2. Die Methoden der Studie

I.1.   Die Stadt Staufen - Charakter der Stadt und Sozialstruktur

Ohne Zweifel ist Staufen ein idyllisches Städtchen, gelegen in einem der landschaftlich schönsten Teile von Deutschland. Umgeben von Weinbergen, im Hintergrund der Schwarzwald, deutlich sichtbar auf einem kegelförmigen Hügel die Burgruine. Wer durch das Städtchen geht, ist beeindruckt von der Atmosphäre: winklige Gässchen in der Altstadt, ein schöner Platz vor dem Rathaus mit Brunnen, Kopfsteinpflaster, kleinen Läden... Staufen hat auch einen Mythos, die Stadt bezeichnet sich als Faust-Stadt, in Anspielung, auf den mittelalterlichen Alchemisten, auf den Helden aus Goethes Drama. Staufen hat natürlich nicht nur eine mittelalterlich wirkende Altstadt, sondern auch moderne Wohnviertel, meistens Einfamilien- oder Reihenhäuser, im Süden auch ein kleines Wohngebiet mit etwas höheren Häusern, von Einheimischen als "Hochhäuser" bezeichnet. Auch im Internet ist die Stadt präsent. Wer www.staufen.de wählt, erhält umfassende Informationen über Verwaltung, Gewerbe, Tourismus und Bevölkerung. Auf der ersten Seite erscheinen die folgenden Informationen:

Vom Rande des südlichen Schwarzwaldes, eingebettet in die Weinberge am Rande des Markgräflerlandes, blickt die Fauststadt Staufen über das Rheintal auf die Vogesenkette.

Mit dem Rad durch sanfte Hügel fahren, wandern oder Skilaufen auf den Höhenzügen des Schwarzwaldes und vieles mehr. Urlaub und Erholung im Dreiländereck zwischen dem Elsass und der Schweiz....

Staufen ist wohl ein idyllischer Ort, vielleicht eine Art Insel. Das wird auch von den meisten Jugendlichen so gesehen und wird allein schon deutlich, wenn wir die Antworten auf die im Interview eingangs gestellten offenen Fragen betrachten: "Was gefällt Dir in Staufen?" "Was stört Dich hier, was gefällt Dir nicht?". Nur 8 Prozent der Jugendlichen können nichts nennen, wenn man sie danach fragt, was ihnen in Staufen gefällt, d.h. über 90 Prozent, also nahezu alle, können etwas nennen, das ihnen an der Stadt Staufen gefällt. Am häufigsten werden Aussagen gemacht, die sich lobend auf das Stadtbild beziehen. Man fühlt sich in der Stadt und auch in der Gegend wohl, man schätzt das positive soziale Klima und die damit verbundene Sicherheit und Geborgenheit. Auch die Angebote für Jugendliche werden häufig genannt, dabei steht das Jugendzentrum deutlich im Vordergrund, aber auch Vereinsangebote und die Feste werden erwähnt. Insgesamt also: ein sehr positives Urteil der Jugendlichen über "ihre" Stadt, ein Zeichen dafür, dass man sich mit diesem Ort in hohem Maße identifiziert. Das wird sogar deutlich, wenn man die Gegenfrage betrachtet: Was gefällt Jugendlichen nicht? Es werden dann wenig Aussagen gemacht, die sich auf die Stadt beziehen, nur eine Minderheit erwähnt den "engen Kleinstadt-charakter" oder ein "unangenehmes soziales Klima". Am häufigsten wird auf die fehlenden Angebote für Jugendliche verwiesen - und das erklärt dann auch das große Interesse der Jugendlichen und auch der Auftraggeber an dem Thema "Freizeit" und "Wunsch nach Freizeitangeboten". Das scheint in der Tat das große Problem der Staufener Jugendlichen zu sein: im Ort gibt es kein Kino, Discos sind schlecht erreichbar, ganz allgemein: es fehlen Ausgeh- und jugendspezifische Erlebnismöglichkeiten.

An aktuellen Zahlen über Staufen liefert das Internet u.a. die folgenden Daten über Staufen:

Staufen in Zahlen

Einwohnerzahl	**7.230**
Fläche des Gemeindegebiets	**2.326 ha**
davon Staufen	**953 ha**
davon Grunern	**1.082 ha**
davon Wettelbrunn	**291 ha**
davon Waldfläche insgesamt	**1.160 ha**

Wie sieht es nun mit der Sozialstruktur aus? Wie groß ist die Belastung des Städtchens mit sozialen Problemen? Da es schwierig ist, hinreichend aktuelle gemeindebezogene Daten zu bekommen, müssen sich unsere Antworten auf einige wenige Punkte beschränken.

Bevölkerung

Staufen ist eine Kleinstadt mit 7344 Einwohnern[4] und hat damit eine mittlere Größe im Vergleich zu den restlichen Gemeinden des Landkreises Breisgau-Hochschwarzwald. Seit 1993 hat sich die Einwohnerzahl kaum verändert. Die in der Nähe liegenden Gemeinden Bad Krozingen und Müllheim haben ca. doppelt so viele Einwohner und sind damit die beiden größten Gemeinden im Landkreis.
    Staufen ist eine Stadt mit relativ vielen alten und wenig jungen Einwohnern. Der Anteil der über 65jährigen ist mit 19 % höher als im Landkreis (15 %) und in Baden-Württemberg (16 %), der Anteil der unter 18jährigen dafür niedriger (18 % im Vergleich zu 21 % bzw. 20 %). Der Ausländeranteil lag mit 11 % knapp unter dem Landesdurchschnitt, aber deutlich über dem Anteil im Landkreis insgesamt (7 %)[5].

Schulen

Das Faust-Gymnasium ist die größte Schule in Staufen mit 1035 Schülern. Dieses Gymnasium ist auch für das Umland von großer Bedeutung: knapp 300 Schüler - also etwas weniger als ein

---

[4] Wohnberechtigte Bevölkerung am 31.12.2001 lt. amtlicher Statistik.

[5] Regionaldaten des Statistischen Landesamtes Baden-Württemberg für 1999, neuere Zahlen lagen nur für Staufen vor.

Drittel - kamen im Schuljahr 2001/2002 aus Staufen selbst, der Rest von außerhalb. Jeweils über 100 Schüler kamen aus Heitersheim und dem Münstertal, 74 aus Ballrechten-Dottingen, 63 aus Pfaffenweiler und selbst aus Bad Krozingen gehen noch 37 Schüler auf das Faust-Gymnasium, obwohl es dort ein eigenes Gymnasium gibt[6].

Neben dem Gymnasium gibt es in Staufen noch zwei Grundschulen, eine Hauptschule und eine Sonderschule, die insgesamt von 550 Schülern besucht werden.

Belastung mit sozialen Problemen

Wenn man sich die Belastung der Stadt Staufen mit sozialen Problemen im Vergleich zum restlichen Landkreis und der Großstadt Freiburg anschaut, zeigt sich, dass Staufen relativ günstig dasteht. Es sind durchweg deutlich niedrigere Quoten als in der Großstadt feststellbar und auch innerhalb des Landkreises zählt Staufen zu den Orten mit einer ingesamt sehr geringen Belastung. Es lagen Daten zu Arbeitslosigkeit, Sozialhilfebezug und Jugenddelinquenz vor, die im folgenden kurz berichtet werden.

Arbeitslosigkeit

Staufen ist etwas stärker als der Landkreis insgesamt von Arbeitslosigkeit betroffen, die Quote lag 2001 bei 6,9 % gegenüber 5,8 % im gesamten Landkreis[7]. Allerdings sind die Quoten deutlich niedriger als in der Stadt Freiburg (10,4 %). Staufen hat - wie auch der Landkreis und die Stadt Freiburg - seit 1998 eine positive Entwicklung durchlaufen, die Quote sank von damals 10,2 % kontinuierlich. Der Anteil der Jugendlichen (unter 25 Jahren) in Staufen an den Arbeitslosen beträgt 7,4 % und ist damit niedriger als in Freiburg (8,8 %) und dem Landkreis insgesamt (9,9 %).

Sozialhilfe

Amtliche Daten zur Sozialhilfequote lagen für Staufen nicht vor. Eine Sonderauswertung der Max-Planck-Schulbefragung zu „Sozialen Lebenslagen und Delinquenz von Jugendlichen[8]" ergab, dass der Anteil der Väter oder Mütter der befragten Schüler, die aktuell oder in den letzten zwei Jahren länger als fünf Monate Sozialhilfe bezogen, in Staufen deutlich niedriger als in Freiburg (2,1 % vs. 5 %) war, jedoch geringfügig höher als im Landkreis (1,8 %).

---

[6] Schulstatistik "Einzugsbereich der Schule 2001/02", zur Verfügung gestellt vom Faust-Gymnasium.

[7] Quelle: "Arbeitsmarktdaten nach Gemeinden im Arbeitsamtsbezirk Freiburg 1995-2001" des Arbeitsamtes Freiburg. Die hier berichteten Quoten sind leider nicht mit den Quoten der amtlichen Statistik des Landes oder des Bundes vergleichbar, da sie sich auf die sozialversicherungspflichtig Beschäftigten und Arbeitslosen beziehen und z.B. Beamte und geringfügig Beschäftigte fehlen. Auf Gemeindeebene sind keine amtlichen Arbeitslosenquoten erhältlich, auf Landkreisebene betrug die amtliche Arbeitslosenquote 2001 ca. 4,8 %, lag also etwa 1 % niedriger als in der Statistik des Arbeitsamtes Freiburg.

[8] D. Oberwittler, T. Blank, T. Köllisch, T. Naplava: Soziale Lebenslagen und Delinquenz von Jugendlichen. Ergebnisse der MPI-Schulbefragung 1999 in Freiburg und Köln. Arbeitsberichte aus dem MPI für ausländisches und internationales Strafrecht Freiburg i.Br. Freiburg 1999.
Die Ergebnisse für das Umland von Freiburg sind veröffentlicht in: D. Oberwittler, T. Blank, T. Köllisch, T. Naplava: MPI-Schulbefragung Breisgau / Markgräfler Land 2000. Ergebnisbericht. Freiburg 2000. Für Staufen lag eine Sonderauswertung ausgewählter Ergebnisse vor, die uns freundlicherweise von Herrn Dietrich Oberwittler zur Verfügung gestellt wurde.

Jugenddelinquenz

Die Sonderauswertung der MPI-Schulbefragung (s.o.) erlaubte einen Vergleich der selbst-
berichteten Delinquenz von Jugendlichen in Staufen mit dem Landkreis insgesamt und der Stadt
Freiburg. Im Fragebogen wurde für eine Liste von Delikten abgefragt, ob diese von den Schülern
schon einmal begangen wurden und wie oft dies in den letzten 12 Monaten vorgekommen ist.
Dabei zeigt sich, dass Staufener Jugendliche[9] im Wesentlichen geringere Prävalenzraten[10] von
Delikten hatten, als die Schüler im restlichen Landkreis und in Freiburg. Lediglich der
Drogenkonsum ist in Staufen genauso hoch wie in Freiburg und sogar höher als im restlichen
Landkreis[11]. Auch bei Sachbeschädigungen lässt sich kaum ein Unterschied zwischen Staufen
und Freiburg feststellen.

**Tabelle I.1: Prävalenzraten bei Staufener Schülern im Vergleich zum Landkreis und der Stadt
Freiburg**

Anteil der Schüler, die in den letzten 12 Monaten...	Staufen (n=158)	Landkreis (n=1077)	Freiburg (n=1103)
... irgendeines der erfragten Delikte begangen haben	53%	50%	60%
... einen einfachen Diebstahl begangen haben	34%	36%	44%
... einen schweren Diebstahl begangen haben	2%	5%	10%
... Drogen konsumiert haben	30%	23%	29%
... eine Sachbeschädigung begangen haben	26%	24%	27%
... Gewaltdelikte begangen haben	13%	16%	21%

Die Delikte sind folgendermaßen zusammengefasst:
- einfacher Diebstahl: Fahrraddiebstahl, Ladendiebstahl sowie Diebstahl von Sachen oder Geld
- schwerer Diebstahl: Autoaufbruch, Diebstahl von KFZ sowie Einbruchdiebstahl
- Sachbeschädigung: Graffiti sprühen, KFZ beschädigen, Beschädigung öffentlicher Einrichtungen
- Gewaltdelikte: Körperverletzung, Bedrohung, Erpressung, Raub (mit Gewalt etwas wegnehmen)

---

[9] Befragt wurden die Klassen 8, 9 und 10 in Sonder-, Haupt-, Realschulen und Gymnasien.

[10] Prävalenzrate: Anteil der Befragten, die ein bestimmtes Delikt in den letzten 12 Monaten vor der
Befragung begangen haben.

[11] Die Prävalenz verschiedener Delikte hängt erwartungsgemäß nicht nur vom Wohnort (Stadt/Land)
ab, sondern auch von sozialen Faktoren wie Schultyp, Geschlecht und Alter der Jugendlichen. Siehe hierzu: D.
Oberwittler et al. (2000), S. 14 ff.

Dass die Jugenddelinquenz in der Großstadt Freiburg stärker ausgeprägt ist, als im Umland (dem Landkreis) wird bereits im Ergebnisbericht der MPI-Schulbefragung für das Umland gezeigt[12]. Somit ist es nicht erstaunlich, dass Staufener Jugendliche bei den meisten Delikten deutlich unter den Freiburgern liegen. Aber auch im Vergleich zum restlichen Landkreis scheint Staufen recht "beschaulich" zu sein. Der relativ hohe Drogenkonsum hängt möglicherweise mit der Funktion von Staufen als Schulzentrum für die Region zusammen.

Die berichteten Prävalenzraten von Delinquenz sind vorrangig für einen Vergleich zwischen den drei Gebieten aussagekräftig. Ob sie auch in ihrer absoluten Höhe zuverlässig sind, lässt sich schwer einschätzen. Einerseits kann man von einer Unterschätzung der Raten ausgehen, da einige Befragte sicher nicht alle begangenen Delikte vollständig angegeben haben. Andererseits muss damit gerechnet werden, dass auch triviale Delikte, wie der Diebstahl eines Radiergummis des Klassenkameraden, angegeben werden, was zu einer Überschätzung der Quote führen würde[13]. Es ist also fraglich, ob tatsächlich 53 % der Staufener Jugendlichen delinquent im strafrechtlichen Sinne waren.

Viktimisierung

Jugendliche sind aber nicht nur selbst delinquent, sie werden auch Opfer von Straftaten. Auch hierbei sind die Staufener Jugendlichen in einer vergleichsweise günstigen Situation: lediglich 17 % gaben an, in den letzten 12 Monaten Opfer einer Körperverletzung, einer Erpressung oder eines Raubes geworden zu sein. Unsere eigene Befragung erbrachte mit einem Anteil von nur 9 % eine noch deutlich geringere Quote von Jugendlichen, die sich im letzten Jahr als Opfer von Gewalthandlungen betrachten. Im restlichen Landkreis lag diese Rate bei 19 % und in der Großstadt Freiburg gar bei 26 %.

Auch diese recht hohen Raten müssen relativiert werden, da es sich bei vielen der erlittenen Delikte um Bagatellfälle handelt. So hatten ca. 40 % der bei einem Raub entwendeten Gegenstände einen Wert von unter 10.- €. Auch die meisten Körperverletzungen waren relativ glimpflich: nur 11,5 % der Betroffenen mussten eine Arzt oder Sanitäter aufsuchen[14].

Jungen werden sehr viel häufiger als Mädchen Opfer von Straftaten. So geben im Schnitt 19 % der Jungen und nur 7,5 % der Mädchen an, eine Körperverletzung in den letzten 12 Monaten erlitten zu haben. Beraubt wurden 14 % der Jungen und nur 4 % der Mädchen und Opfer einer Erpressung wurden 18 % der Jungen vs. 11 % der Mädchen. Bei Körperverletzungen ist außerdem festzustellen, dass Hauptschüler häufiger als Realschüler und diese wiederum häufiger als Gymnasiasten davon betroffen waren[15]. Bei den anderen Delikten war kein Unterschied zwischen den Schularten feststellbar.

---

[12] D. Oberwittler et al. (2000), S. 12ff.

[13] Vgl.: D. Oberwittler et al. (1999), S. 18

[14] D. Oberwittler et. al. (1999), S. 30.

[15] Ebd.

I.2.   Die Methoden der Studie

In der Staufener Jugendstudie wurden von FIFAS als Methoden ein persönlich-mündliches Interview und zwei Gruppendiskussionen mit ausgewählten Jugendlichen eingesetzt.

I.2.1   Befragung durch ein persönlich-mündliches Interview

Grundgesamtheit

Die Studie sollte Auskunft geben über die Freizeitinteressen von Jugendlichen in Staufen. Es sollte ein repräsentatives Bild der Situation von 12 -18 jährigen im Stadtgebiet Staufen entstehen und nicht nur Aussagen über bestimmte Gruppen gemacht werden. Angesichts der überschaubaren Anzahl der in Staufen lebenden Jugendlichen dieser Altersgruppe wurde eine Vollerhebung mit persönlich-mündlichen Interviews angestrebt. Zu diesem Zweck wurden die Adressen aller 12 bis unter 18-jährigen Jugendlichen mit Wohnort Staufen (inkl. der Teilgemeinden Wettelbrunn und Grunern) über das Rathaus Staufen beim Regionalen Rechenzentrum angefordert. Insgesamt lebten zu diesem Zeitpunkt 412 Jugendliche dieser Altersgruppe in Staufen.

Erhebung

Die Datenerhebung mittels persönlich-mündlicher Interviews fand vom 17.9.2001 bis 10.10.2001 statt. Alle Jugendlichen und auch alle Eltern wurden kurz vorher durch ein Anschreiben mit Unterschrift des Bürgermeisters und der Jugendreferentin über die Studie und die bevorstehenden Interviews informiert. Auf der Rückseite des Schreibens wurden Erläuterungen zum Datenschutz gegeben. Bei den Eltern der unter 14-jährigen war zusätzlich eine Einverständniserklärung beigefügt, mit der die Teilnahme an der Studie schon im Vorfeld verweigert werden konnte. Davon wurde aber kaum Gebrauch gemacht. Zusätzlich zum Anschreiben wurde noch in der örtlichen Presse über die Studie und die Datenerhebung informiert.

Während der Erhebungsphase wurde ein Kontaktbüro vor Ort eingerichtet, das für Rückfragen von Befragten und Eltern zur Verfügung stand und als Anlaufstelle für die Interviewer diente.

Die persönlich-mündlichen Interviews wurden von ca. 20 Staufener Jugendlichen selbst durchgeführt. Dagegen gab es zunächst methodische Bedenken, da zu befürchten stand, dass die nötige Anonymität nicht gewahrt wäre und die Antworten auf einige wichtige Fragen dadurch u.U. verfälscht werden könnten und Effekte wie Selbstinszenierungen oder Antwortverhalten gemäß sozialer Erwünschtheit auftreten könnten. Der aktivierende Charakter der Studie wurde jedoch als sehr wichtig eingeschätzt und die Staufener Jugendlichen sollten bei möglichst vielen Schritten der Studie einbezogen werden, so dass die Jugendlichen trotz der möglichen Probleme als Interviewer eingesetzt wurden. Um Beeinflussungen zu minimieren, wurde bei der Verteilung der Adressen der Befragten auf die Interviewer darauf geachtet, dass die Interviewer keine ihnen gut bekannten Jugendlichen interviewen mussten[16]. Kannten die Interviewer trotzdem einen Befragten, waren sie gehalten diese Adresse an einen anderen Interviewer abzugeben.

---

[16] Dies wurde auch sehr gut erreicht. Eine entsprechende Frage im Fragebogen ergab, dass 84 % der Befragten den Interviewer überhaupt nicht oder nur flüchtig kannten. Nur 13 % kannten den Interviewer gut und ganze 3 % sehr gut.

Die Interviewer, die ja zumeist selbst der Stichprobe angehörten, wurden von Studenten des Begleitseminars interviewt, damit sie sich nicht gegenseitig befragen mussten.

Die Interviewer wurden in einer ausführlichen Schulung durch FIFAS auf ihre Tätigkeit vorbereitet. Der Inhalt der Schulung wurde auch in Form eines Handbuches zur Verfügung gestellt. Die Betreuung der Interviewer während der Erhebungsphase wurde vor Ort von der Jugendreferentin Frau Güsewell gewährleistet.

Die Interviewer hatten die Gelegenheit vor einem Haustürkontakt telefonische Terminabsprachen zu treffen, wovon in unterschiedlichem Ausmaß Gebrauch gemacht wurde.

Die Interviewtätigkeit wurde im Fragebogen protokolliert. Dadurch liegen folgende Informationen vor:

- Das Interview dauerte im Durchschnitt ca. 35 min. Die Hälfte der Interviews lagen in einer Zeitspanne von 30 bis 40 min. Das kürzeste Interview dauerte 20 min, das längste 50 min.
- 89 % der Interviews wurden in der Wohnung des Befragten geführt, der Rest außerhalb.
- In 74 % der Interviews war keine weitere Person anwesend, in 15 % die Eltern oder andere Erwachsene, in 11 % andere Kinder oder Jugendliche.
- Wenn andere Personen anwesend waren, haben sie sich zu einem knappen Drittel in das Interview eingemischt, 5 % der Anwesenden haben sich sogar häufig eingemischt.
- Mehr als 90 % der Interviews konnten laut Einschätzung der Interviewer konzentriert durchgeführt werden, 6 % der Interviews wurden als zu lang bemängelt. Nur bei einem sehr kleinen Teil der Interviews (2 %) hatte der Interviewer den Eindruck, dass der Befragte die Sache nicht ernst genommen hatte. Ein gleich großer Teil der Befragten fand etliche Fragen unverständlich oder unpassend.

Fragebogen

Der Fragebogen wurde auf der Grundlage des von uns bereits in Pforzheim verwendeten Interviews in der Projektgruppe entwickelt und an die Staufener Verhältnisse angepasst[17]. Um den Datenschutz gegenüber den Staufener Interviewern zu erhöhen - die ja schließlich selbst Staufener Jugendliche waren - wurden sensible Fragen, wie die soziale Situation der Eltern, Wohnsituation, zur Verfügung stehendes Geld, etc. in einen Fragebogenteil ausgelagert, der dann während des Interviewtermins von den Befragten selbst ausgefüllt und danach in einem Umschlag verschlossen und versiegelt wurde, ohne dass der Interviewer die Antworten zu sehen bekam.

Das Interview enthielt folgende Themenbereiche und Fragen:

Schriftlicher Teil (vom Befragten selbst auszufüllen):
- Die soziale Verankerung der Jugendlichen sollte mit dem TST (Twenty bzw. Ten-Statement-Test) erhoben werden, bei dem die Jugendlichen 10 Antworten auf die Frage geben sollten "Wer bin ich?".
- Fragen zur Wohnsituation, zur sozialen Situation der Jugendlichen und deren Eltern (Schulausbildung, Beruf)
- Zur Verfügung stehendes Geld

---

[17] Der vollständige Fragebogen befindet sich im Anhang.

Mündlicher Teil (vom Interviewer auszufüllen):
* Weitere Fragen zur sozialen Situation (Geschlecht, Alter, Nationalität etc.)
* Fragen zu Staufen (Was gefällt, was gefällt nicht, Perspektiven in Staufen)
* Fragen zum Freizeitbereich (verfügbare freie Zeit, Mitgliedschaft in Vereinen, Interessen, häufige Freizeitbeschäftigungen, Freizeitorte, Ausgehregelungen, Kontakte mit Gleichaltrigen)
* Fragen zur Bekanntheit und zur Nutzung von Angeboten

Die Fragen waren zu thematischen Blöcken zusammengefasst. Viele Fragen waren "offene" Fragen ohne vorgegebene Antwortmöglichkeiten. Das gab den Befragten die Möglichkeit ohne Beeinflussung durch die Antwortvorgaben ihre subjektiven Standpunkte und Interessenlagen darzulegen. Der Nachteil dieser Fragemethode ist, dass den Befragten u.U. einige Aspekte in der Befragungssituation nicht sofort einfallen oder wichtige Aspekte nicht genannt werden, weil sie der Befragte als evident erachtet.

Manche Themenkomplexe wurden deshalb zunächst durch eine offene Frage und dann zusätzlich noch durch eine geschlossene Frage abgefragt.

Ausschöpfung

Bei 263 der 412 angeschriebenen Staufener Jugendlichen konnte ein Interview geführt werden. Das entspricht einer Ausschöpfung von 64 % was für eine solche Befragung eine außerordentlich gute Quote ist. Bei 22 % (N = 91) kam kein Interview zustande, weil der Jugendliche oder seine Eltern das Interview verweigert haben[18] und weitere 14 % (N = 58) konnten aus sonstigen Gründen nicht interviewt werden (z.B. weil die Adresse nicht auffindbar war oder der Jugendliche trotz wiederholter Versuche nicht angetroffen wurde).

Die Ausschöpfung war dabei nicht bei allen Gruppen von Jugendlichen gleich gut:
* nur 55 % der Jungen konnten interviewt werden während die Quote bei Mädchen bei 73 % lag.
* die Altersgruppe der bis 14-jährigen beteiligte sich zu 68 % während nur 56 % der 17 und 18-jährigen interviewt werden konnten
* in Wettelbrunn nahmen nur 57 % der Jugendlichen teil, dafür war die Ausschöpfung in Grunern mit 77 % überdurchschnittlich
* es wurden nur 44 % der Ausländer interviewt, ausländische Jugendliche waren sehr viel häufiger als die Deutschen nicht auffindbar oder nicht erreichbar.
* Ein Vergleich mit der amtliche Schulstatistik zeigt, dass die Hauptschüler bei der Befragung deutlich unterrepräsentiert waren. Laut amtlicher Statistik sind 16 % der Staufener Jugendlichen Hauptschüler; in der Stichprobe hatten sie jedoch nur einen Anteil von 7 %. Diese Abweichung wurde durch eine entsprechende Gewichtung der Fälle berücksichtigt. Die Analysen wurden auf der Basis dieser gewichteten Stichprobe durchgeführt.

Insgesamt gesehen sind die Abweichungen in einem vertretbaren Rahmen, so dass man davon ausgehen kann, dass die Studie die Meinung der Staufener Jugendlichen repräsentativ abbildet.

---

[18] Dass das Interview nicht geführt werden konnte, weil die Eltern dies verweigert haben, kam nur in 5 Fällen vor (1,2 %). Die restlichen Verweigerungen erfolgten durch die Jugendlichen selbst.

Kontrollinterviews

Um die Qualität der durchgeführten Interviews zu kontrollieren, wurden - neben den üblichen Plausibilitätskontrollen - auch aktive Kontrollen vorgenommen. Dazu wurden ca. 10 % der Befragten nochmals telefonisch mit einem Kurzfragebogen interviewt, in dem einige Daten erneut erhoben und mit den Ergebnissen der mündlichen Interviews verglichen wurden. Zusätzlich wurde gefragt, ob ein Interview stattgefunden hatte. Diese Kontrollbefragung ergab keine Beanstandungen. Einige wenige Abweichungen bei der Angabe der Zahl der Wohnräume waren auf Verständnisprobleme zurückzuführen.

I.2.2   Gruppendiskussionen[19]

Als Ergänzung und zur Vertiefung der eher quantitativen Jugendbefragung mittels standardisierter Fragebögen wurden moderierte Gruppendiskussionen mit ausgewählten Staufener Jugendlicher durchgeführt. Diese Diskussionen sollten einerseits dazu dienen, die Ergebnisse der Befragung zu vertiefen und ergänzende Informationen zu wichtigen Themenbereichen zu erhalten. Andererseits sollte den Jugendlichen die Möglichkeit gegeben werden, ihre Situation und ihre Wünsche und Bedürfnisse in eigenen Worten zu schildern, ohne die Vorgaben und Einschränkungen, die sich durch die Erfassung mit einem Fragebogen ergeben. Zugleich sollten auch die Gruppendiskussionen, wie die Studie insgesamt, zur Aktivierung der Jugendlichen in Staufen dienen.

Auswahl der Gruppen

Es sollten zwei Gruppen mit jeweils etwa 10 Jugendlichen gebildet werden, eine Gruppe mit bis zu 15jährigen, die andere Gruppe mit Jugendlichen über 15 Jahren. Die Gruppen sollten möglichst sozial heterogen sein, die Geschlechter und Altersstufen sollten gleich verteilt sein und die verschiedenen Wohngebiete sollten repräsentiert sein. Dadurch sollte gewährleistet werden, dass ein breites Spektrum von unterschiedlichen Interessen vertreten war und die Diskussion nicht von bestimmten Gruppen von Jugendlichen dominiert wurde. Eine Trennung der Gruppen nach Alter schien sinnvoll, weil davon ausgegangen werden kann, dass die Ansichten und Interessen zwischen den Alterstufen stark variieren und auch um negative Einflüsse gruppendynamischer Prozesse zu verhindern (etwa, dass sich die „Jüngeren" durch die Anwesenheit Älterer verunsichert fühlen und dadurch nicht zu Wort kommen).

Es wurden pro Gruppe jeweils 15 Jugendliche telefonisch eingeladen, die alle an der Befragung teilgenommen hatten und dort im Fragebogen ihre Teilnahmebereitschaft an einer Gruppendiskussion dokumentiert hatten. Davon war jeweils die Hälfte jugendkulturell und strukturell privilegiert und die andere Hälfte benachteiligt (was unter „jugendkulturell" bzw. „strukturell" privilegiert verstanden wird, wird in Kap. II dargestellt). Um die Teilnahmebereitschaft zu erhöhen, wurde den Teilnehmern ein kleines Präsent in Aussicht gestellt.

---

[19] Der Abschnitt über Gruppendiskussionen wurde von Regina Berglez verfasst, die auch die Ergebnisse der Gruppendiskussionen zusammengefasst und kommentiert hat (Kap. IV).

Durchführung

Die Teilnahmebereitschaft an den Diskussionen war nicht sehr groß, was vermutlich auch damit zusammenhängt, dass die schriftliche Befragung bereits ein knappes halbes Jahr zurücklag. Bei der ersten Diskussion am 17. April 2002 (Altersstufe ca. 12 bis 15 Jahre) waren vier Mädchen und drei Jungen anwesend. Eines der Mädchen war inzwischen bereits 16 Jahre alt. Bei der zweiten Diskussion am 18. April (Altersstufe 16 bis 18 Jahre) waren je zwei Mädchen und zwei Jungen anwesend. Drei der teilnehmenden Jugendlichen wohnen im Stadtteil Grunern, die anderen wohnen direkt in verschiedenen Wohngebieten Staufens, der Stadtteil Wettelbrunn war somit nicht vertreten. Die Dauer der Diskussionen betrug jeweils ca. zwei Stunden.

Die Diskussionen wurden anhand eines Leitfadens von einem Wissenschaftler moderiert, damit möglichst alle Jugendlichen ihre Meinung zu den wichtigsten Themen äußern konnten. Durch Bandaufzeichnung und zusätzliche Protokollierung wurde sichergestellt, dass keine Aussagen bei der späteren Auswertung verloren gingen. Der Leitfaden enthielt vier Themenblöcke, die in beiden Diskussionen angesprochen wurden:

1. allgemeine Situation von Jugendlichen in Staufen
2. Angebote für Jugendliche in Staufen, was gefällt, was wird vermisst
3. Konflikte und Gewalt für Jugendliche
4. Beziehung zum kommunalen „politischen System"

Obwohl gerade die zweite Gruppe relativ klein war, ergaben sich intensive und engagierte Diskussionen, an denen sich nahezu alle Jugendlichen gleichstark beteiligten. Nur in der Gruppe der Jüngeren gab es zwei bis drei Jugendliche, die sich erst auf gezielte Nachfrage - dann aber sehr überlegt - äußerten. Insgesamt ergaben sich interessante Ergebnisse, die einerseits die Ergebnisse der schriftlichen Befragung bestätigten, andererseits aber auch zusätzliche wichtige Informationen über die Situation der Jugendlichen in Staufen liefern.

I.2.3 Anmerkungen zur Darstellungsmethode: Welche Ergebnisse werden berichtet?

Berichtet werden in erster Linie die Ergebnisse für die Stichprobe insgesamt. Interessant sind aber natürlich auch Unterschiede zwischen verschiedenen Gruppen von Jugendlichen - z.B. zwischen Mädchen und Jungen oder zwischen verschiedenen Altersgruppen. Über Unterschiede - z.B. im Freizeitverhalten oder im Hinblick auf Ressourcen - berichten wir nur, wenn diese Unterschiede "signifikant" sind.

Ob ein Unterschied "signifikant" ist, wird durch einen so genannten Signifikanztest überprüft. Hier eine kurze Erläuterung zum Begriff "Signifikanztest": Auf diese Weise lässt sich entscheiden, ob man die Vermutung "es gibt keine Unterschiede" (die sogenannte Nullhypothese) mit einer bestimmten Irrtumswahrscheinlichkeit zurückweisen kann. Im allgemeinen werden Irrtumswahrscheinlichkeiten von 1 % oder 5 % akzeptiert. Von einem "nicht signifikanten" Unterschied kann man annehmen, dass er auch rein zufällig zustande gekommen sein könnte.

Signifikanztest sind nur sinnvoll, wenn es um die Frage geht, ob sich die beobachteten Verhältnisse in der Stichprobe auf die Grundgesamtheit generalisieren lassen. Das setzt voraus, dass man es mit einer *Stichprobe* zu tun hat und nicht mit einer Vollerhebung und außerdem, dass eine repräsentative Zufallsstichprobe vorliegt. Strenggenommen sind beide Bedingungen für die Staufener Jugendstudie nicht erfüllt. Das Untersuchung war als *Vollerhebung* bei den 12 bis 17 jährigen angelegt. Erreicht wurde aber nur eine Auswahl, von der man jedoch kaum annehmen kann, dass sie rein zufällig erfolgte. Dennoch haben wir uns zu Signifikanztests entschlossen. Auf diese Weise kann die Flut an Informationen etwas reduziert werden. Außerdem schützt diese Art der Berichterstattung vor falschen und voreiligen Generalisierungen. Da unsere Stichprobe im Verhältnis zur Grundgesamtheit relativ groß ist (64 % der anvisierten Personen konnten erreicht werden), erscheint es uns angemessen, etwas "liberaler" zu sein und statt die übliche Irrtumswahrscheinlichkeit von weniger als 5 % zu akzeptieren, werden wir auch über Unterschiede berichten, wenn die Irrtumswahrscheinlichkeit kleiner als 10 % ist.

"Routinemäßig" wird für die meisten Indikatoren überprüft, ob es Unterschiede zwischen den folgenden Gruppen gibt:

- Altersgruppen 12-14, 15 und 16, 17 und 18 Jahren
- Jungen und Mädchen
- strukturelle Ressourcen von Jugendlichen: Schulbildung, Sozialstatus der Eltern, Nationalität (zur Erläuterung vgl. Kap. II.1.1)
- jugendkulturelle Ressourcen: Zeit, Geld, Freiheiten, Kontakte (zur Erläuterung vgl. Kap. II.1.2)

Für "metrische" Indikatoren - Zeit, Geld - überprüfen wir die Nullhypothese durch eine einfaktorielle Varianzanalyse. Für "nichtmetrische" Indikatoren (Freiheiten, Räume, Präferenzen) wird die Nullhypothese durch einen chi-Quadrat-Test überprüft.

II. Die Ressourcen der Staufener Jugendlichen

II.1. "Primäre Ressourcen"
II.1.1 Strukturelle Ressourcen: Soziale Herkunft, Schulbildung, Nationalität
II.1.2 Jugendkulturelle Ressourcen: Zeit, Geld, Kontakte, Freiheiten

II.2. "Sekundäre Ressourcen"
II.2.1 Räume
II.2.2 Angebote für Jugendliche
II.2.3 Das Jugendzentrum Staufen (Juze)
II.2.4 Mitgliedschaften

II.3. Zusammenfassung

Die Ressourcen der Jugendlichen in Staufen

Unter Ressourcen verstehen wir alle Bedingungen und Möglichkeiten, die Jugendliche mobilisieren können, um kurz-, mittel- oder langfristige Wünsche, Interessen, Bedürfnisse etc. zu realisieren. Die Ressourcen von Jugendlichen unterscheiden wir in "primäre" und "sekundäre Ressourcen". *"Primäre Ressourcen"* sind solche, die sich unmittelbar mit der persönlichen Lebenssituation von Jugendlichen in Verbindung bringen lassen. Das sind vor allem die für die Verfügbarkeit über soziale Chancen wichtigen strukturellen Ressourcen, d.h. alles, was dazu beitragen kann, im Wettlauf um soziale Positionen behilflich zu sein - in erster Linie: Schulbildung, soziale Herkunft, Staatsangehörigkeit. Zu den "primären Ressourcen" rechnen wir aber auch die für die Realisierung jugendspezifischer Interessen wichtigen Bedingungen und Verhältnisse, in erster Linie Zeit, frei verfügbares Geld, Freiheiten und Kontakte mit anderen Jugendlichen. Als *"sekundäre Ressourcen"* betrachten wir Bedingungen des weiteren sozialen und räumlichen Umfeldes von Jugendlichen, die erst dann zu Ressourcen werden, wenn sie von Jugendlichen angeeignet und genutzt werden: das sind vor allem Räume, die sich für verschiedene Zwecke nutzen lassen, Angebote und Infrastrukturen und Mitgliedschaften in Verbänden und Organisationen.

Die primären und sekundären Ressourcen lassen Ungleichheiten zwischen Jugendlichen entstehen, Ungleichheiten im Hinblick auf die erwartbaren sozialen Chancen, Ungleichheiten hinsichtlich der Möglichkeiten, spezifische Interessen zu entwickeln und zu verwirklichen, Ungleichheiten in der selektiven Aneignung und Nutzung von Angeboten, Räumen und Infrastrukturen. Wir gehen davon aus, dass Freizeitaktivitäten und Präferenzen, die zumindest zum Teil auch zu relativ dauerhaften Orientierungen organisiert sind, sich nicht vollständig, aber doch in einer deutlichen Weise auf diese Ungleichheiten zurückführen lassen und selber auch dazu beitragen, diese Ungleichheiten zu reproduzieren.

II.1. "Primäre Ressourcen": soziale Chancen und Möglichkeiten, jugendspezifische Interessen zu verwirklichen

II.1.1 Die "strukturellen Ressourcen" der Staufener Jugendlichen: soziale Chancen

Mit dem Begriff "strukturelle Ressourcen" bezeichnen wir Merkmale und Beziehungen von Jugendlichen, die von großer Bedeutung für ihre künftigen Startchancen sind. Die dazu in unserer Untersuchung erhobenen Indikatoren sind: die soziale Herkunft, d.h. der Sozialstatus der Eltern[20], die erreichte bzw. anvisierte Schulbildung und die Nationalität.

Bezüglich dieser Merkmale lässt sich für Staufen die folgende Verteilung beobachten:

Tabelle II.1:   Indikatoren für soziale Chancen

		Prozent	Anzahl
sozialer Status d. Eltern	hoch	16%	45
	obere Mitte	28%	75
	untere Mitte	41%	112
	niedrig	15%	39
insges.		100%	271
Schulbesuch/ -abschluss	Hauptschule u. weniger	16%	45
	Realschule	33%	90
	Gymnasium	51%	140
insges.		100%	275
Staatsangehörigkeit	nicht deutsch	7%	20
	deutsch	93%	270
insges.		100%	291

Für die Chancensituation der Staufener Jugendlichen ergibt sich das folgende Bild: Die meisten Jugendlichen leben in einer "Mittelschichtfamilie" ("obere" und "untere Mitte": 69 %): davon haben 28 % Eltern mit relativ hohen beruflichen Positionen ("obere Mitte"): leitende Angestellte, akademische Berufe, Lehrer. Und bei 41 % der Jugendlichen haben die Eltern einen mittleren Angestellten- oder Beamtenberuf oder sind in qualifizierten Handwerker- oder Dienstleistungsberufen tätig. Auch der "obere Rand", also die höheren sozialen Positionen (Selbständige, freie akademische Berufe wie z.B. Arzt, Rechtsanwalt, Architekt) ist mit 16 % relativ stark vertreten. Ungefähr gleich häufig kommen mit 15 % Positionen am "unteren Rand" vor: angelernte und einfache Arbeiter- und Dienstleistungsberufe.

---

[20] Der soziale Status der Eltern wurde aufgrund der von den Befragten angegebenen Berufe für den Vater und für die Mutter kodiert. Dabei wurde der jeweils höhere Status als maßgeblich berücksichtigt. Die Statuskategorien sind durch Berufsangaben wie folgt definiert:

hoher Status	- freie akademische Berufe (Rechtsanwalt, Arzt, Architekt); größere Selbständige
obere Mitte	- höhere Beamte und Angestellte, nichtselbständige akademische Berufe (u.a. Lehrer)
untere Mitte	- gehobene und mittlere Beamte und Angestellte, Handwerker, qualifizierte Facharbeiter
niedriger Status	- einfache, un- und angelernte Tätigkeiten

Rund die Hälfte der Staufener Jugendlichen besucht ein Gymnasium, ein Drittel die Realschule und nur 16 % besuchen die Hauptschule (weniger als 1 % eine Förderschule). Über 90 % der Jugendlichen haben die deutsche Staatsangehörigkeit.

Sind das nun eher durchschnittliche Verhältnisse oder ist die Sozialstruktur der Staufener Jugendlichen eher atypisch? Diese Frage ist nicht leicht zu beantworten, da für Vergleiche die erforderlichen Daten nur teilweise verfügbar sind. Immerhin sind Vergleiche möglich zwischen den Verhältnissen in der Großstadt Pforzheim, für die wir eine ähnliche Studie durchführen konnten. Allerdings wurde diese Untersuchung 1995 durchgeführt und es ist nicht auszuschließen, dass inzwischen eingetretene allgemeine gesellschaftliche Veränderungen einen Vergleich nur mit Einschränkungen ermöglichen[21]. Des weiteren können wir für Vergleichszwecke auf die Daten der Shell-Jugendstudie von 1997 zurückgreifen[22]. Auch diese Daten sind "veraltet" Hinzu kommt ein weiteres Problem: die Befragung wurde nur bei Jugendlichen mit deutscher Staatsangehörigkeit durchgeführt.

Tabelle II.2:   Indikatoren für soziale Chancen von Jugendlichen in drei Untersuchungen

	Staufen 2001	Pforzheim 1995	Shell-Jugendstudie 1997 (Jugendliche im Alter von 12 bis 18 Jahren)		
			BRD insgesamt	Großstädte mit > 100.000 Einwohnern	Ort mit 5.000 - 20.000 Einwohnern
Sozialer Status der Eltern					
hoch	16 %	17 %	vergleichbare Daten sind nicht vorhanden		
obere Mitte	28 %	18 %			
untere Mitte	41 %	48 %			
niedrig	15 %	17 %			
100 % =	271	548			
Schulbildung (Besuch und Abschluss)					
Hauptschule u. weniger	16 %	35 %	17 %	16 %	16 %
Realschule u.ä.	33 %	31 %	45 %	41 %	50 %
Gymnasium u.ä.	51 %	34 %	38 %	43 %	34 %
100 % =	275	562	1103	275	260
Nationalität					
deutsch	93 %	78 %	vergleichbare Daten sind nicht vorhanden		
nicht deutsch	7 %	22 %			
100 % =	291	591			

Unter Berücksichtigung der nur sehr eingeschränkten Vergleichsmöglichkeiten lassen sich die folgenden Trends beobachten:

---

[21] B. Blinkert / P. Höfflin (1995)

[22] Shell-Jugendstudie, 1997: Für diesen Vergleich konnten die Daten der Shell-Studie sekundäranalytisch ausgewertet werden. Der Datensatz für die neueste Shell-Studie stand noch nicht zur Verfügung.

1. In Staufen besuchen sehr viel mehr Jugendliche ein Gymnasium bzw. haben schon einen höheren Schulabschluss als im Bundesdurchschnitt und auch im Vergleich zu Orten mit 5.000 bis 20.000 Einwohnern. Der Anteil der Jugendlichen mit niedrigem Schulabschluss (Hauptschule) entspricht dem Durchschnitt. Geringer als im Durchschnitt ist der Anteil derjenigen, die eine Realschule besuchen, bzw. einen mittleren Abschluss haben.

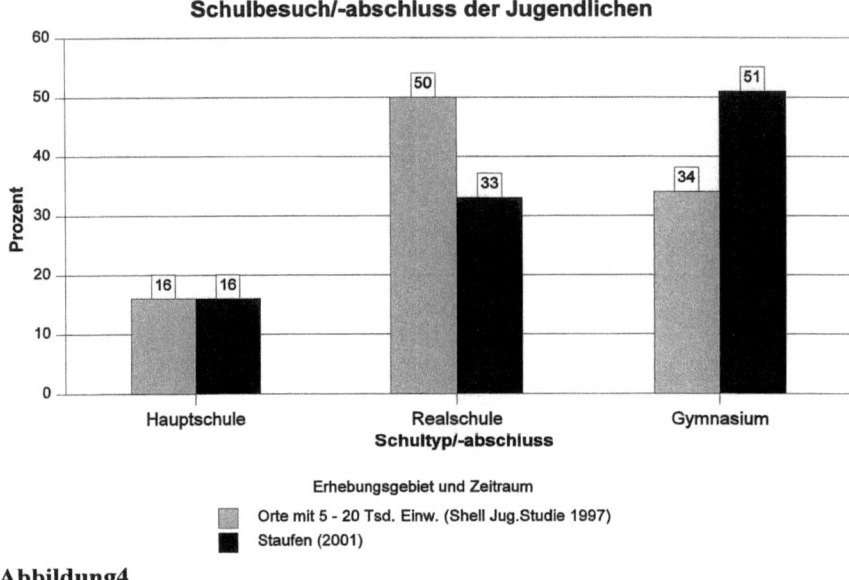

Abbildung4

2. Bei dem Vergleich mit der Großstadt Pforzheim muss berücksichtigt werden, dass Pforzheim nicht unbedingt eine "typische" Großstadt ist: der Sektor der gewerblichen Produktion hat in dieser Stadt noch eine relativ große Bedeutung und der Anteil der ausländischen Jugendlichen ist sehr hoch. Der Vergleich macht deutlich, dass im Hinblick auf soziale Chancen die Situation von Jugendlichen in Staufen deutlich günstiger ist als die Situation der Pforzheimer Jugendlichen. Der Anteil von Jugendlichen aus Mittelschichtfamilien ist höher als in Pforzheim und in Staufen besuchen auch deutlich mehr Jugendliche ein Gymnasium als in Pforzheim.

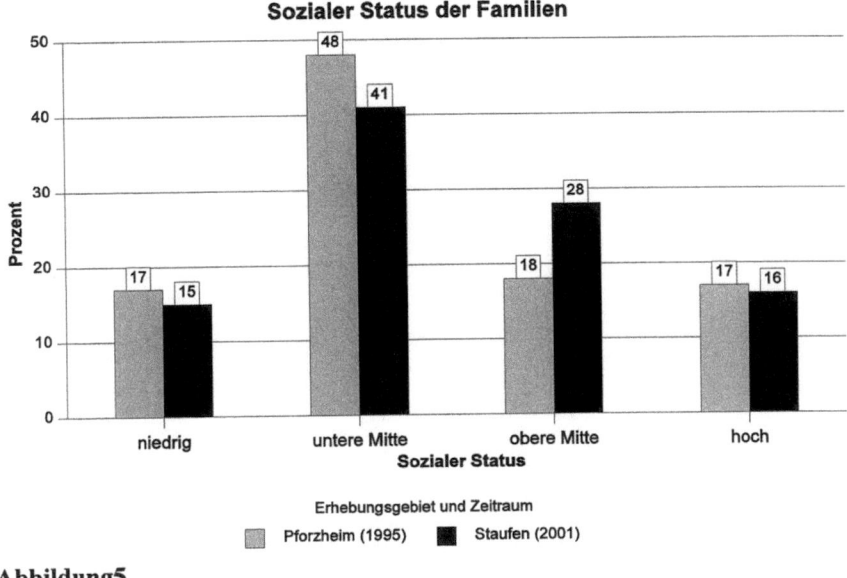

Abbildung5

Wie stark werden soziale Chancen durch die soziale Herkunft bestimmt?

Das ist eine Frage, die jüngst erst wieder durch die Ergebnisse der PISA-Studie die öffentliche Diskussion beschäftigt[23]. Diese Untersuchung hat nicht nur deutlich gemacht, dass messbare Leistungen von deutschen Schülern eher unterdurchschnittlich sind, sondern hat auch gezeigt, dass der erreichte Schulabschluss in Deutschland sehr viel stärker als in anderen Ländern vom sozialen Milieu der Eltern abhängt. Es wäre verwunderlich, wenn sich für Staufen gänzlich andere Verhältnisse beobachten ließen. Ein Einfluß der sozialen Herkunft auf die sozialen Chancen läßt sich dann konstatieren, wenn der besuchte Schultyp, bzw. der erreichte oder beabsichtigte Abschluss deutlich mit der Schichtzugehörigkeit der Eltern korreliert.

---

[23] Vgl. J. Baumert (2002)

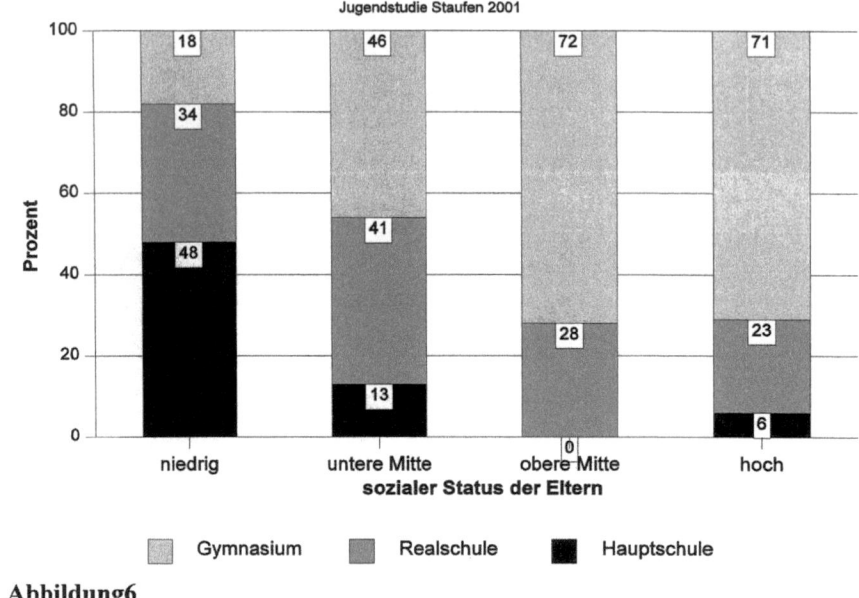

Sozialer Status der Eltern und Schulbesuch/-abschluss

Jugendstudie Staufen 2001

Abbildung6

Eine solche Korrelation lässt sich in der Tat auch für Staufen beobachten ($r_s = 0,41$): Ist der soziale Status der Eltern niedrig, besuchen nur 18 % ein Gymnasium und fast die Hälfte der Jugendlichen geht zur Hauptschule. Bei einem hohen Status der Eltern und auch, wenn diese zur "oberen Mitte" gehören, geht dagegen kaum ein Jugendlicher auf die Hauptschule und über 70 % besuchen ein Gymnasium[24]. Dieser Zusammenhang ist deutlich, allerdings werden in Staufen die durch einen Schulabschluss bestimmten sozialen Chancen sehr viel weniger vom elterlichen Herkunftsmilieu beeinflusst als in Pforzheim. In Staufen beträgt die Korrelation zwischen Schulbesuch/-abschluss der Jugendlichen und Sozialstatus der Eltern 0,41 und für Pforzheim wurde ein Wert von 0,54 ermittelt.

Zusammenfassung der Indikatoren zu einem Index "strukturelle Ressourcen"

Da alle Indikatoren für soziale Chancen - die drei beschriebenen Merkmale soziale Herkunft, Schulbesuch und Nationalität, zusätzlich aber auch, ob die Eltern über Wohneigentum verfügen - hoch korrelieren, ist es sinnvoll und möglich, sie zu einer einzelnen Kennziffer zusammen

---

[24] Mit einem Korrelationskoeffizienten lässt sich beschreiben, wie stark der Zusammenhang zwischen zwei Merkmalen ist. Der hier verwendete Korrelationskoeffizient hat einen Wertebereich von |0,0 - 1,0|. Ein Wert von 0,41 lässt auf einen mittel-starken Zusammenhang schließen, der für den hier untersuchten Sachverhalt eine zwar beachtliche aber keineswegs vollständige Determination des Schulabschlusses durch das soziale Milieu der Familie erkennen lässt.

zufassen[25]. Dieser Index *"strukturelle Ressourcen"* gibt Auskunft darüber, wie gut im Durchschnitt die Chancen von Jugendlichen sind, attraktive gesellschaftliche Positionen zu erreichen. Für die weiteren Analysen berücksichtigen wir drei Kategorien: relativ ungünstige Chancen, mittlere Aussichten und sehr gute soziale Chancen. Natürlich ist mit dieser Einstufung keine Prognose über die spätere tatsächliche soziale Platzierung von Jugendlichen verbunden. Der Index beschreibt nur die im Durchschnitt erwartbaren Chancen und Möglichkeiten von Jugendlichen, die natürlich nicht unwesentlich vom sozialen Status der Eltern, vom erreichten Schulabschluss und auch von der Nationalität abhängen[26]. Die Tabelle III.3 zeigt, wie sich die einzelnen Indikatoren auf diese drei Kategorien verteilen.

Tabelle II.3: Indikatoren für strukturelle Ressourcen und Verteilung auf den Index

	Index "strukturelle Ressourcen"			insges.
	relativ ungünstig	mittel	hoch	
Schulbesuch/ -abschluss				
Hauptschule u. weniger	47%	2%	0%	13%
Realschule	46%	45%	10%	34%
Gymnasium	7%	53%	90%	54%
insges.	100%	100%	100%	100%
sozialer Status d. Eltern				
hoch	0%	4%	46%	17%
obere Mitte	5%	25%	54%	29%
untere Mitte	41%	68%	0%	40%
niedrig	54%	3%	0%	14%
insges.	100%	100%	100%	100%
Staatsangehörigkeit				
nicht deutsch	24%	0%	0%	6%
deutsch	76%	100%	100%	94%
insges.	100%	100%	100%	100%
Wohneigentum				
Miete	68%	25%	9%	30%
Eigentum	32%	75%	91%	70%
insges.	100%	100%	100%	100%

---

[25] Dazu wurde eine Faktorenanalyse mit so genannten Dummy-Variablen für die Status- und Bildungskategorien durchgeführt. Eine Faktorlösung mit nur einen Faktor kann rund 50 % der Varianz erklären. Die Faktorwerte wurden in eine Skala mit dem Mittelwert 100 und der Standardabweichung 50 transformiert. Die Kategorien "niedrig", "mittel" und "hoch" wurden über die Standardabweichung definiert.

[26] Zur Chancensituation von Jugendlichen vgl. u.a. L. Lappe (1999), B. Blinkert (1998)

II.1.2 "Jugendkulturelle Ressourcen": Zeit, Geld, Kontakte, Freiheiten

Mit dem Begriff "jugendkulturelle Ressourcen" bezeichnen wir Bedingungen, die für Jugendliche wichtig sind, um jugendspezifische Interessen zu verwirklichen. Das sind im Wesentlichen: frei verfügbare Zeit, Kaufkraft, also verfügbares Geld, Kontakte mit anderen Jugendlichen und Freiheiten. Diese Ressourcen verändern sich z.T. mit dem Alter. Das gilt vor allem für Freiheiten und Kaufkraft, die beide im Allgemeinen mit steigendem Alter zunehmen.

Zeit: Wie viel Zeit haben Staufener Jugendliche?

Gefragt wurde nach der frei verfügbaren Zeit an einem "durchschnittlichen" Wochentag und am Wochenende. Umgerechnet in Stunden pro Woche lässt sich das folgende Ergebnis berichten:

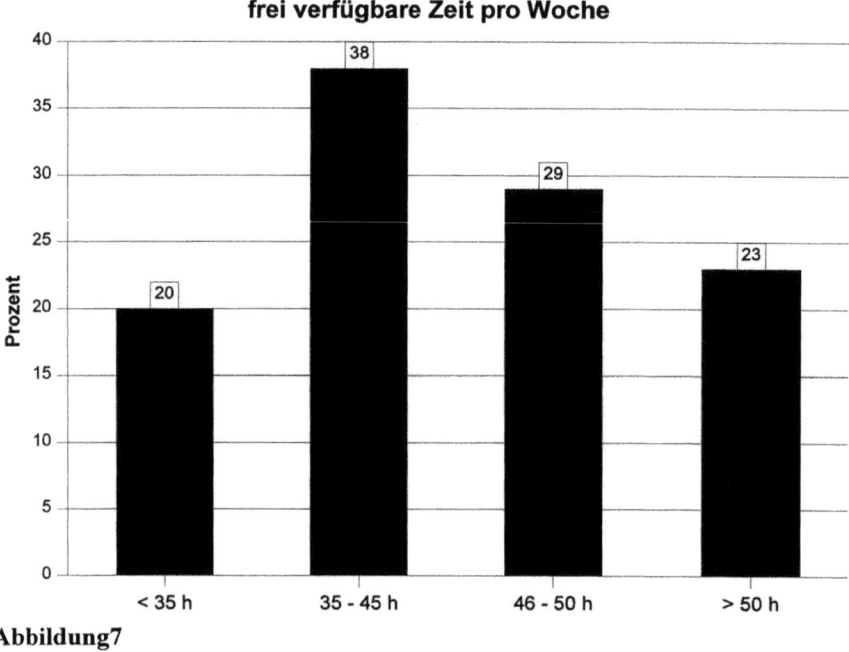

frei verfügbare Zeit pro Woche

Abbildung7

Im Durchschnitt haben die Staufener Jugendlichen pro Woche rund 43 Stunden, über die sie frei verfügen können[27]. Es gibt keine signifikanten Unterschiede zwischen Jungen und Mädchen und zwischen Hauptschülern, Realschülern und Gymnasiasten. Auch der Sozialstatus der Eltern und die Staatsangehörigkeit haben keinen deutlichen Einfluß auf die frei verfügbare Zeit. Lediglich zwischen den Altersgruppen sind signifikante Unterschiede beobachtbar: mit steigendem Alter nimmt die durchschnittliche freie Zeit deutlich ab, von 44 Stunden bei den 12- bis 14jährigen auf rund 40 Stunden bei 17- und 18jährigen.

---

[27] Das entspricht in etwa dem, was auch in anderen Jugendstudien ermittelt wurde (vgl. H.H. Krüger (1991); C. Strzoda / J. Zinnecker (1996)).

Geld: Über wie viel Geld können die Staufener Jugendlichen im Monat frei verfügen?

Im Durchschnitt haben die Staufener Jugendlichen nach Abzug aller notwendigen Ausgaben pro Monat knapp 100,- DM frei verfügbar[28]. Von diesem allgemeinen Durchschnitt weichen mit rund DM 410,- natürlich die Jugendlichen deutlich ab, die nicht mehr zur Schule gehen (n = 27). Die Schüler haben im Durchschnitt pro Monat lediglich DM 65,- zur Verfügung.

Tabelle II.4:   frei verfügbares Geld pro Monat

	Schüler	kein Schulbesuch
bis 30,--	40 %	11 %
30,- bis 60,- DM	31 %	4 %
60,- bis 90,- DM	11 %	7 %
90,- bis 120,- DM	6 %	7 %
120,- DM und mehr	11 %	71 %
insgesamt	100 %	100 %
Anzahl	264	27
Durchschnitt	65,- DM / Monat	409,- DM / Monat

1 Euro = 1,95583 DM

Signifikante Unterschiede in der Höhe des frei verfügbaren Geldes bei den Schülern lassen sich vor allem zwischen den Altersgruppen und zwischen Jungen und Mädchen beobachten.

*   Mit steigendem Alter steigt erwartungsgemäß auch der monatlich frei verfügbare Betrag. Bei den Schülern von rund DM 38,- bei den 12- bis 14jährigen auf rund DM 100,- bei den 17- bis 18jährigen.
*   Jungen haben im Durchschnitt deutlich mehr Geld zur Verfügung als Mädchen (DM 71,- vs. DM 61,-). Diese Differenz ist sicher überraschend und kann für alle Altersgruppen beobachtet werden, ist jedoch besonders groß bei den 17- und 18jährigen. Dieser Unterschied kann sowohl bei den Schülern wie auch bei den Jugendlichen beobachtet werden, die nicht mehr zur Schule gehen. Diese deutlichen Unterschiede sind verwunderlich und geben Anlass zu der Vermutung, dass Mädchen offenbar schon sehr früh auf die ja noch immer vorhandene Ungleichbehandlung im Bereich des Erwerbslebens vorbereitet werden.
*   Der Tendenz nach haben Jugendliche aus einfachem sozialen Milieu im Durchschnitt etwas weniger Geld zur Verfügung als ihre Altersgenossen aus den gehobenen sozialen Schichten. Die Unterschiede sind jedoch sehr viel geringer als zu erwarten wäre.

Kontakte: Über was für Beziehungen verfügen Jugendliche zu anderen Jugendlichen?

Über die Kontaktstrukturen konnten wir unter drei Gesichtspunkten Informationen erheben:
1. *Cliquenbindung:* Wie stark sind Staufener Jugendliche in Cliquen eingebunden?
2. *Freundschaften* mit gleichgeschlechtlichen Partnern: Wie viele der befragten Jugendlichen haben einen guten Freund bzw. eine gute Freundin?

---

[28] Auch dieser Wert entspricht dem in anderen Jugendstudien berichteten Betrag in etwa. Vgl. Jugendwerk der Deutschen Shell (2000).

3. *Partnerschaften:* Wie häufig verfügen die Staufener Jugendlichen über einen anders-geschlechtlichen Partner bzw. eine Partnerin?

Im Hinblick auf die *Cliquenbindung* lassen sich die folgenden Trends beobachten:
- Nur eine Minderheit von 17 % gehört keiner Clique an, d.h. rund 80 % der Staufener Jugendlichen rechnen sich zu einer Gruppe, die i.a. relativ dauerhaft ist und über ein eigenes Wir-Gefühl verfügt;[29]
- dieser Anteil steigt allerdings mit zunehmendem Alter von 16 % auf 23 %.

Alle anderen hier berücksichtigten sozialen Merkmale haben keinen bedeutsamen Einfluss auf die Cliquenbindung: sie ist bei Mädchen ähnlich wie bei Jungen, bei Jugendlichen mit deutscher Staatsangehörigkeit nicht viel anders als bei Jugendlichen mit anderer Staatsangehörigkeit und variiert auch kaum mit der sozialen Herkunft, mit dem Schulbesuch und mit der Verfügbarkeit über soziale Chancen.

Cliquenbindung

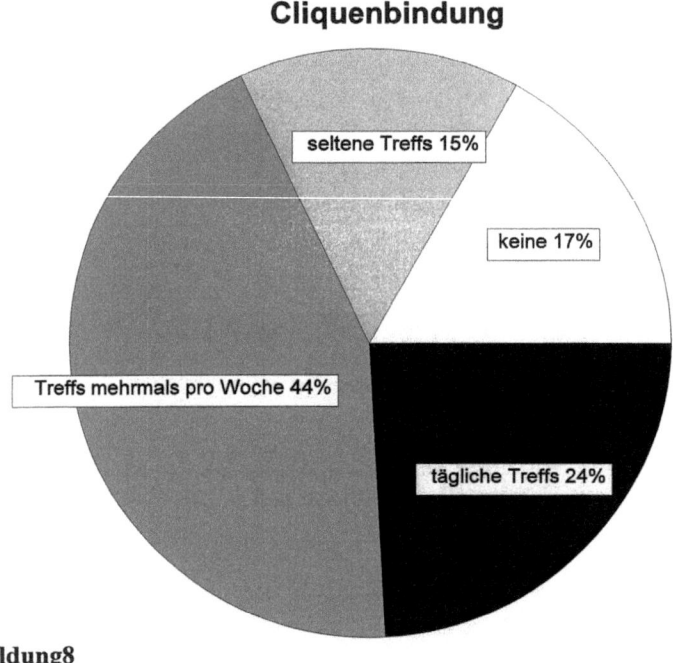

Abbildung8

Für *Freundschaften* lässt sich berichten, dass nahezu alle befragten Jugendlichen (96 %) einen "guten Freund" bzw. eine "gute Freundin" haben. Ob ein "guter Freund" oder eine "gute Freundin" vorhanden ist, korreliert nicht mit den berücksichtigten Sozialmerkmalen. Auffällig ist aber immerhin, dass von den Jugendlichen mit nicht-deutscher Staatsangehörigkeit sehr viel mehr als der Durchschnitt, nämlich 18 %, keinen "guten Freund" haben.

---

[29] Das entspricht auch den Befunden anderer Studien, in denen berichtet wird, dass 70 % bis 80 % aller Jugendlichen einer vom Wir-Gefühl geprägten Clique angehören. Vgl. W. Thome (2001)

Insgesamt sagen 25 % der Staufener Jugendlichen, dass sie eine feste Beziehung zu einem Partner des anderen Geschlechts haben. Die Häufigkeit dieser *Partnerschaften* steigt erwartungsgemäß mit dem Alter: von den 12- bis 14jährigen haben 18 % eine derartige Beziehung, von den 17- und 18jährigen dagegen 39 %. Alle anderen sozialen Merkmale korrelieren nicht mit dem Vorhandensein bzw. Fehlen einer Partnerschaft.

Angesichts dieser Zahlen kann man wohl davon ausgehen, dass soziale Isolierung kein zentrales Problem für die Staufener Jugendlichen ist. Die meisten sind in einer Peer-group integriert und nahezu alle berichten über einen "guten Freund", bzw. eine "gute Freundin" und nur 18 % berichten, dass sie ihre Freizeit häufig allein verbringen.

Tabelle II.5:   Freundschaften, Partnerschaften und Alter

		Altersgruppen			Geschlecht		insges.
		bis 14	15-16	17-18	Jungen	Mädchen	
Gibt es einen guten (gleichgeschl.) Freund/eine Freundin?	nein	3%	6%	2%	3%	5%	4%
	ja	97%	94%	98%	97%	95%	96%
insges.		100%	100%	100%	100%	100%	100%
Anzahl		131	117	43	136	154	291
Gibt es einen andersgeschl. Partner/eine Partnerin?	nein	82%	72%	61%	78%	73%	75%
	ja	18%	28%	39%	22%	27%	25%
insgesamt		100%	100%	100%	100%	100%	100%
Anzahl		131	117	43	136	154	291

Freiheiten: Wie frei können Staufener Jugendliche über ihre Zeit und Freizeitpläne entscheiden?

Ein Indikator für das Ausmaß an Freiheiten über die Jugendliche verfügen können, ist sicher, unter welchen Bedingungen sie abends ausgehen können: ob jemand an Wochentagen bzw. am Wochenende so lange weggehen kann, wie er will, ob von den Eltern bestimmte Zeiten vorgeschrieben werden oder ob jemand abends überhaupt nicht ausgehen darf.

Erwartungsgemäß unterscheiden sich die Ausgehregelungen für Wochentage und für das Wochenende: am Wochenende dürfen nur 6 % überhaupt nicht ausgehen, an einem Wochentag dagegen 34 %. Am Wochenende haben 30 % unbegrenzt Ausgang, an Wochentagen dagegen nur 8 %.

Tabelle II.6:   Ausgehregelung an Wochentagen und am Wochenende

	an Wochentagen	am Wochenende
kein Ausgang	34 %	6 %
Begrenzung bis 20 Uhr	7 %	9 %
Begrenzung bis 23 Uhr	31 %	17 %
Begrenzung nach 23 Uhr	19 %	37 %
unbegrenzt	8 %	30 %
insgesamt	100 %	100 %
Anzahl	291	291

Unterschiede in der Ausgehregelung für Altersgruppen und für Jungen und Mädchen

Die Freiheiten variieren in einer signifikanten Weise vor allem mit dem Alter: Erwartungsgemäß nehmen die Freiheiten beim Ausgehen mit steigendem Alter zu: Von den 17- und 18jährigen haben 34 % an Wochentagen unbegrenzten Ausgang, von den 12- bis 14jährigen nur 2 % - am Wochenende können 63 % der 17- und 18jährigen unbegrenzt ausgehen, aber nur 12 % der 12- bis 14jährigen (immerhin!).

Mit steigendem Alter der Jugendlichen hängt die Ausgehregelung auch zunehmend vom Geschlecht ab. Das ist besonders deutlich für die Ausgehregelung an Wochentagen:

Keine Begrenzung beim Ausgehen / Begrenzung bis 23 Uhr
- an Wochentagen -

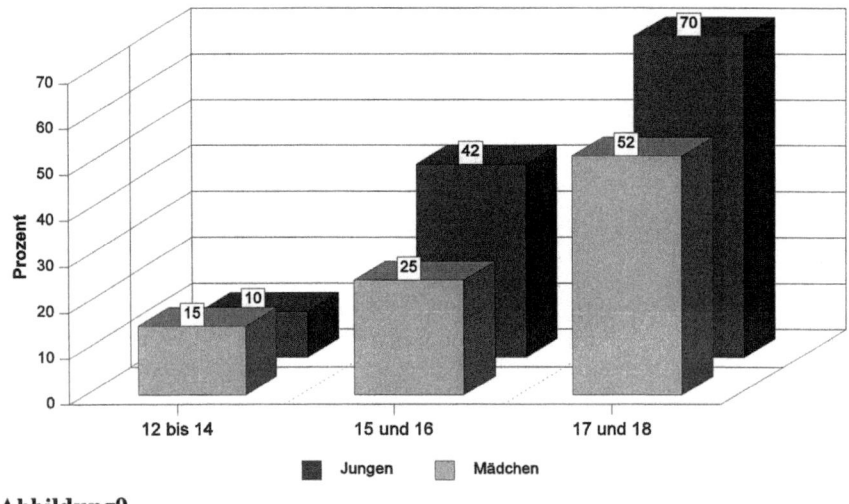

Abbildung9

Bei den Jüngeren gibt es noch keinen signifikanten Unterschied in der Ausgehregelung zwischen Jungen und Mädchen. Mit steigendem Alter nehmen dann aber die Unterschiede deutlich zu.

Von den 17- und 18jährigen Jungen können 70 % an Wochentagen unbegrenzt ausgehen, bzw. müssen erst nach 23 Uhr zuhause sein, bei den Mädchen der gleichen Altersgruppe sind es dagegen nur 52 %.

Für andere soziale Merkmale - wie Sozialstatus der Eltern, Schulbesuch oder Nationalität - gibt es keine signifikanten Unterschiede im Hinblick auf die Ausgehregelung.

Zusammenfassung: Index "jugendkulturelle Ressourcen"

Die für die Ressourcen von Jugendlichen besonders aussagekräftigen Indikatoren lassen sich zusammenfassen zu einem Index, der Auskunft darüber gibt, in welchem Umfang jemand insgesamt über Geld, Zeit, Freiheiten und Kontakte verfügen kann. Die Tabelle II.7 zeigt, dass die einzelnen Indikatoren in der erwarteten Weise mit dem Index korrelieren.

Tabelle II.7:   jugendkulturelle Ressourcen insgesamt und einzelne Indikatoren

		jugendkulturelle Ressourcen insgesamt			insges.
		wenig	mittel	viel	
monatl. verfügbares Geld	DM/Monat	42	86	209	98
Gesamtzeit pro Woche in Stunden	h/Woche	39	45	48	43
Cliquenbindung	keine	30%	14%	1%	17%
	seltene Treffs	23%	12%	5%	15%
	Treffs mehrmals pro Woche	37%	48%	52%	44%
	tägliche Treffs	11%	26%	42%	24%
insges.		100%	100%	100%	100%
Freiheiten insges.	wenig	45%	17%	1%	25%
	mittel	39%	24%	7%	26%
	relativ viel	15%	60%	92%	49%
insges.		100%	100%	100%	100%
insges.		120	99	71	290

Diese Ressourcen nehmen mit steigendem Alter deutlich zu: "viel jugendkulturelle Ressourcen" haben nur 15 % der 12- bis 14jährigen, aber 40 % der 17- und 18jährigen. Und mit steigendem Alter wird die Verfügbarkeit über diese Ressourcen zwischen Jungen und Mädchen auch zunehmend ungleicher:

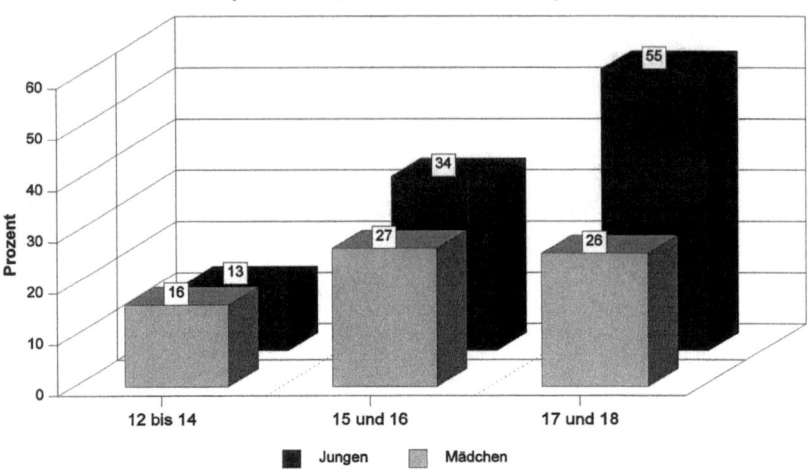

Anteil der Jugendlichen mit "viel jugendkulturellen Ressourcen"
(Geld, Zeit, Freiheiten, Kontakte)

Abbildung10

II.2. "Sekundäre Ressourcen": Räume, Angebote und Mitgliedschaften

"Sekundäre Ressourcen" sind Bedingungen und Konstellationen im weiteren Umfeld von Jugendlichen, auf die sie zur Gestaltung ihrer Freizeit zurückgreifen können. Diese Ressourcen - wie z.B. Räume, Infrastrukturen für Jugendliche oder Mitgliedschaften in Organisationen - sind ein Bestandteil des materiellen oder symbolischen Umfeldes von Jugendlichen. Sie ergeben sich z.T. aus der Beschaffenheit dieses Umfeldes, wie zum Beispiel der öffentliche Straßenraum. Es kann sich auch um spezifische durch die kommunale Jugendpolitik bereitgestellte Angebote handeln (z.B. ein Jugendtreff) oder Anreize, denen ein kommerzielles Verwertungsinteresse zugrunde liegt (Kino, Disco, Bistro). Zu Ressourcen werden diese Bedingungen erst dann, wenn sie von den Jugendlichen angenommen und genutzt werden. Das setzt Bekanntheit voraus und eine Bewertung im Sinne von "geeignet" oder "interessant".

II.2.1 Räume als Ressourcen

Im Interview wurde an verschiedenen Stellen durch offene und geschlossene Fragen nach den Räumen gefragt, die von Jugendlichen genutzt werden. Diese Informationen lassen sich nun unter verschiedenen Gesichtspunkten so zusammenfassen, dass sich Erkenntnisse über die Nutzung räumlicher Ressourcen ergeben. Diese Informationen geben natürlich nicht darüber Aufschluss, welche Räume *tatsächlich* vorhanden sind - es handelt sich vielmehr um die Berichte der Jugendlichen über die von ihnen für bestimmte Zwecke *genutzten* Räume.

Die im Interview genannten Örtlichkeiten wurden in der folgenden Weise zu Kategorien zusammengefasst:

Tabelle II.8:   **Kategorien zur Klassifizierung von Jugendräumen**

Raumkategorien	Definition	Beispiele aus den Nennungen
allgemeine öffentliche Räume	Straßen und öffentliche Plätze	Straße, die Altstadt, Bahnhof, Parkplätze
öffentliche Räume, die für Sportzwecke genutzt werden	allgemein zugängliche Räume, die für sportliche Aktivitäten eingerichtet wurden	Fußballplatz, Sportplatz, Bolzplatz, Schwimmbad
private Räume	die eigene Wohnung, das eigene Zimmer, die Wohnung/das Zimmer von Freunden	zuhause, in der Wohnung von Freunden, Privatparties
kommerzialisierte Räume	Räume, deren Nutzung mit Gebühren oder der Notwendigkeit zu anderen Geldausgaben verbunden ist.	Eisdiele, Bar, Café, „Alter Simpel", Kino
Kulturräume	Räume, in denen kulturelle Veranstaltungen angeboten werden.	Auerbachs Kellertheater, Stubenhaus, Bücherei, Puppentheater
organisierte und pädagogisierte Räume	Räume, die unter pädagogischen Gesichtspunkten für Jugendliche eingerichtet und/oder organisiert werden	Jugendzentrum (Juze), Studio im Faust-Gymnasium, Vereine
inszenierte Räume und Reservate	Räume, die speziell für Kinder und Jugendliche etabliert wurden und/oder mit spezifischen Angeboten für diese Altersgruppe verbunden sind.	Spielplatz, Kinderzirkus, Europa-Park, Funpark
Naturräume	Räume, deren Eigenschaften sich vorwiegend aus ihrer "Naturhaftigkeit" ergeben	Stadtsee, Wald, Hütte im Wald

| virtuelle Räume | Räume, die symbolisch durch Medien erzeugt werden - durch das Fernsehen oder in Computer-spielen. | vor dem Fernseher, Internet, Computer |

Was die verschiedenen Nutzungsarten betrifft, konnten wir für die jeweiligen Räume die folgenden Funktionen unterscheiden:

- *Aufenthaltsfunktion* - wo hält man sich überhaupt auf?
- *Treffpunktfunktion* - wo kann man in Staufen andere Jugendliche treffen?
- *Erlebnisfunktion* - wo kann man in Staufen hin, wenn man etwas erleben möchte?

Räume mit Aufenthalts-, Treffpunkt- und Erlebnisfunktion

Im Hinblick auf diese drei Funktionen ergibt sich für die Staufener Jugendlichen die folgende Verteilung:

Tabelle II.9:   Aufenthalts-, Treffpunkt-, Erlebnisfunktion verschiedener Raumtypen für Staufener Jugendliche
      - Prozent der Jugendlichen, die eine entsprechende Raumkategorie nennen

Raumkategorien	Aufenthalts-funktion Prozent Nutzer	Treffpunkt-funktion Prozent Nutzer	Erlebnis-funktion Prozent Nutzer
allgemeine öffentliche Räume	53 %	17 %	6 %
öffentliche Räume, die für Sportzwecke genutzt werden	77 %	22 %	6 %
private Räume	87 %	9 %	6 %
kommerzialisierte Räume	73 %	25 %	5 %
Kulturräume	64 %	0 %	1 %
organisierte Räume	79 %	71 %	18 %
darunter: Jugendzentrum (Juze)	73 %	62 %	17 %
inszenierte Räume	45 %	28 %	9 %
Naturräume	38 %	7 %	1 %
virtuelle Räume	42 %	0 %	0 %
100 % = Anzahl der befragten Jugendlichen			

Räume von Jugendlichen und ihre Funktionen

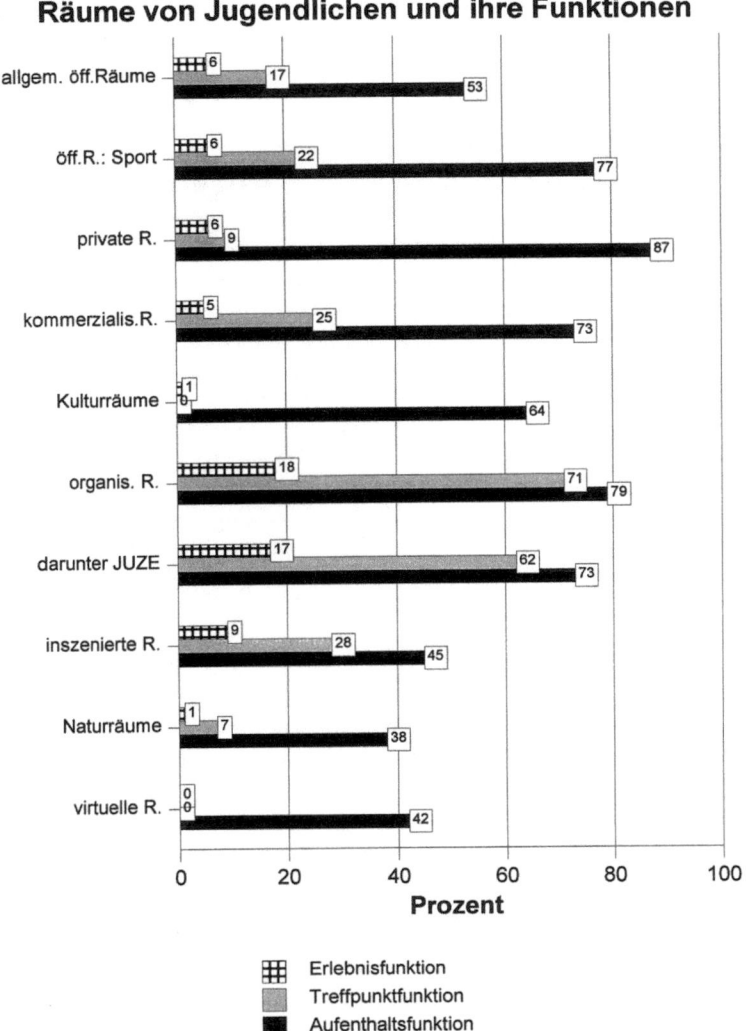

Erlebnisfunktion
Treffpunktfunktion
Aufenthaltsfunktion

Abbildung11

Aufenthaltsfunktion: wo halten sich Jugendliche in Staufen auf?[30]

Unter diesem allgemeinen Gesichtspunkt - "wo hält man sich auf?" - ergibt sich für Staufen die folgende Rangfolge (aus Tabelle II.9):
- Am häufigsten werden private Räume genutzt: die eigene Wohnung oder die Wohnung von Freunden wird von 87 % genannt.
- An zweiter Stelle stehen mit 79 % die "organisierten Räume"; das sind Räume, die in irgendeiner Weise für den Aufenthalt von Jugendlichen bereitgestellt und organisiert werden - neben Vereinen ist dabei vor allem das Juze (Jugendzentrum) wichtig, das von 73 % der Jugendlichen als Raum mit Aufenthaltsfunktion genannt wird.
- Den dritten Rang nehmen öffentliche Räume ein, die Sportzwecken dienen: 77 % der Jugendlichen halten sich auf Sportplätzen verschiedener Art auf.
- An vierter Stelle stehen "kommerzialisierte Räume", die von 73 % der Jugendlichen als Aufenthaltsräume genannt werden: Eisdiele, Café, Rombach Scheuer, Kneipen wie Zotte...
- An fünfter Stelle stehen mit 64 % Räume mit kultureller Funktion: Auerbachs Kellertheater, Stubenhaus, die Bücherei...

Mit deutlichem Abstand werden dann die folgenden Räume als Aufenthaltsorte genannt:
- der allgemeine öffentliche Raum, also Straßen, Plätze, die Altstadt, mit 53 %;
- "inszenierte Räume" - Spielplätze, Funpark, Kinderzirkus - mit 45 %;
- der "virtuelle Raum" - also Fernsehen, Computer, Internet - mit 42 %;
- und das Schlusslicht bilden die Naturräume - Stadtsee, Feld, Wald und Wiese - die nur von 38 % als Aufenthaltsorte genannt werden.

Treffpunktfunktion und Erlebnisfunktion

Beide Funktionen wurden durch offene Fragen ermittelt:[31]
- Treffpunktfunktion: "Hat die Clique einen regelmäßigen Treffpunkt?" (Frage 33) und "Wo kann man in Staufen andere Jugendliche treffen?" (Frage 45).
- Erlebnisfunktion: "Wo kann man in Staufen hin, wenn man etwas erleben möchte?" (Frage 46)

Generell ist für alle Raumkategorien zu beobachten, dass der Anteil der Jugendlichen, die für einen Raumtyp eine Treffpunkt- oder Erlebnisfunktion angeben, deutlich abnimmt gegenüber der reinen Aufenthaltsfunktion. Die Fragen nach Treffpunkten oder Erlebnisorten thematisieren einen für Jugendliche besonders wichtigen Aspekt von Räumen und sie legen auch eine eher kritische Stellungnahme nahe, bzw. eine Auswahl unter dem Gesichtspunkt, ob denn ein bestimmter Raum für diesen Zweck - "sich treffen", "etwas erleben" - überhaupt geeignet ist.

Unter dem Gesichtspunkt "sich treffen" besitzen organisierte Räume und hier praktisch nur das Juze eine herausragende Rolle: für 62 % der Jugendlichen ist das Juze *der* relevante und oft

---

[30] Um herauszufinden, welche Räume für Aufenthaltszwecke genutzt werden, können wir von einer relativ großen Zahl von Fragen ausgehen, die sich direkt (die Fragen 24, 25, 33, 45, 46) oder auch indirekt (Frage 23 und 29) auf die Raumnutzung beziehen.

[31] Während die Aufenthaltsfunktion von Räumen durch eine größere Zahl von direkt oder indirekt darauf bezogene Fragen ermittelt werden konnte, enthält das Interview zur Treffpunkt- und Erlebnisfunktion nur jeweils zwei bzw. eine einzige Frage. Es ist also allein aus diesem methodischen Grund mit einer geringeren Zahl von Nennungen zu rechnen.

auch der einzige Ort, wo man andere Jugendliche treffen kann. An zweiter Stelle mit deutlichem Abstand stehen "inszenierte Räume" (28 %), gefolgt von den "kommerzialisierten Räumen" (25 %). Eine gewisse Bedeutung als Treffpunkte haben auch noch öffentliche Räume, die für Sportzwecke genutzt werden (22 %) und der allgemeine öffentliche Raum (17 %). Alle anderen Räume haben als Treffpunkte nur eine sehr geringe oder gar keine Bedeutung. Man trifft sich also vorwiegend im Jugendzentrum, auf Schulhöfen, auf Spielplätzen, im Funpark ("inszenierte Räume"), in "kommerzialisierten Räumen" wie Café, Rombach-Scheuer, Eisdiele etc. und auf Sportplätzen. Immerhin 8 % der befragten Jugendlichen kennen keinen Ort, wo man andere Jugendliche treffen könnte und fast 40 % nennen nur einen einzigen Ort, der in diesen Fällen fast immer das Juze ist. Im Durchschnitt werden zwei Raumtypen als geeignet für das Treffen mit anderen Jugendlichen genannt.

Die Relevanz von Räumen unter Erlebnisgesichtspunkten geht noch sehr viel stärker zurück. Fast zwei Drittel der Jugendlichen können keinen Ort nennen, der sich dafür eignet. 28 % nennen einen Ort, der nicht immer, aber sehr häufig das Juze ist. Nur knapp 10 % können zwei oder mehr Orte nennen, wo Erlebnisse zu erwarten sind. Auch unter Erlebnisgesichtspunkten hat das Juze eine hervorgehobene Bedeutung: Immerhin 17 % der Jugendlichen nennen das Juze, wenn man sie fragt, wo man hingehen kann, wenn man etwas erleben möchte. An zweiter Stelle stehen die "inszenierten Räume", also Spielplätze und der Funpark (9%). Alle anderen Räume haben als Erlebnisräume nur eine sehr geringe Bedeutung.

Wie ist nun die "Ausstattung" von Staufen mit Räumen für Jugendliche zu bewerten? Die Beantwortung dieser Frage hängt von den Kriterien ab. Berücksichtigt man die reine Aufenthalts-funktion, so zeigt sich, dass es keinen Jugendlichen gibt, der nicht mindestens einen Raum nennen kann - etwas anderes wäre bei diesem allgemeinen Kriterien auch kaum plausibel. Im Durchschnitt werden aber immerhin fünf verschiedene Raumtypen genannt, wenn es um die reine Aufenthaltsfunktion geht. (Abbildung 12)

Bei der Treffpunktfunktion sehen die Verhältnisse schon anders aus: Fast 10 % der Jugendlichen können keinen Ort nennen, der sich als Treffpunkt eignet. Und noch sehr viel problematischer ist die Situation, wenn es um die Frage geht, wo man in Staufen hin kann, wenn man etwas "erleben" möchte. Nur rund ein Drittel der befragten Jugendlichen können mindestens einen dafür geeigneten Raum nennen. Die Bewertung dieses Ergebnisses hängt natürlich auch davon ab, was unter "Erlebnissen" zu verstehen ist. Das konnte im Rahmen des Interviews nicht erfragt werden. Einige Aufschlüsse über die Bedeutung des Begriffs "Erlebnisse" konnten wir aber über die Gruppendiskussionen erhalten (vgl. Kap. IV). Dabei wurde deutlich, dass man unter Erlebnissen keineswegs etwas Abgehobenes oder Spektakuläres versteht. Im Wesentlichen ging es den Jugendlichen darum, dass man andere trifft und mit ihnen etwas unternehmen kann. Die Erlebnisfunktion von Räumen deckt sich also ziemlich mit der Treffpunktfunktion, allerdings steckt dann doch etwas mehr hinter den Aussagen, die sich auf Erlebnisse beziehen, nämlich die Erwartung, dass etwas passiert oder möglich ist, das sich doch einigermaßen deutlich aus dem Strom der alltäglichen Erfahrungen heraushebt. In diesem Sinne gibt es in Staufen offenbar nur wenig Orte, wo Jugendliche nicht nur die Begegnung mit anderen erwarten, sondern etwas, was Spannung und Anregung verspricht.

Anzahl von Räumen für verschiedene Nutzungsarten

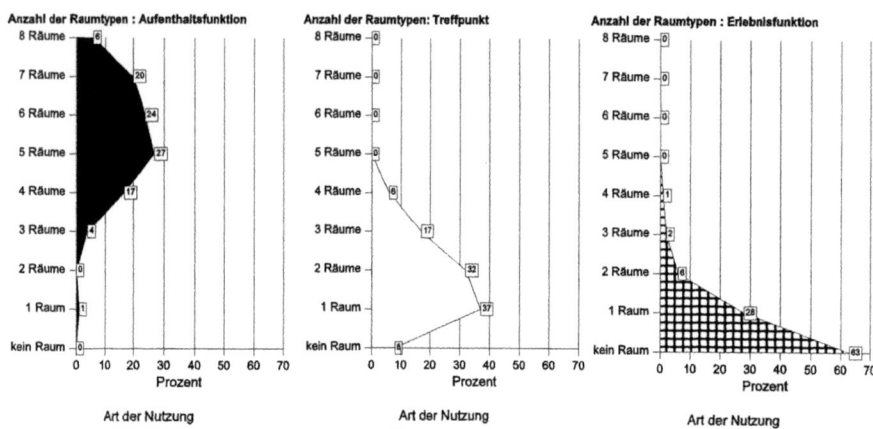

Abbildung12

Unterschiedliche Bedeutung von Räumen für verschiedene Gruppen von Jugendlichen?

Die Nutzung von Räumen für verschiedene Zwecke variiert z.T. beträchtlich mit dem Alter und mit dem Geschlecht, aber auch mit den strukturellen und jugendkulturellen Ressourcen[32].

Für einige der Raumkategorien variieren die verschiedenen Nutzungsarten kaum mit dem Alter. Das gilt für die folgenden Räume: private Räume, inszenierte Räume, Naturräume und organisierte Räume - auch der "Raum" Juze wird nicht altersspezifisch genutzt.
Für die folgenden Räume lassen sich dagegen altersspezifische Nutzungen beobachten:

---

[32] Berichtet werden nur "signifikante Unterschiede" - d.h. Unterschiede zwischen Gruppen mit einer Irrtumswahrscheinlichkeit < 0,05.

Tabelle II.10:   Nutzung von Räumen in verschiedenen Altersgruppen

Aufenthaltsfunktion	Altersgruppen			insges.
	bis 14	15 u. 16	17 u. 18	
allgemeiner öffentlicher Raum	58%	58%	31%	54%
öff. Räume für Sportzwecke	81%	73%	65%	76%
kommerzialisierte Räume	59%	83%	88%	73%
kulturelle Räume	75%	54%	56%	64%
virtuelle Räume	57%	31%	27%	42%
insges.	100%	100%	100%	100%

Treffpunktfunktion	Altersgruppen			insges.
	bis 14	15 u. 16	17 u. 18	
allgemeiner öffentlicher Raum	22%	16%	7%	17%
öff. Räume für Sportzwecke	27%	17%	16%	22%
kommerzialisierte Räume	7%	35%	56%	25%
insges.	100%	100%	100%	100%

Erlebnisfunktion	Altersgruppen			insges.
	bis 14	15 u. 16	17 u. 18	
öff.Räume für Sportzwecke	10%	2%	2%	6%
insges.	100%	100%	100%	100%

Quelle: Jugendstudie Staufen 2001

Insbesondere die folgenden Trends lassen sich beobachten:

Die Nutzung des allgemeinen öffentlichen Raumes ist für die Aufenthalts- und Treffpunkt-funktion bei den 17- und 18jährigen am geringsten.

Die Nutzung von Räumen für sportliche Zwecke als Aufenthalts-, Treffpunkt- und Erlebnisräume nimmt mit steigendem Alter deutlich ab.

Die Nutzung von kommerziellen Räumen für die Aufenthalts- und Treffpunktfunktion nimmt sehr deutlich zu mit steigendem Alter. Insbesondere die Treffpunktfunktion kommerzialisierter Räume gewinnt mit zunehmendem Alter erheblich an Bedeutung. Von den 12- bis 14jährigen nutzen nur 7 % kommerzielle Räume als Treffpunkte, bei den 15- und 16jährigen sind es bereits 35 % und von den 17- und 18jährigen geben 56 % kommerzialisierte Räume als mögliche Treffpunkte an. Der Grund für diese Altersabhängigkeit liegt auf der Hand und ist wohl in erster Linie die steigende Verfügbarkeit über die erforderliche Kaufkraft.

Kulturelle Räume haben für die 12- bis 14jährigen eine relativ große Bedeutung als Räume mit Aufenthaltsfunktion.

Die Bedeutung von virtuellen Räumen verringert sich deutlich mit zunehmendem Alter: von 57 % bei den 12- bis 14jährigen, auf 31 % in der Altersgruppe 15 und 16, auf nur noch 27 % bei den 17- und 18jährigen. Mit zunehmendem Alter verliert vor allem die Nutzung des Mediums Fernsehens erheblich an Bedeutung.

Für private Räume und für Naturräume lässt sich keine deutliche geschlechtsspezifische Nutzung beobachten. Für die folgenden Räume gibt es dagegen z.T. beachtliche Unterschiede in der Nutzung durch Jungen und Mädchen:

Der allgemeine öffentliche Raum hat als Aufenthalts- und Treffpunktraum für Jungen eine deutlich größere Bedeutung als für Mädchen.

Der Sportzwecken dienende öffentliche Raum wird von Jungen deutlich häufiger als Treffpunkt genutzt als von Mädchen.

Organisierte Räume - insbesondere das Juze - haben für Mädchen als Aufenthaltsräume und als Treffpunkte eine größere Bedeutung als für Jungen.

Kommerzialisierte Räume haben für Mädchen eine deutlich größere Bedeutung als für Jungen. Nur 17 % der Jungen erwähnen kommerzialisierte Räume als mögliche Treffpunkte, aber 31 % der Mädchen. Auch unter Erlebnisgesichtspunkten haben die kommerzialisierten Räume für Mädchen einen höheren Stellenwert.

Inszenierte Räume haben wiederum für Jungen eine größere Bedeutung als für Mädchen - unter allen drei Gesichtspunkten: als Aufenthaltsraum, als Treffpunkt und für Erlebnisse.

Auch virtuelle Räume (Medien, Computer, Internet) werden von Jungen häufiger genutzt als von Mädchen.

Tabelle II.11:   **Nutzung von Räumen durch Jungen und Mädchen**

Aufenthaltsfunktion	Geschlecht		
	Jungen	Mädchen	insges.
allgemeiner öffentlicher Raum	85%	67%	76%
kommerzialisierte Räume	67%	78%	73%
Juze	67%	78%	73%
inszenierte Räume	53%	37%	45%
kulturelle Räume	53%	72%	64%
virtuelle Räume	56%	31%	42%
insges.	100%	100%	100%

Treffpunktfunktion	Jungen	Mädchen	insges.
private Räume	13%	6%	9%
allgemeiner öffentlicher Raum	22%	13%	17%
öffentlicheRäume für Sportzwecke	28%	16%	22%
kommerzialisierte Räume	17%	33%	25%
organisierte Räume	65%	75%	71%
Juze	53%	70%	62%
inszenierte Räume	38%	19%	28%
insges.	100%	100%	100%

Erlebnisfunktion	Jungen	Mädchen	insges.
kommerzialisierte Räume	2%	8%	5%
inszenierte Räume	14%	5%	9%
insges.	100%	100%	100%

Jugendliche mit unterschiedlichen strukturellen Ressourcen (Status der Eltern, Schulbesuch,-abschluss, Nationalität) unterscheiden sich in ihrer Raumnutzung folgendermaßen:

Mit steigenden strukturellen Ressourcen gewinnen organisierte Räume - insbesondere auch das Juze - und kulturelle Räume an Bedeutung und der allgemeine öffentliche Raum verliert seine Bedeutung unter Erlebnisgesichtspunkten. 82 % der Jugendlichen mit günstigen sozialen Chancen nennen das Juze als Aufenthaltsraum und nahezu genauso viele nennen das Juze als geeigneten Treffpunkt. Von den Jugendlichen mit wenig strukturellen Ressourcen (Hauptschüler,

Eltern aus einfachem sozialem Milieu) erwähnen dagegen nur knapp 46 % das Juze als Aufenthaltsraum und auch nur für 46 % sind organisierte Räume geeignete Treffpunkte. Das ist ein erstaunliches Ergebnis, denn für andere Untersuchungen werden gänzlich andere Verhältnisse berichtet. In der von uns durchgeführten Pforzheimer Jugendstudie konnten wir z.B. beobachten, dass Jugendtreffs bzw. -zentren deutlich häufiger von Hauptschülern als von Gymnasiasten besucht werden. Das Interesse der Hauptschüler an einem regelmäßigen Besuch von Jugendzentren war sogar doppelt so groß wie das der Gymnasiasten und auch Jugendliche mit Eltern aus Mittelschichtfamilien besuchten deutlich seltener ein Jugendzentrum als Jugendliche mit Eltern in Arbeiter- oder Facharbeiterberufen[33]. Organisierte Räume - vor allem natürlich das Juze - sind in Staufen offensichtlich der räumliche Kristallisationskern für eine lokale Jugendszene, der in erster Linie Jugendliche mit günstigen sozialen Aussichten angehören.

Tabelle II.12:   Strukturelle Ressourcen und Nutzung von Räumen

Aufenthaltsfunktion	strukturelle Ressourcen			insges.
	gering	mittel	hoch	
organisierte Räume	53%	76%	89%	80%
Juze	46%	72%	82%	74%
kulturelle Räume	46%	70%	66%	65%
insges.	100%	100%	100%	100%

Treffpunktfunktion	strukturelle Ressourcen			insges.
	gering	mittel	hoch	
organisierte Räume	46%	70%	79%	72%
kommerzialisierte Räume	9%	24%	31%	26%
öffentl.Räume f.Sportzwecke	9%	31%	21%	23%
insges.	100%	100%	100%	100%

Erlebnisfunktion	strukturelle Ressourcen			insges.
	gering	mittel	hoch	
allgemeiner öffentl.Raum	15%	6%	4%	6%
insges.	100%	100%	100%	100%

Quelle: Jugendstudie Staufen 2001

Die Nutzung von virtuellen, kulturellen und inszenierten Räumen nimmt mit steigender Verfügbarkeit über jugendkulturelle Ressourcen - Zeit, Geld, Freiheiten, Kontakte - ab. Kommerzialisierte Räume dagegen werden von Jugendlichen mit viel Ressourcenverfügbarkeit häufiger als Treffpunkte genutzt als von Jugendlichen, die nur wenig jugendkulturelle Ressourcen besitzen. Die Gründe dafür liegen auf der Hand: die Nutzung von kommerzialisierten Räumen ist mit Geldausgaben verbunden und die Verfügbarkeit über Geld ist ein wesentlicher Aspekt von jugendkulturellen Ressourcen. Virtuelle Räume - vor allem das Fernsehen - lassen sich auch dann nutzen, wenn Zeit, Geld und Kontakte als Ressourcen fehlen.

---

[33] B. Blinkert / P. Höfflin (1995), S. 108

Tabelle II.13:   Jugendkulturelle Ressourcen und Nutzung von Räumen

Aufenthaltsfunktion	jugendkulturelle Ressourcen			insges.
	gering	mittel	hoch	
virtuelle Räume	50%	36%	38%	42%
kulturelle Räume	73%	58%	56%	64%
insges.	100%	100%	100%	100%

Treffpunktfunktion	jugendkulturelle Ressourcen			insges.
	gering	mittel	hoch	
kommerzialisierte Räume	22%	19%	41%	26%
insges.	100%	100%	100%	100%

Erlebnisfunktion	strukturelle Ressourcen			insges.
	gering	mittel	hoch	
organisierte Räume	12%	8%	26%	18%
inszenierte Räume	14%	4%	9%	9%
insges.	100%	100%	100%	100%

Zusammenfassend lässt sich Folgendes feststellen: Was die Aufenthaltsfunktion angeht, verfügen Jugendliche in Staufen über eine große Vielfalt von Räumen. Am häufigsten genutzt werden private Räume (von fast 90 % der Jugendlichen), organisierte Räume, insbesondere das Juze (von 73 %), Räume, die für Sportzwecke eingerichtet wurden (77 %) und kommerzialisierte Räume (73 %). Im Hinblick auf die Treffpunktfunktion sieht die Situation schon wesentlich ungünstiger aus. Fast 10 % der Jugendlichen kennen keinen Treffpunkt und 37 % können nur einen Raum nennen, der als Treffpunkt genutzt wird. Die mit Abstand größte Bedeutung unter dem Gesichtspunkt der Treffpunktfunkion hat das Juze, das von 62 % der Befragten genannt wird, wenn es um die Frage geht, wo man in Staufen andere Jugendliche treffen kann. Mit deutlichem Abstand folgen "inszenierte Räume", also Spielplätze oder der Fun-Park, mit 28 % und kommerzialisierte Räume (Café, Eisdiele, Rombach-Scheuer), die von 25 % der Jugendlichen als geeignete Treffpunkte genannt werden. Unter Erlebnisgesichtspunkten werden kaum noch Aussagen über Räume gemacht. Fast zwei Drittel der Befragten können keinen Ort nennen, wenn sie gefragt werden, wo man in Staufen hin kann, um "etwas zu erleben". Und die wenigen Aussagen über Räume mit Erlebnisqualität beziehen sich fast ausschließlich auf das Juze (18 % der Jugendlichen).

Das ist ein Ergebnis, das sicher Stoff zum Nachdenken liefert. Allerdings muss berücksichtigt werden, dass unter dem hier untersuchten Gesichtspunkt der Funktion von Räumen die Situation von Jugendlichen in Staufen nicht sehr viel anders ist als in anderen Städten: es fehlen Erlebnismöglichkeiten und eine an den Interessen der Jugendlichen ansetzende Politik wird dem besondere Aufmerksamkeit zuwenden müssen. In der Jugendstudie für die Stadt Pforzheim konnten wir ganz ähnliche Verhältnisse beobachten. 40 % der Jugendlichen konnten keinen Ort angeben, wenn sie gefragt wurden, wo man hingehen kann, um etwas zu erleben. Anders als in Staufen wurden in der Großstadt Pforzheim aber vor allem kommerzialisierte Räume als Räume mit Erlebnisqualität hervorgehoben. 25 % der Jugendlichen nennen Kneipen, Discos, Cafés als Erlebnisräume. Organisierte Räume wie die Jugendzentren und -treffs in Pforzheim werden dagegen kaum erwähnt. Nur 4 % der Jugendlichen schreiben diesen Räumen eine Erlebnisqualität zu[34].

Im Hinblick auf Alter, Geschlecht und Ressourcensituation lassen sich gewisse Unterschiede in der Nutzung und in der Verfügbarkeit von Räumen beobachten: Der allgemeine öffentliche Raum wird eher von den Jüngeren und eher von Jungen als von Mädchen genutzt und hat für strukturell benachteiligte Jugendlichen größere Bedeutung als für die privilegierten. Kommerzialisierte Räumen gewinnen mit zunehmendem Alter an Bedeutung, werden von Mädchen häufiger als von Jungen genutzt und von strukturell privilegierten Jugendlichen stärker als von benachteiligten Jugendlichen. Organisierte Räume - insbesondere das Juze - sind für Mädchen etwas wichtiger als für Jungen und werden von strukturell privilegierten Jugendlichen häufiger genutzt als von benachteiligten Jugendlichen. Organisierte Räume (Juze) und kommerzialisierte Räume sind eher Orte für Jugendliche mit hoher Verfügbarkeit über strukturelle und jugendkulturelle Ressourcen. Sie sind zwar nicht bedeutungslos für die weniger privilegierten Jugendlichen, haben aber unter den hier untersuchten Nutzungsgesichtspunkten einen deutlich geringeren Stellenwert für die strukturell und jugendkulturell benachteiligten Jugendlichen.

Die Auswahl von Orten wird also in nicht unerheblichem Maße durch die Verfügbarkeit über Ressourcen bestimmt. Zum einen durch die strukturellen Ressourcen, also vor allem durch die soziale Herkunft und Schulbildung, die dazu beitragen, dass ein bestimmter Habitus, also Gewohnheiten und Präferenzen, vermittelt werden. Wichtig sind aber auch die jugendkulturellen Ressourcen, also u.a. Zeit und Geld, die erforderlich sind, um bestimmte Orte nutzen zu können. Unter diesen Gesichtspunkten besteht die sehr deutliche Tendenz, dass benachteiligte Jugendliche (strukturell und jugendkulturell) eher den (kostenfreien) öffentlichen Raum und (leicht zugängliche) virtuelle Räume nutzen und überraschenderweise seltener organisierte Räume. Dieses Ergebnis ist insofern überraschend, als andere Jugendstudien abweichende Ergebnisse berichten[35], die auch stärker vereinbar sind mit den intendierten sozialen Funktionen organisierter Räume: einen Ausgleich insbesondere für eher benachteiligte Jugendliche anzubieten. In Staufen sind die Verhältnisse offensichtlich anders. Unter den organisierten Räumen ist das Juze der dominante Ort und dieser wird zwar auch von benachteiligten Jugendlichen zur Kenntnis genommen und genutzt aber doch sehr viel stärker von Jugendlichen, die im doppelten Sinne privilegiert sind: die über gute soziale Chancen verfügen und auch in relativ hohem Maße über Ressourcen wie Geld, Zeit, Kontakte und Freiheiten.

II.2.2 Freizeitangebote als Ressourcen - Bekanntheit, Nutzung, Wünsche

Werden Angebote vermisst?

Von den Staufener Jugendlichen sagen rund zwei Drittel (68 %), dass sie spezielle Angebote für Jugendliche vermissen, die älteren Jugendlichen - die 17- und 18jährigen - äußern sich häufiger über fehlende Angebote (77 %) und Mädchen vermissen häufiger etwas als Jungen (75 % vs. 60 %).

---

[34] Vgl. B. Blinkert (1999)

[35] Vgl. B. Blinkert / P. Höfflin (1995)

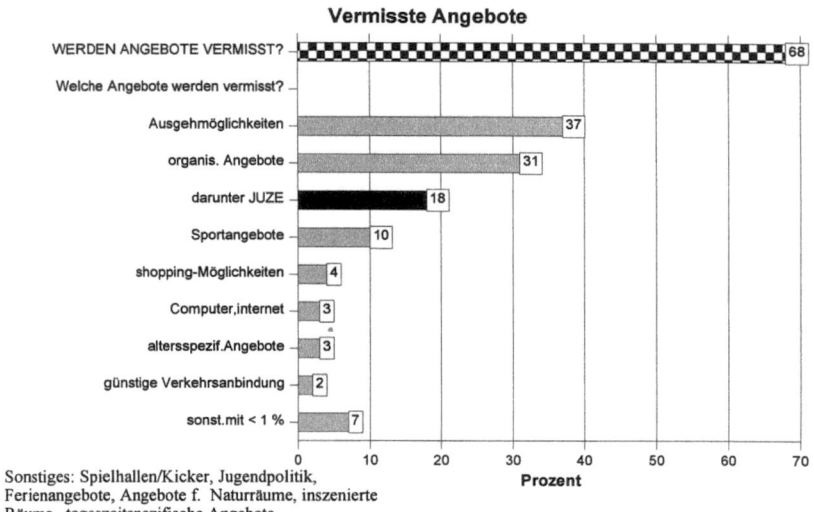

Vermisste Angebote

Sonstiges: Spielhallen/Kicker, Jugendpolitik,
Ferienangebote, Angebote f. Naturräume, inszenierte
Räume, tageszeitspezifische Angebote

Abbildung13

Vermisst werden vor allem bessere Ausgehmöglichkeiten - nahezu 40 % der Jugendlichen machen dazu eine Aussage. Besonders häufig wird auf die fehlenden bzw. mit hohem Transportaufwand verbundenen Möglichkeiten des Kino- und Diskobesuchs hingewiesen.

An zweithäufigsten wird auf das Fehlen von organisierten Angeboten aufmerksam gemacht - 31 % der Jugendlichen vermissen derartige Angebote, die Mädchen mit 42 % häufiger als die Jungen (19 %) und die älteren Jugendlichen (17- und 18jährige) häufiger als die jüngeren. Dabei steht zwar das Juze im Vordergrund, mit der Forderung, dieses Angebot wieder verfügbar zu machen[36] (18 %), aber es wird auch der Wunsch nach anderen Angeboten genannt: weitere Treffpunkte im Stadtgebiet, ein Jugendcafé und ganz allgemein der Wunsch nach Veranstaltungen, die Jugendliche interessieren könnten.

Am dritthäufigsten wird das Fehlen von Sportangeboten genannt (10 %), wobei Nennungen, die sich auf Trendsportarten (vor allem Skating) beziehen, am häufigsten vorkommen, mit insgesamt 4 % aber doch deutlich seltener als zu erwarten wäre.

Andere Nennungen über fehlende Angebote werden jeweils von deutlich weniger als 10 % der Jugendlichen genannt: bessere Möglichkeiten zum Shopping (4 %), besseren Zugang zum Computer und Internet (3 %), mehr altersspezifische Angebote (3 %) und eine günstigere Verkehrsanbindung zu Angeboten in anderen Orten (2 %).

---

[36] Zum Zeitpunkt der Befragung war das Juze geschlossen.

Beratungsangebote

Auf die Frage, wo man hin könnte, wenn man Hilfe und Beratung braucht, wissen 36 % der Jugendlichen niemanden zu nennen und können auch keine ihnen für diesen Zweck geeignet erscheinende Organisation nennen. Als Berater in einer potentiellen Problemlage werden vor allem die Freunde (45 %) und die Eltern (38 %) genannt. Professionelle Berater, bzw. organisierte Beratungen werden nur selten erwähnt: 8 % nennen den Lehrer/die Lehrerin, 3 % erwähnen das Sorgentelefon und jeweils 2 % verweisen auf Ärzte, Psychologen und die Stadtverwaltung bzw. das Jugendreferat.

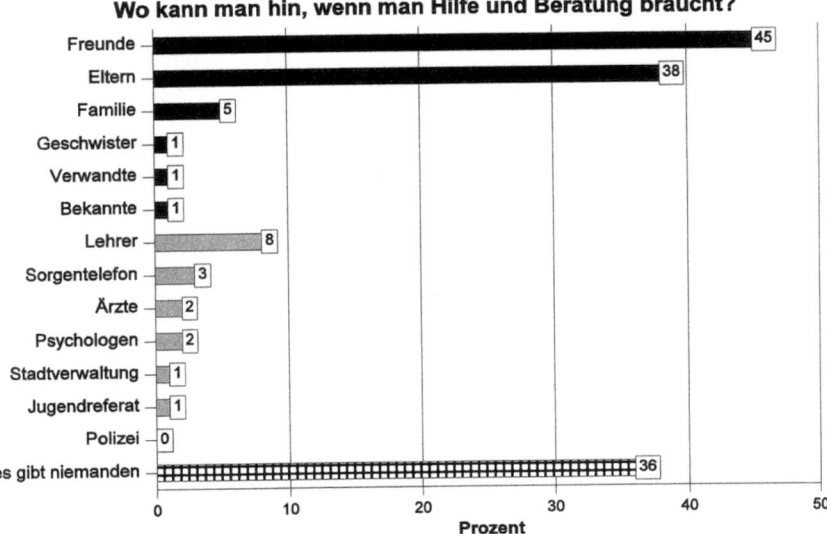

Abbildung14

Unabhängig davon, ob jemand einen Berater nennen kann oder nicht, wird ein Bedarf nach einer Beratungsstelle für Jugendliche von 37 % der Jugendlichen geltend gemacht, rund 50 % sind der Meinung, dass so etwas nicht nötig ist und 14 % können sich nichts darunter vorstellen. Der Bedarf nach einer Beratungsstelle wird umso deutlicher angemeldet, je mehr jugendkulturelle und je weniger strukturelle Ressourcen verfügbar sind. Der von diesen Jugendlichen geltend gemachte Bedarf hat vermutlich zwei Gründe: auf der einen Seite können sie über ein relativ hohes Maß an Unabhängigkeit verfügen - viel jugendkulturelle Ressourcen bedeuten auch: viel Freiheiten, viel Zeit, relativ viel Taschengeld - auf der anderen Seite aber kann die geringe Verfügbarkeit über strukturelle Ressourcen, d.h. eher ungünstige soziale Chancen, der Grund für Sorgen über die künftige Lebenssituation sein. Es ist möglicherweise gerade diese Kombination einer eher lockeren sozialer Verankerung mit ungünstigen sozialen Chancen, die bei Jugendlichen zu einem erhöhten Beratungsbedarf führt.

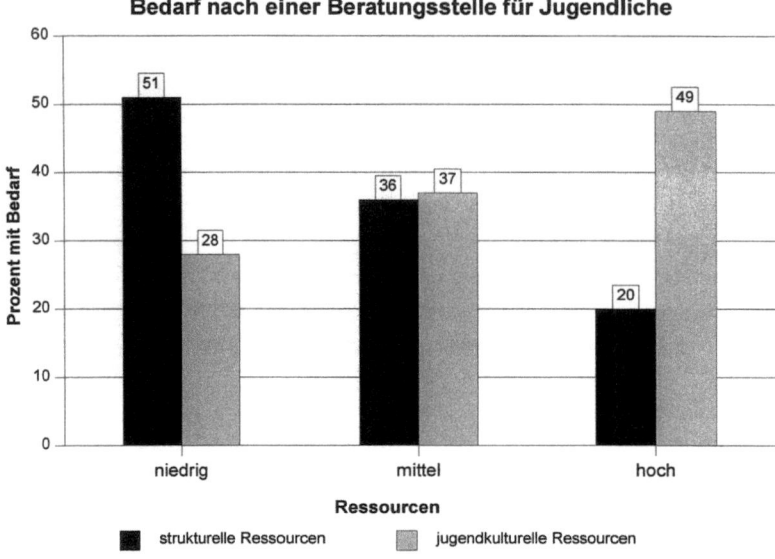

Abbildung15

Ferienangebote

In den letzten Sommerferien waren 82 % der Jugendlichen verreist - dennoch wünschen sich 57 % in verstärktem Umfang Ferienangebote. Im Vordergrund stehen dabei Sportangebote (von 18 % genannt) und Reisen (17 %), mit einem deutlichen Schwerpunkt auf Zeltreisen und Urlaubscamps.

Ferien und Ferienangebote

Wo wurden die Sommerferien verbracht?   Wären Ferienangebote wichtig?

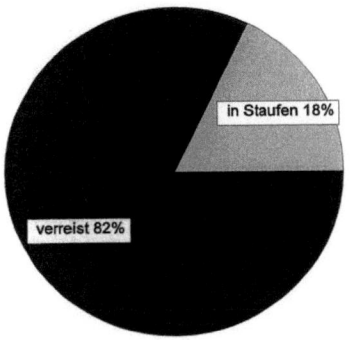
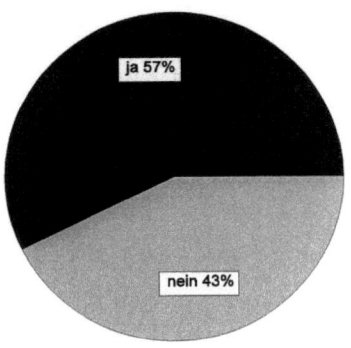

Abbildung16

Ob jemand verreist war und Ferienangebote gewünscht werden, korreliert sehr deutlich mit der Verfügbarkeit über strukturelle Ressourcen: Hauptschüler und Jugendliche, deren Eltern einen relativ niedrigen Sozialstatus haben, waren im letzten Sommer deutlich seltener verreist als Gymnasiasten und Jugendliche aus der oberen Mittelschicht (72 % vs. 90 %) und wünschen auch sehr viel häufiger Ferienangebote für Jugendliche (72 % vs. 46 %).

Geschlechtsspezifische Angebote

Gefragt wurde auch, ob den Jugendlichen "geschlechtsspezifische Angebote" für Jugendliche bekannt sind, ob diese genutzt wurden und ob ein Interesse an solchen Angeboten besteht.

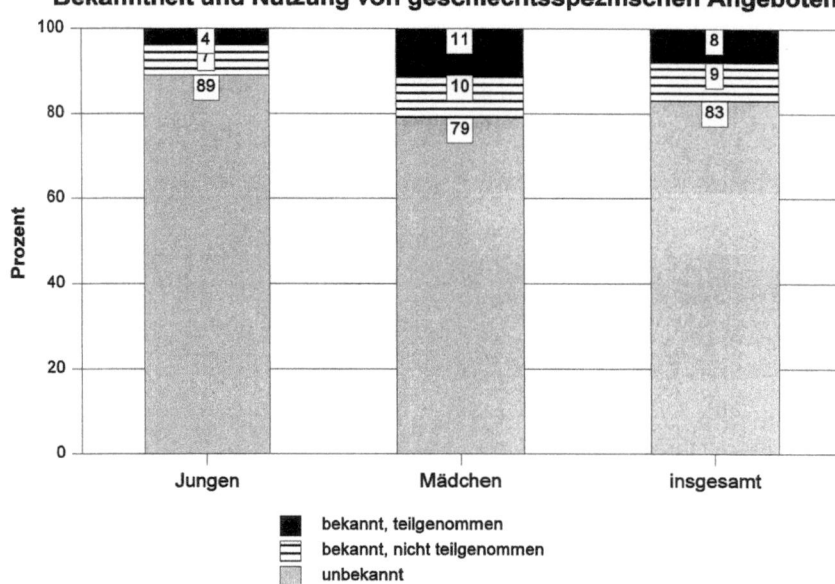

Bekanntheit und Nutzung von geschlechtsspezifischen Angeboten

Abbildung17

Solche Angebote sind überwiegend nicht bekannt. Nur 17 % wissen, dass es so etwas gibt und nur 8 % haben auch schon einmal daran teilgenommen. Die entsprechenden Anteile für Jungen und Mädchen unterscheiden sich kaum. Auch der Wunsch nach solchen Angeboten scheint nicht sehr groß zu sein. 78 % haben kein Interesse und auch hier ist der Unterschied zwischen Jungen und Mädchen nur sehr gering.

II.2.3 Das Jugendzentrum von Staufen (Juze)

Für die Staufener Jugendlichen ist das Jugendzentrum (Juze) sicher das wichtigste Freizeit-angebot. Man kann sogar sagen, dass das Juze in Staufen eine Art Institution ist. Es ist allerdings umstritten und zur Zeit der Feldforschungen war es geschlossen, konnte von den Jugendlichen also nicht genutzt werden. Für die Staufener Jugendlichen hatte und hat diese weitgehend selbstverwaltete Einrichtung aber eine herausragende Bedeutung. Das belegt auch unsere Untersuchung:

- 87 % der befragten Jugendlichen kennen das Juze,
- zwei Drittel waren auch schon einmal da (66 %).
- 39 % geben an, sich dort ab und zu aufzuhalten
- und immerhin mehr als ein Viertel (27 %) aller Jugendlichen gehören zum "harten Kern" der Besucher die dort regelmäßig hingehen[37].

---

[37] Zum Vergleich: In Pforzheim besuchten nur etwas mehr als die Hälfte der Jugendlichen (53 %) einen Jugendtreff und nur 9 % taten dies regelmäßig, der Rest ab und zu. Vgl. B. Blinkert / P. Höfflin (1995).

- 62 % der Jugendlichen sagen, dass man ins Juze gehen kann, wenn man andere Jugendliche treffen möchte, allerdings sind nur 17 % der Meinung, dass man im Juze etwas erleben könnte (Vgl. Kap II.2.1.).
- Die Möglichkeit, das Juze auch für private Zwecke zu mieten, wurde bislang nur von einem sehr geringen Teil der Jugendlichen (2 %) in Anspruch genommen.

Das Juze ist den meisten Jugendlichen bekannt. Allerdings variiert der Bekanntheitsgrad zwischen bestimmten Gruppen von Jugendlichen: Signifikante Unterschiede ergeben sich hinsichtlich des Alters und des Wohnstandorts der Jugendlichen. "Nur" 82 % der bis 14jährigen kennen das Juze, während bei den Älteren dieser Anteil bei über 90 % liegt. Es ist auch nachvollziehbar, dass in den Ortsteilen der Bekanntheitsgrad etwas geringer ist. In Grunern liegt er bei unter 70 %.

Unter den Nutzern sind die Jüngeren - bis zu 14 Jahre - deutlich unterrepräsentiert. Der Anteil der Besucherinnen und Besucher in dieser Altersgruppe liegt nur bei 50 % (gegenüber ca. 80 % bei den Älteren). Die Intensität des Besuchs ist ebenfalls altersabhängig: nur 17 % der Staufener bis 14 Jahre gehen dort regelmäßig hin, während dieser Anteil bei den 17 und 18-jährigen bis auf knapp 40 % ansteigt. In Pforzheim war hingegen keine Altersabhängigkeit feststellbar, alle Altersgruppen besuchten die Jugendzentren etwa gleich häufig. Dafür war - im Gegensatz zu Staufen - eine deutliche Geschlechtsabhängigkeit zu finden: Jungen besuchten die Jugendzentren signifikant häufiger als Mädchen (61 % vs. 44 % Besucher). Ein solcher Unterschied ist für Staufen nicht beobachtbar.

Wie nicht anders zu erwarten, wird das Juze von den Jugendlichen der verschiedenen Ortsteile unterschiedlich stark genutzt. 81 % der Altstadtbewohner (nördlich des Neumagens) besuchen das Juze, aber nur 40 % der Grunerner. Die Bewohner der Neubaugebiete (südlich des Neumagens) und die Wettelbrunner gehen etwa zu zwei Dritteln ins Juze.

"Typische" Jugendzentrumsbesucher sind eher privilegiert. Regelmäßige Besucher und Besucherinnen rekrutieren sich zu einem großen Teil aus der Gruppe der Jugendlichen mit hoher Verfügbarkeit über jugendkulturelle und strukturelle Ressourcen. Von den jugendkulturell Privilegierten besuchen 40 % das Juze regelmäßig, von den jugendkulturell Benachteiligten dagegen nur 9 %. Und von den strukturell Privilegierten sind 34 % regelmäßige Juze-Besucher; von den strukturell Benachteiligten dagegen nur 13 %.

Regelmäßige Besucher des Jugendzentrums

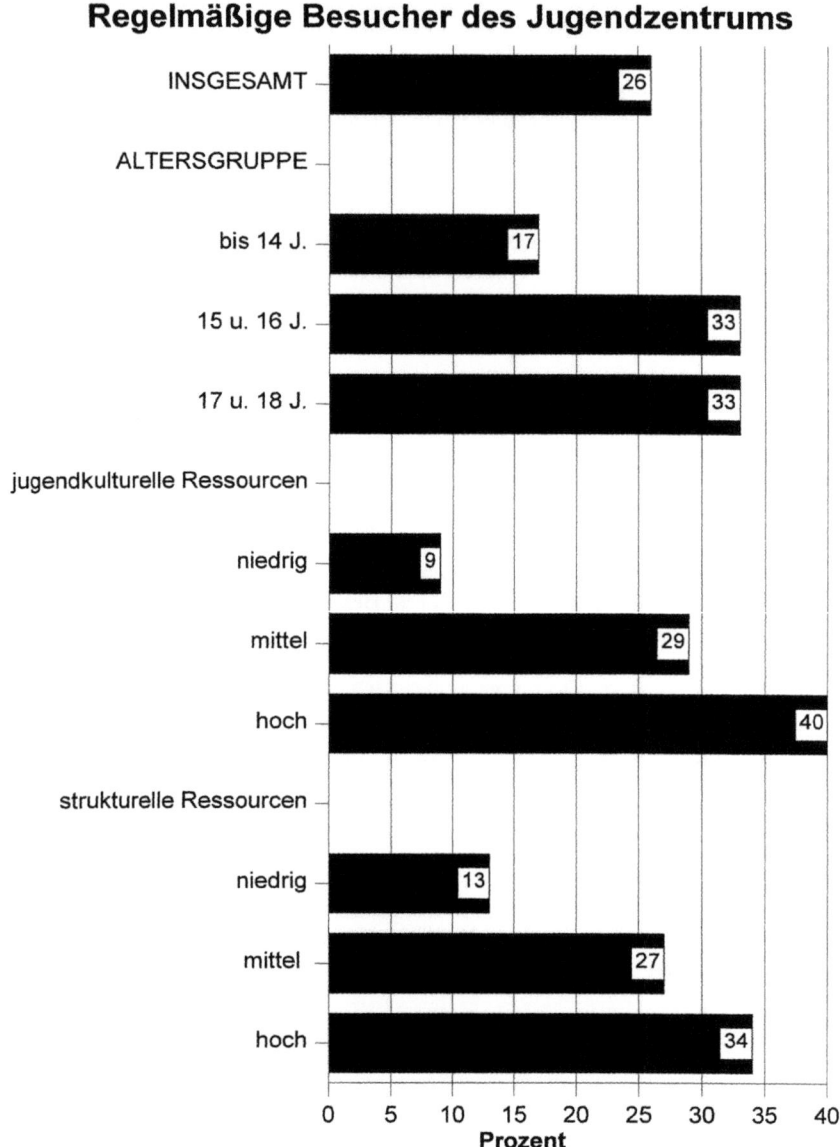

Abbildung18

Was gefällt den Jugendlichen am Juze, was gefällt ihnen nicht. Welche Gründe gibt es, dort hinzugehen oder es zu meiden?

Zusätzlich zu den Fragen ob sie das Juze kennen und besuchen wurden die Jugendlichen gefragt, was Ihnen am Juze gefällt oder nicht gefällt und welche Gründe es dafür gibt, dorthin zu gehen bzw. nicht hinzugehen. Bei der Bewertung der Antworten sollte berücksichtigt werden, dass das Juze zum Zeitpunkt der Befragung (wieder einmal) heftiger öffentlicher Kritik ausgesetzt war und zeitweise sogar geschlossen wurde. Es ist also nicht ganz auszuschließen, dass einige Jugendliche auf die Fragen "taktisch" geantwortet haben und sich vielleicht ein wenig mit Kritik zurückgehalten haben, um "ihr" Juze nicht zu gefährden.

Alle Jugendlichen, die das Juze kennen, wurden ohne Antwortvorgaben gefragt was ihnen daran gefällt. Diese Frage wurde von einem Grossteil (77 %) der Jugendlichen beantwortet, was zeigt, dass das Juze ausgesprochen positiv aufgenommen wird. Mit Abstand am besten gefällt den Jugendlichen die Gelegenheit, im Juze Bekannte und andere Jugendliche zu treffen (32 % der Befragten, s. Abb. 19), also die Treffpunktfunktion. Auch die Musik und das Programmangebot des Juze mögen viele Jugendliche (zusammen 22 %): die Musik wurde von 12 % der Befragten genannt, 8 % finden die Partys im Juze gut. Sonstige Programmangebote, wie z.B. Themen-abende wurden in diesem Zusammenhang nur von 2 % der Befragten lobend erwähnt.

Neben der Möglichkeit, dort Andere zu treffen, ist es natürlich auch wichtig, dass dort die "richtigen" Leute anzutreffen sind (15 %). Die meisten Nennungen zu diesem Punkt bezogen sich unspezifisch darauf, dass "die Leute dort gefallen" (10 %). 3 % der Befragten fanden es positiv, dass auch Jugendliche von außerhalb Staufens dort hin kommen, 2 % begrüßen die Abwesenheit von Erwachsenen. Für die Jugendlichen ist es auch von Belang, dass es im Juze kostengünstige Angebote gibt (12 %). Dabei ist die Möglichkeit, dort umsonst zu kickern (6 %) und umsonst Billard spielen zu können (4 %) besonders beliebt, auch die billigen Getränke und den freien Eintritt finden viele gut (5 %). Auch die gute Atmosphäre im Juze und die ansprechenden Räumlichkeiten wurden genannt (9 % und 8 %), die restlichen in der Abb. 19 aufgeführten Gründe (Lage, Mitgestaltungsmöglichkeiten, etc.) wurden nur von einem kleinen Teil der Befragten angeführt.

Die große Zahl positiver Aussagen zum Juze wird auch dadurch bekräftigt, dass es im Juze im Großen und Ganzen friedlich zuzugehen scheint: lediglich 3 Jugendliche (1 %) wurden dort im Laufe des Jahres 2001 durch Gewalttätigkeiten anderer Jugendlicher bedroht, in der Schule passierte das immerhin 10 Jugendlichen[38].

---

[38] Mehrfachnennungen waren möglich. Insgesamt wurden nur 27 Jugendliche (9 %) im letzten Jahr von anderen bedroht.

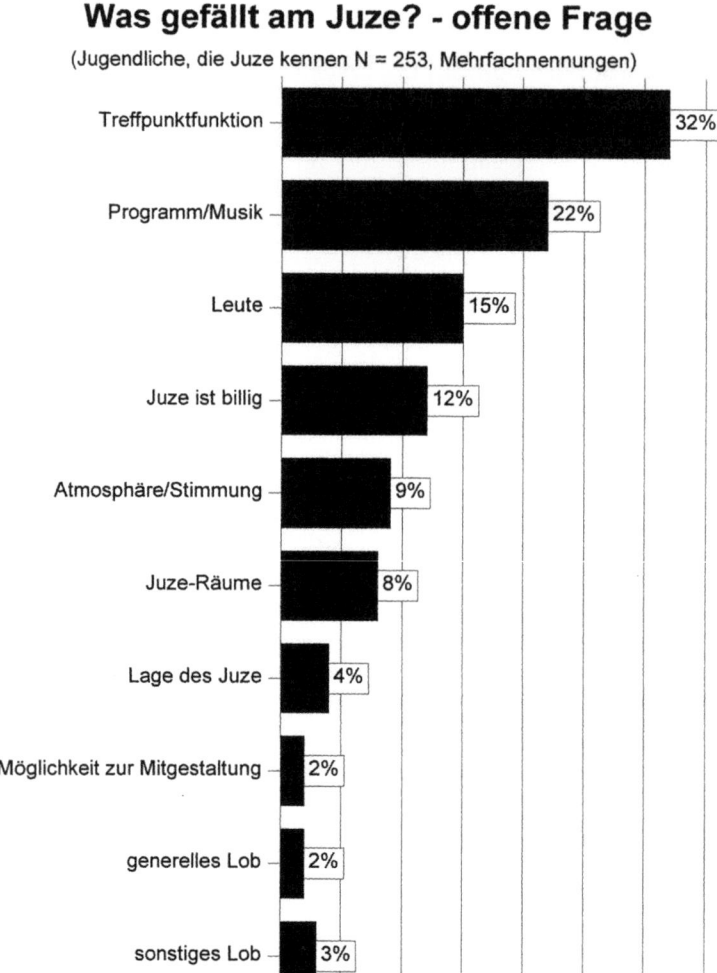

Was gefällt am Juze? - offene Frage
(Jugendliche, die Juze kennen N = 253, Mehrfachnennungen)

Treffpunktfunktion	32%
Programm/Musik	22%
Leute	15%
Juze ist billig	12%
Atmosphäre/Stimmung	9%
Juze-Räume	8%
Lage des Juze	4%
Möglichkeit zur Mitgestaltung	2%
generelles Lob	2%
sonstiges Lob	3%

Abbildung19

In Pforzheim wurden von den Jugendlichen ähnliche Angaben in ähnlicher Gewichtung darüber gemacht, was ihnen an den Jugendzentren gefällt: 30 % nannten die Treffpunktfunktion als positiven Aspekt, 20 % das Programmangebot, 10 % die Musikveranstaltungen und 8 % die Aufmachung und Organisationsform der Treffs[39].

Die Juze-Besucher konnten weiterhin noch angeben, warum sie dort hingehen. Der mit weitem Abstand wichtigste Beweggrund ins Juze zu gehen, wird in der Möglichkeit gesehen, dort andere Jugendliche zu treffen. Fast zwei Drittel der Besucher geben dies an (Abb. 20). Auch das unterstreicht die große Bedeutung des Juze als Treffpunkt. Für sehr viele der Befragten ist es relevant, dass die eigenen Freunde dort zu finden sind (30 %): immerhin 6 % der Befragten schätzen es, dort neue Leute kennen lernen zu können. Neben unspezifisch-hedonistischen Gründen ("macht Spaß", "ist cool", 16 %) ist das Juze für viele eine Notlösung; "es gibt nichts anderes", bzw. man geht "aus Langeweile" hin (14 %). Das Programmangebot des Juze bzw. die Musik dort ist nur für wenige Grund für einen Besuch (6 %) und auch die niedrigen Kosten werden zwar als vorteilhaft angesehen, sind letztlich jedoch nicht entscheidend (2 %).

---

[39] Vgl. B. Blinkert / P. Höfflin (1995)

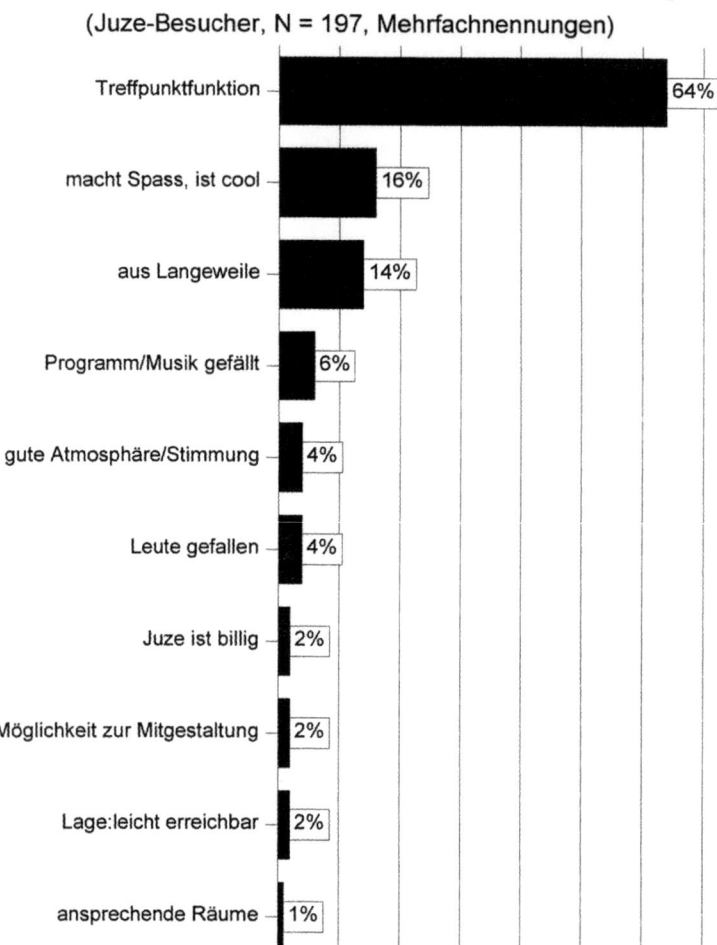

Warum gehst Du ins Juze? - offene Frage

(Juze-Besucher, N = 197, Mehrfachnennungen)

Abbildung20

Kritik von Jugendlichen am Juze: Was gefällt den Jugendlichen nicht?

Alle Jugendlichen, die das Juze kennen, konnten sagen was ihnen daran nicht gefällt. Immerhin 74 % dieser Jugendlichen machten mindestens eine Aussage hierzu. Man kann also nicht sagen, dass mit Kritik gespart wurde.

Das größte Problem sind aus der Sicht der Jugendlichen die Räumlichkeiten (27 %, vgl. Abb. 21). Vor allem die fehlende Sauberkeit dort wird bemängelt; 14 % der Jugendlichen beschweren sich darüber, nochmal 5 % finden speziell die sanitären Einrichtungen abstoßend und weitere 5 % beklagen die teilweise kaputte Inneneinrichtung. Außerdem stören an den Räumen die fehlenden Fenster und dass das Juze zu klein ist.

19 % von denen, die das Juze kennen, haben auch das Programm kritisiert. Manchen gefällt die Musik nicht (8 %) oder allgemein das Programm (5 %). Einige Jugendliche wünschen sich mehr Parties (2 %) bzw. Themenabende (2 %).

Fast ebenso viel Kritik wird über die Juze-Besucher geäußert (18 %). Neben einer allgemeinen Kritik an "den Leuten" dort wurde von 6 % der Befragten bemängelt, dass dort "zu viele Jüngere" sind.

Hinter dem Unbehagen von 12 % der Befragten an der Atmosphäre im Juze stecken vor allem folgende Nennungen: dass es oft Ärger mit anderen Jugendlichen gibt und eine aggressive Stimmung herrscht (6 %), es dort zu verraucht ist (5 %) und dass es zu voll ist (2 %).

Die meiste Kritik am Juze-Team, die von insgesamt 10 % der Befragten geäußert wurde, ist eher unspezifisch (8 %), nur 8 Befragte (3 %) weisen speziell auf Organisationsdefizite des Teams hin[40].

---

[40] Wenn man diese Kritik am Juze mit den Ergebnissen der Pforzheim-Studie vergleicht, fällt auf, dass dort die Räumlichkeiten kaum eine Rolle spielten. Hauptkritikpunkte waren "die Leute" die die Jugendzentren besuchen (13 %). Lediglich die Organisation der Jugendzentren (9 %) und das Programm (6 %) wurden noch häufiger kritisiert. Vgl. B. Blinkert / P. Höfflin (1995)

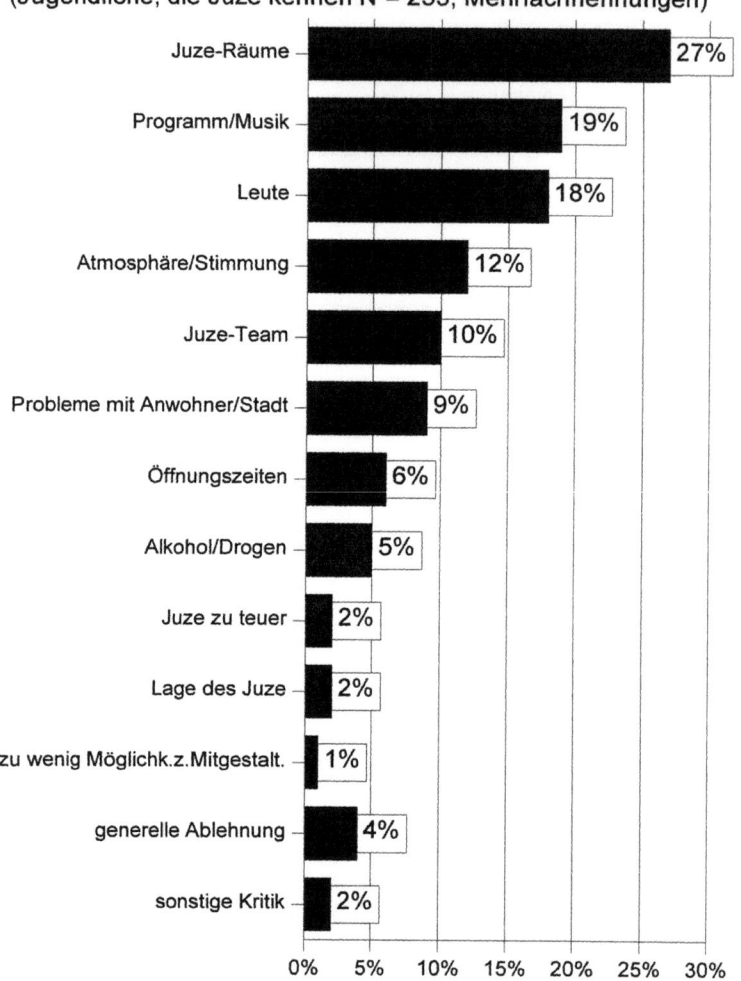

Was gefällt nicht am Juze? - offene Frage
(Jugendliche, die Juze kennen N = 253, Mehrfachnennungen)

Juze-Räume — 27%
Programm/Musik — 19%
Leute — 18%
Atmosphäre/Stimmung — 12%
Juze-Team — 10%
Probleme mit Anwohner/Stadt — 9%
Öffnungszeiten — 6%
Alkohol/Drogen — 5%
Juze zu teuer — 2%
Lage des Juze — 2%
zu wenig Möglichk.z.Mitgestalt. — 1%
generelle Ablehnung — 4%
sonstige Kritik — 2%

0%   5%   10%   15%   20%   25%   30%

Abbildung21

Warum geht man nicht in das Juze?

Welche Gründe gibt es für Jugendliche nicht ins Juze zu gehen? Diese Frage wurde nur den Befragten gestellt, die das Juze zwar kennen, aber noch nie da waren (19 %, N = 56). Die meisten gehen nicht ins Juze, weil sie dort niemand kennen, bzw. die eigenen Freunde auch nicht hingehen. Wenn man noch diejenigen hinzu rechnet, die das Juze-Klientel nicht mögen, so sind das insgesamt über die Hälfte der Befragten (52 %, N = 29). Knapp ein Drittel der Befragten, die nicht in das Juze gehen, interessiert sich schlichtweg nicht für solche Treffpunkte[41]. Alle weiteren Gründe wurden nur von sehr wenigen Befragten angeführt.

---

[41] In Pforzheim wurden durch eine Listenabfrage ähnliche Hauptgründe genannt, warum kein Jugendzentrum besucht wird: knapp 40 % unternehmen lieber etwas alleine oder mit Freunden, knapp 30 % haben kein Interesse, 17 % gefallen die Leute nicht und 14 % das Programm. Vgl. B. Blinkert / P. Höfflin (1995).

II.2.4   Mitgliedschaften als Ressourcen

Auch Mitgliedschaften in Vereinen sind wichtige Ressourcen. Sie ermöglichen Kontakte und die Nutzung von Vereinsangeboten.

Insgesamt sind 69 % der Staufener Jugendlichen Mitglied in einem Verein, einem Verband oder einer Jugendgruppe. Das ist ein außerordentlich hoher Anteil, in Pforzheim lag er bei lediglich 58 % und auch vergleichbare Jugendliche der Shell-Jugendstudie 1997[42] waren nur zu 59 % Vereinsmitglieder.

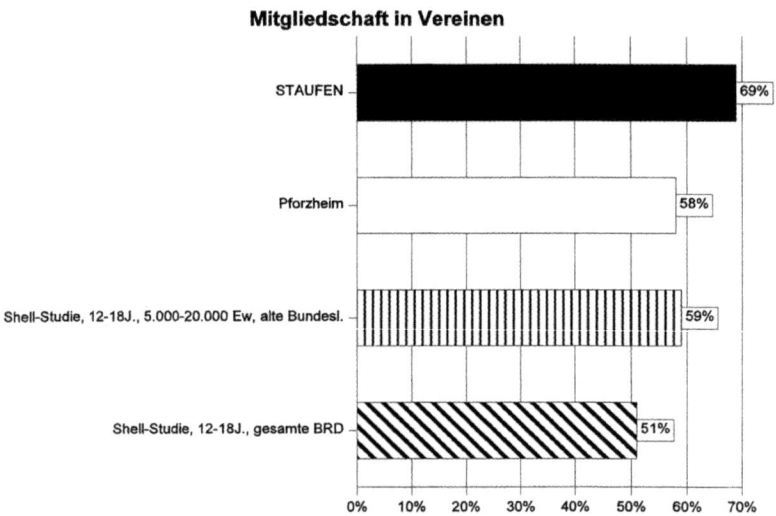

Abbildung22

---

[42] Die sekundäranalytisch ausgewertete Frage in der Shell-Jugendstudie lautete: "Gehörst Du zur Zeit einem Verein oder einer Organisation an?" und lässt sich somit ganz gut mit der Staufener Fragestellung vergleichen (vgl. Fragebogen Frage 57). Für Vergleiche mit der Shell-Jugendstudie 1997 wurden nur die 12 - 18jährigen in Orten mit 5.000 bis 20.000 Einwohnern in den alten Bundesländern berücksichtigt (N = 184). In der gesamten BRD waren 51 % der 12-18jährigen Vereinsmitglieder. Leider waren die Datensätze für die aktuelleren Shell-Jugendstudien 2000 oder 2002 noch nicht öffentlich zugänglich.

Anzahl der Vereinsmitgliedschaften

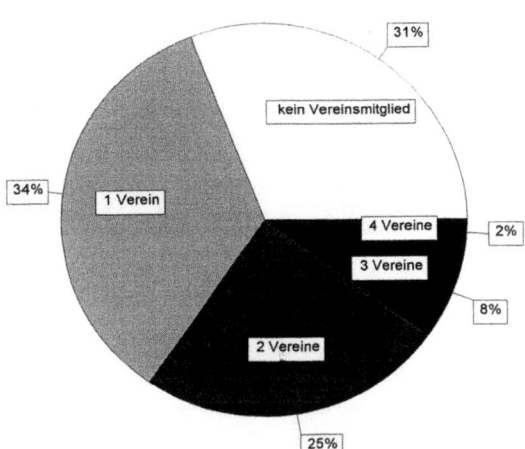

Abbildung23

Die meisten Jugendlichen sind Mitglied in nur einem Verein. Aber immerhin mehr als ein Viertel der Staufener ist in zwei Vereinen. In drei Vereinen sind 8 %, 2 % gar in vier. Es ist anzunehmen, dass die meisten Jugendlichen aktive Mitglieder sind, die das Angebot der Vereine auch wahrnehmen. Fast 70 % geben an, das Angebot eines Vereines "schon genutzt" zu haben. Allerdings liegen keine Informationen vor, wie intensiv bestimmte Angebot genutzt wurden.

Signifikante Unterschiede im Anteil der Vereinsmitglieder gibt es für Jungen und Mädchen, für den Wohnstandort und für die Unterscheidung der Jugendlichen nach ihren strukturellen Ressourcen.

- Der Anteil der Vereinsmitglieder ist bei männlichen Jugendlichen deutlich höher als bei den Mädchen (77 % vs. 62 %).
- In den Ortsteilen Wettelbrunn und Grunern liegt der Anteil mit 80 % und mehr deutlich über dem Anteil in Staufen selbst.
- Strukturell privilegierte Jugendliche sind weit überdurchschnittlich in Vereinen organisiert, strukturell benachteiligte deutlich unterdurchschnittlich (83 % vs. 45 %)[43].

---

[43] Diese Unterschiede wurden auch in anderen Untersuchungen beobachtet. In Pforzheim z.B. waren die selben Unterschiede feststellbar: Jungen sind häufiger Vereinsmitglieder und der Anteil steigt mit höherer Schulbildung. Vgl. B. Blinkert / P. Höfflin (1995).

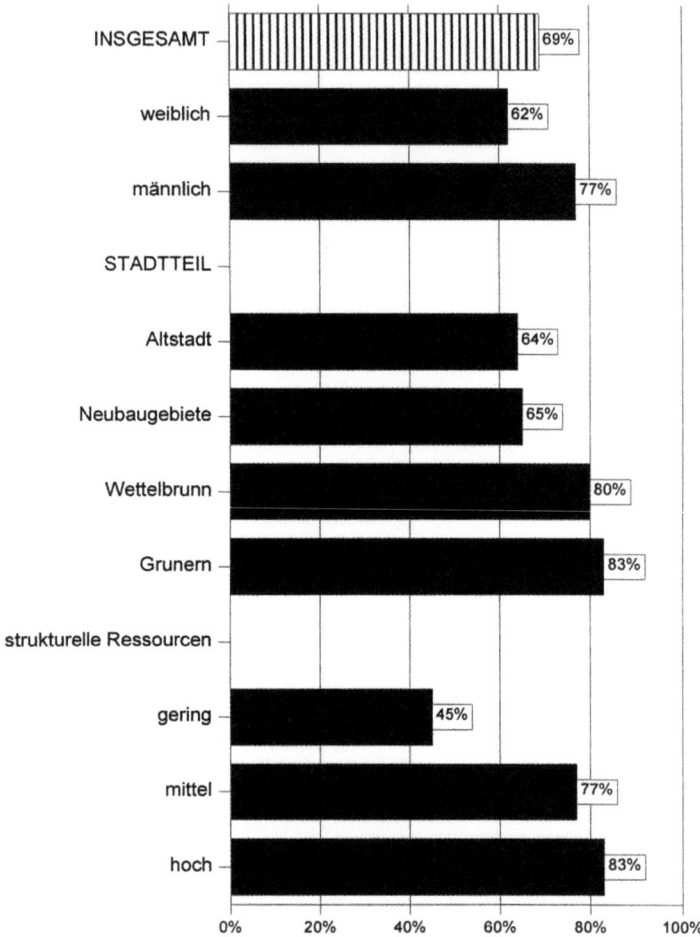

Mitgliedschaft in Vereinen, Verbänden, Jugendgruppen

Abbildung24

Die Hälfte der Jugendlichen ist Mitglied in einem Sportverein, die Jungen sind dort sogar zu fast zwei Drittel vertreten[44]. Am beliebtesten sind der Fußballverein (17 %), der Turnverein (9 %), der Tennisclub (7%), der Basketballverein (4 %) und der Reitverein (4%). Jungs sind häufiger als Mädchen im Fußballverein, im Tennisclub und im Basketballverein. Mädchen stellen die kompletten Mitglieder des Reitvereins.

Immerhin noch knapp 40 % der Jugendlichen sind Mitglied in einem nicht-sportlichen Verein, vor allem die musischen Vereine sind stark vertreten (Musikverein: 9 %, Musikschule: 7 %, Stadtmusik: 5 %). Relativ viele Jugendlichen sind noch bei der Feuerwehr (6 %, vor allem Jungen) und bei den Pfadfindern (5 %, mehr Jungen).

Warum sind Jugendliche nicht in einem Verein oder einer Jugendgruppe?

Der wichtigste Grund für Jugendliche nicht in einem Verein zu sein, ist "keine Lust", also mangelndes Interesse (41 %). Fast ein Drittel gibt das fehlende oder nicht in ausreichender Qualität vorhandene Angebot als Grund an (31 %). Bei diesen Jugendlichen zeigt sich die von Krüger und Thole konstatierte "demonstrative Gebrauchswertorientierung" gegenüber Vereinen, die an die Stelle einer früheren "Identifikation mit kollektiven Vertretungs- und Sinnstiftungsinstanzen" getreten ist[45]. Interessant ist, dass ein Fünftel der Antworten sich darauf bezogen, dass die Jugendlichen zu wenig Zeit für eine Mitgliedschaft haben. Einigen Jugendlichen fehlt die Anbindung, sie haben keine Bekannten in Vereinen oder die anderen Mitglieder sind ihnen unangenehm (13 %).

---

[44] Auch diese Anteile sind vergleichsweise hoch. In Pforzheim waren nur 44 % der Jugendlichen in einem Sportverein (Blinkert/Höfflin, 1995). In der Shell-Jugendstudie gaben 55 % der entsprechenden Jugendlichen an, in einem Sportverein zu sein. Dieser Anteil ist aber nicht ganz vergleichbar, da die Frage dort in geschlossener Form gestellt wurde, während sie in Staufen als offene Abfrage erfolgte. 12-18jährige in der gesamten BRD waren lt. Shellstudie nur zu 47 % Vereinsmitglieder.

[45] H.H. Krüger / W. Thole (1993), S. 464

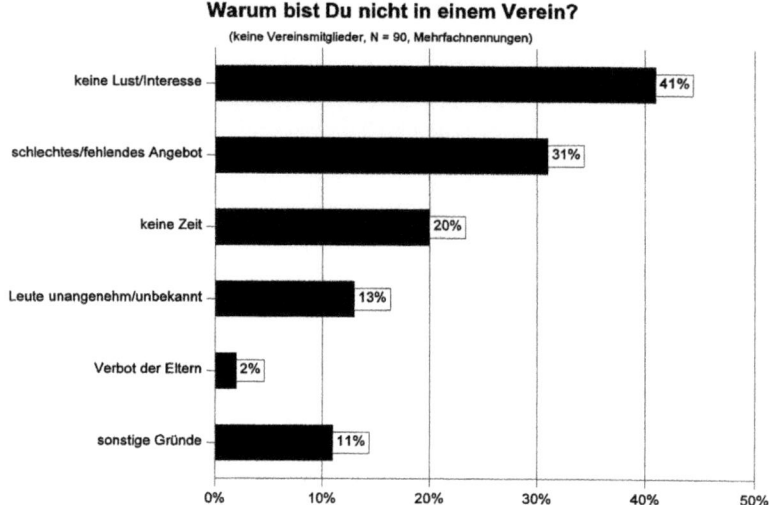

Warum bist Du nicht in einem Verein?

(keine Vereinsmitglieder, N = 90, Mehrfachnennungen)

keine Lust/Interesse	41%
schlechtes/fehlendes Angebot	31%
keine Zeit	20%
Leute unangenehm/unbekannt	13%
Verbot der Eltern	2%
sonstige Gründe	11%

Abbildung25

Bekanntheit und Nutzung von Vereinsangeboten

Staufen hat ein reichhaltiges Angebot an knapp 60 Vereinen. Darunter gibt es auch viele, die Angebote für Jugendliche bereitstellen. Das ist den Jugendlichen in Staufen auch weitgehend bekannt. Lediglich 11 % konnten keinen Verein in Staufen nennen, der etwas für Jugendliche anbietet, 19 % kannten zumindest einen Verein und 70 % kannten mindestens zwei Vereine.

Genutzt haben das Angebot der Vereine weit weniger Jugendliche: 30 % nutzen keine Jugendangebote von Vereinen, 34 % nur das Angebot eines Vereines und der Rest die Angebote mehrerer Vereine. Der Anteil der Nutzer eines Vereinsangebotes (70 %) deckt sich mit dem Anteil der Vereinsmitglieder, wobei es natürlich vorkommen kann, dass auch Nichtmitglieder Angebote nutzen. Zu beachten ist bei diesem Vergleich auch, dass sich die Frage nach der Bekanntheit und Nutzung von Vereinen auf Staufen bezog, während die Mitgliedschaft sich auch auf Vereine außerhalb erstrecken kann.

Die Sportvereine und ihr Jugendangebot sind den allermeisten Jugendlichen ein Begriff: über 80 % nennen einen Sportverein. Aber immerhin noch die Hälfte der Jugendlichen nennen auch andere, nichtsportliche Vereine auf die Frage, welche Vereine Angebote für Jugendliche in Staufen bieten.

Im Einzelnen sind die Angebote der Fußballvereine am bekanntesten, die von 57 % der Befragten genannt wurden. Die anderen Vereine mit Jugendangebot sind deutlich weniger bekannt. An zweiter Stelle mit 18 % lag der Tennisclub, dann folgten Tischtennisclub (16 %), Turnverein (15 %), Musikverein (14 %), Pfadfinder (14 %), Basketballverein (12 %) und Leichtathletikverein (11 %). Die restlichen Vereine wurden nur von weniger als 10 % der Befragten genannt und wurden in Abb. 26 zusammengefasst in "sonstige Sportvereine" und "sonstige Vereine".

Der Anteil derer, die einen Verein mit Angeboten für Jugendliche kennen (89 %) ist deutlich höher als der Anteil der Jugendlichen, die ein Angebot auch nutzen (70 %). Aber immerhin noch mehr als die Hälfte der Jugendlichen nutzen die Angebote der Sportvereine und ein Drittel die Angebote anderer Vereine. Wiederum sind es die Fußballvereine, deren Angebote am stärksten in Anspruch genommen werden (25 %) gefolgt vom Turnverein (11 %).

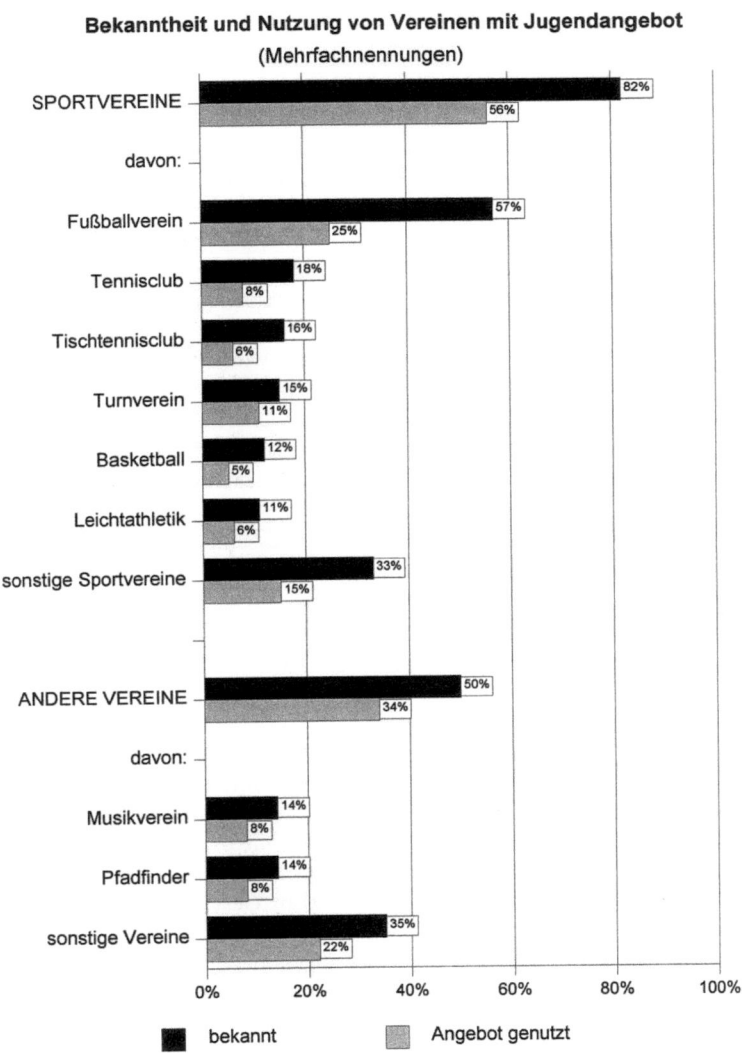

Abbildung26

II.3. Zusammenfassung

Im Hinblick auf ihre Ressourcen befinden sich die Staufener Jugendlichen in einer überdurchschnittlich günstigen Situation. Ihre strukturellen Ressourcen und damit ihre Startchancen im Wettlauf um gesellschaftliche Positionen sind relativ günstig. Allerdings ist auch für Staufen nicht zu übersehen, dass soziale Chancen in einem nicht unerheblichen Umfang durch den Sozialstatus und das Bildungsmilieu der Eltern weitergegeben werden. Die jugendkulturellen Ressourcen sind eher durchschnittlich. Das gilt für alle hier berücksichtigten Aspekte: frei verfügbare Zeit, Freiheiten, Kontakte und Kaufkraft. Auffällig ist, dass die Mädchen gegenüber den Jungen deutlich benachteiligt sind. Ansonsten ist beobachtbar, dass die Verfügbarkeit über diese Ressourcen in der erwarteten Weise mit dem Alter zunimmt.

Die Bedeutung von "sekundären Ressourcen" - Räume, Angebote und Mitgliedschaften - ist sehr unterschiedlich und hängt nicht allein davon ab, was in Staufen vorhanden ist oder fehlt, sondern auch davon, ob und wie vorhandene Möglichkeiten genutzt werden. Im Hinblick auf Räume sind Defizite bezüglich der Erlebnisfunktion zu konstatieren. Rund zwei Drittel der Jugendlichen können keinen Raum nennen, wo man etwas "erleben" könnte. Angesichts der in den Gruppendiskussionen zu Tage getretenen sehr bescheidenen Vorstellungen über Erlebnisse sollte das zu denken geben. Die Situation in Staufen ist unter diesem Gesichtspunkt allerdings nicht grundlegend anders als in vielen anderen Städten, wie wir z.B. in unserer Studie für die Stadt Pforzheim feststellen konnten. In der Großstadt Pforzheim hatten jedoch kommerzialisierte Räume einen deutlich höheren Stellenwert, sowohl unter dem Aspekt der Treffpunktfunktion wie auch unter Erlebnisgesichtspunkten. Ein die Jugendlichen ansprechendes kommerzielles Angebot fehlt in Staufen weitgehend, wenn man einmal von der Rombach-Scheuer absieht. Eine Diskothek oder ein Kino ist angesichts der geringen Ortsgröße wohl auch nicht zu erwarten und die Gastronomie orientiert sich vorwiegend an den Interessen von Erwachsenen und Touristen.

Beeindruckend ist der hohe Stellenwert, den Vereine für das Freizeitleben der Staufener Jugendlichen besitzen. Der Anteil der Vereinsmitglieder ist sehr viel höher als in anderen Jugendstudien berichtet wird und auch die Nutzung von Vereinsangeboten ist beachtlich. Die Vereine nehmen in Staufen eine überaus wichtige Funktion für die Jugendlichen wahr und können als eine Art Ersatz für das Fehlen von jugendspezifischen kommerziellen Angeboten betrachtet werden.

Erstaunlich groß ist der von Jugendlichen geäußerte Bedarf nach einer Beratungsstelle. Fast 40 % sind der Meinung, dass es so etwas in Staufen geben sollte, wobei dieser Bedarf besonders deutlich ist bei Jugendlichen mit sehr viel jugendkulturellen Ressourcen (viel Zeit, Freiheiten, Geld, Kontakte) und wenig strukturellen Ressourcen (niedriger Sozialstatus der Eltern und Hauptschule). Auch Ferienangebote - vor allem Sport- und Reiseangebote - werden von vielen gewünscht. Fast 60 % melden einen derartigen Bedarf an. Geschlechtsspezifische Angebote für Jugendliche sind dagegen kein Thema.

Insgesamt sind rund zwei Drittel der Staufener Jugendlichen der Meinung, dass es zu wenig Angebote gibt, die Jugendliche ansprechen könnten, wobei neben fehlenden Ausgehmöglichkeiten vor allem auf organisierte Angebote wie das zur Zeit geschlossene Jugendzentrum verwiesen wird. Im Hinblick auf Ausgehmöglichkeiten sind für Staufen deutliche Verbesserungen eher unwahrscheinlich. Die Betreiber entsprechender Angebote (Disko, Kino) orientieren sich natürlich an ökonomischen Chancen und die sind angesichts der geringen Nachfragemenge nicht besonders günstig. Anders sieht es auf dem Gebiet der organisierten Angebote aus. Herausragende Bedeutung für die Staufener Jugendlichen hat dabei das Jugendzentrum. Nahezu alle kennen es und fast 30 % gehen regelmäßig dahin. Das ist ziemlich ungewöhnlich im Vergleich zu anderen Städten, in denen der Anteil der Jugendlichen, die diese

Angebote nutzen deutlich geringer ist. Vor allem aber ist der Nutzerkreis in Staufen ungewöhnlich. Das Jugendzentrum spricht insbesondere privilegierte Jugendliche an und ist deutlich weniger als woanders ein Treffpunkt für benachteiligte Jugendliche. In der Bewertung durch die Jugendlichen schneidet das Jugendzentrum positiv ab, wobei die Möglichkeit, andere Jugendliche zu treffen, deutlich im Vordergrund steht. Wenn Kritik geäußert wird, richtet diese sich so gut wie nie gegen die Einrichtung als solche, sondern bezieht sich auf einzelne Punkte, wie z.B. die ungeeigneten Räumlichkeiten oder das Programm.

III. Freizeitaktivitäten und Wünsche für Freizeitangebote

III.1. Was tun Jugendliche in ihrer Freizeit?

III.2. Gibt es etwas, was Jugendliche in ihrer Freizeit gerne mehr tun würden?

III.3. Was für Gründe werden von Jugendlichen dafür genannt, dass man etwas nicht tun kann oder nicht häufiger tun kann

III.4. Zusammenfassung

Freizeitaktivitäten, Freizeitinteressen und Wünsche

Das mit den Staufener Jugendlichen geführte Interview enthält eine Vielzahl von Fragen, die sich auf das Freizeitverhalten und auf Präferenzen und Wünsche beziehen: Was tun die Jugendlichen in ihrer Freizeit? Was möchten sie gerne häufiger machen? Was steht dem entgegen?

Unter "Freizeit" verstehen wir die Zeit, die nicht in der Schule verbracht wird und in der auch keine anderen Verpflichtungen im Vordergrund stehen. "Freizeit" ist also die frei disponierbare Zeit. Nach den Auskünften der Jugendlichen stehen dafür im Durchschnitt rund 43 Stunden pro Woche zur Verfügung. Nur 7 % der Jugendlichen langweilen sich "öfter" in ihrer Freizeit, 34 % berichten, dass ihnen so etwas "ab und zu" passiert. Langeweile erfahren dagegen 19 % "nie" und 40 % "selten". Die Erfahrung von Langeweile in der Freizeit ist in den Altersgruppen ungefähr gleich verteilt und auch zwischen Jungen und Mädchen besteht in dieser Hinsicht kein signifikanter Unterschied.   Ein deutlicher Zusammenhang besteht allerdings zwischen der Verfügbarkeit über Ressourcen und der Erfahrung von Langeweile. Jugendliche, die in hohem Maße über jugendkulturelle Ressourcen verfügen, also über Geld, Zeit, Freiheiten und Kontakte mit anderen, langweilen sich sehr viel seltener als diejenigen, die nur in geringem Umfang über diese jugendkulturelle Ressourcen verfügen.

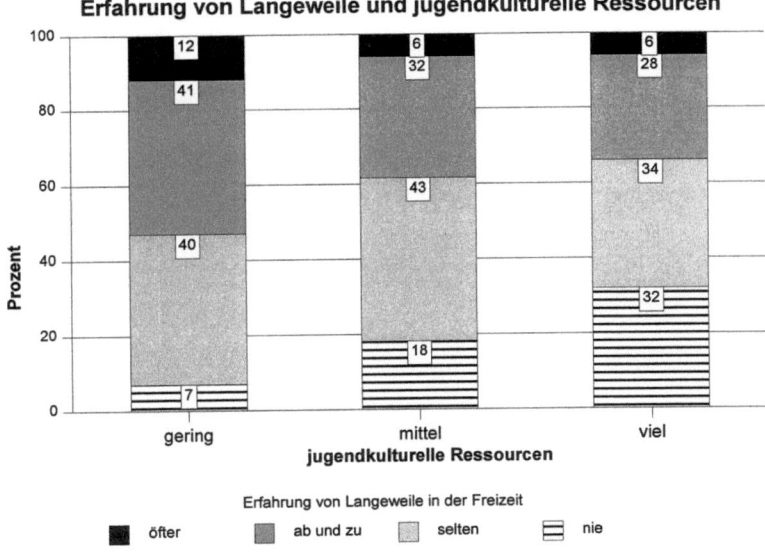

Abbildung27

Auch die strukturellen Chancen korrelieren mit der Erfahrung von Langeweile: Jugendliche mit günstigen sozialen Chancen langweilen sich seltener als Jugendliche, die nur in geringem Maße über die dazu erforderlichen strukturellen Ressourcen verfügen.

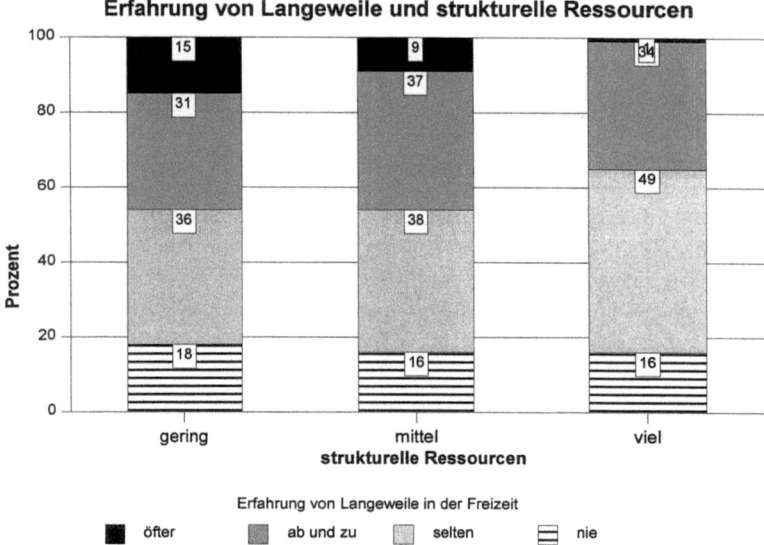

Abbildung28

III.1. Was tun Jugendliche in ihrer Freizeit?

Leider konnten wir keine Zeitbudget-Studie durchführen, um herauszufinden, wie Jugendliche ihre freie Zeit wirklich nutzen, aber einige Fragen des Interviews können doch dazu beitragen, eine Vorstellung von den Freizeitaktivitäten der Staufener Jugendlichen zu vermitteln. Zu diesem Thema wurden im Interview zwei Fragen gestellt, die sich in zwei Punkten unterscheiden:

*   Eine *offene* Frage, also eine Frage ohne Antwortvorgaben, die darauf abzielt, Informationen darüber zu bekommen, was Jugendliche *"besonders häufig"* in ihrer Freizeit tun (Frage 17)
*   Eine *geschlossene* Frage, bei der durch eine Liste Freizeitaktivitäten vorgegeben wurden. Die Befragten sollten davon vier Tätigkeiten auswählen, die sie *"am liebsten"* tun. (Frage 23)

Die Fragen unterscheiden sich also nicht nur in der Methodik (offen vs. geschlossen), sondern auch in ihrer Zielrichtung: "besonders häufig" vs. "am liebsten".

Der typische "Fehler" einer offenen Frage besteht im "underreport": es wird u.U. zu wenig berichtet, weil der befragten Person in der Interviewsituation die betreffende Information gerade nicht einfällt. Der typische "Fehler" der geschlossenen Frageform besteht dagegen im "overreport": es wird u.U. "zu viel" berichtet - in dem Sinne, dass die vorgelegten Kategorien auch bei solchen Themen zu einer Auswahl anregen, die in Wirklichkeit gar keine Bedeutung haben.

Auf die offene Frage "was machst Du in Deiner Freizeit besonders häufig?" erhielten wir rund 900 Angaben über Freizeitbeschäftigungen, also im Durchschnitt rund drei von jedem Jugendlichen. Die Tabelle III.1 zeigt, welche Tätigkeiten genannt wurden (Spalte 2). In der gleichen Tabelle ist die Antwortverteilung für die geschlossene Frage zu sehen (Spalte 3). Wenn wir die Tendenzen zum "under-" und "overreport" berücksichtigen und außerdem, dass einmal nach "häufigen" und zum anderen nach "beliebten" Tätigkeiten gefragt wurde, erscheint es uns sinnvoll, beides zusammenzufassen um eine Vorstellung davon zu bekommen, welchen *Stellenwert* bestimmte Aktivitäten für die Freizeit der Staufener Jugendlichen besitzen (Spalte 1).

Tabelle III.1:   Was tun Staufener Jugendliche gern in ihrer Freizeit?

	insgesamt offen + geschlossen	offene Frage (häufig)	geschlossene Frage (gerne)
	1	2	3
Kontakte mit Freunden pflegen	88,7%	67,0%	74,4%
stille, häusliche Aktivitäten	72,8%	28,3%	69,0%
davon: Musik hören	52,6%	13,5%	49,5%
davon: Fernsehen, Video	24,7%	9,2%	19,9%
davon: Lesen	19,5%	12,0%	14,3%
davon: Basteln, Reparieren	4,0%	1,4%	3,0%
davon: Sammeln	3,3%	,0%	3,3%
Sport	69,8%	58,5%	51,5%
davon: konventionelle Sportarten	58,7%	47,7%	41,1%
davon: jugendkulturelle Sportarten	15,4%	15,0%	1,0%
davon: Erlebnissportarten	6,8%	3,0%	4,5%
davon: Fitness	5,2%	1,0%	4,6%
davon: Sportveranstaltungen besuchen	4,9%	,0%	4,9%
davon: Kampfsport	3,8%	1,4%	3,4%
Ausgehen	68,4%	37,6%	58,6%
davon: Kino	41,0%	6,5%	37,9%
davon: Disko	22,8%	2,3%	22,4%
davon: ausgehen allgemein	13,5%	12,8%	,7%
davon: Gaststätten, Café	13,3%	6,2%	10,5%

	insgesamt offen + ge- schlossen	offene Frage (häufig)	geschlossene Frage (gerne)
	1	**2**	**3**
davon: auswärts etwas unternehmen	8,3%	8,3%	,0%
davon: Tanzen	7,4%	7,4%	,0%
Computer, Internet nutzen	**33,6%**	**14,2%**	**28,9%**
kreative Tätigkeiten	**24,5%**	**12,6%**	**15,9%**
davon: Selber Musik machen	17,1%	9,3%	9,5%
davon: Malen, Fotografieren	8,5%	3,0%	7,4%
davon: Schreiben	,7%	,7%	,0%
davon: Theater, Zirkus spielen	,7%	,7%	,0%
Aktivitäten im öffentl. Raum	**24,2%**	**7,9%**	**17,7%**
davon: Bummeln	11,3%	1,0%	10,3%
davon: Herumfahren mit dem Mofa	8,4%	1,4%	7,4%
davon: Shopping	5,4%	4,5%	,9%
davon: draußen spielen	1,4%	1,4%	,0%
kulturelle Angebote nutzen	**12,3%**	**,0%**	**12,3%**
davon: Jugendkonzerte besuchen	11,9%	,0%	11,9%
davon: kulturelle Veranstaltungen besuchen	1,0%	,0%	1,0%
organisierte Angebote nutzen	**9,2%**	**8,5%**	**1,0%**
davon: Juze besuchen	6,5%	5,5%	1,0%
davon: Vereinsaktivitäten	2,6%	2,6%	,0%
davon: kirchlich, religiöse Aktivitäten	,3%	,3%	,0%
davon: schulische Aktivitäten	,0%	,0%	,0%
Aktivitäten mit/in der Natur	**8,7%**	**8,0%**	**2,3%**
davon: Wandern, Radfahren, Zelten	8,7%	8,0%	2,3%
davon: sich mit Natur, Tieren beschäftigen	,0%	,0%	,0%
bei Jugendlichen gern gesehene Aktivitäten	**5,7%**	**3,1%**	**2,6%**
davon: Lernen, sich Fortbilden	3,0%	,3%	2,6%
davon: helfen	1,7%	1,7%	,0%
davon: arbeiten, jobben	1,0%	1,0%	,0%
Kontakte mit der Familie	**5,4%**	**,0%**	**5,4%**
bei Jugendlichen weniger gern gesehene Aktivitäten	**3,3%**	**3,3%**	**,0%**
davon: Drogen, Alkohol	3,3%	3,3%	,0%
davon: Sex	,3%	,3%	,0%
sonstige Freizeiteinrichtungen/-angebote nutzen	**6,4%**	**2,8%**	**5,7%**
davon: Billard, Flipper, Darts, Kicker spielen	6,4%	1,0 %	5,7%
Reisen	**,0%**	**,0%**	**,0%**
insges.	100,0%	100,0%	100,0%
	291	291	291

Erläuterungen:
offene Frage:	"Was machst Du in Deiner Freizeit besonders **häufig**?" (Spalte 2)
geschlossene Frage.	"Nenne mir bitte die vier Tätigkeiten auf dieser Liste, die Du **am liebsten** tust." (Spalte 3)
offen + geschlossen:	Nennungen aus beiden Fragen (Spalte 1)

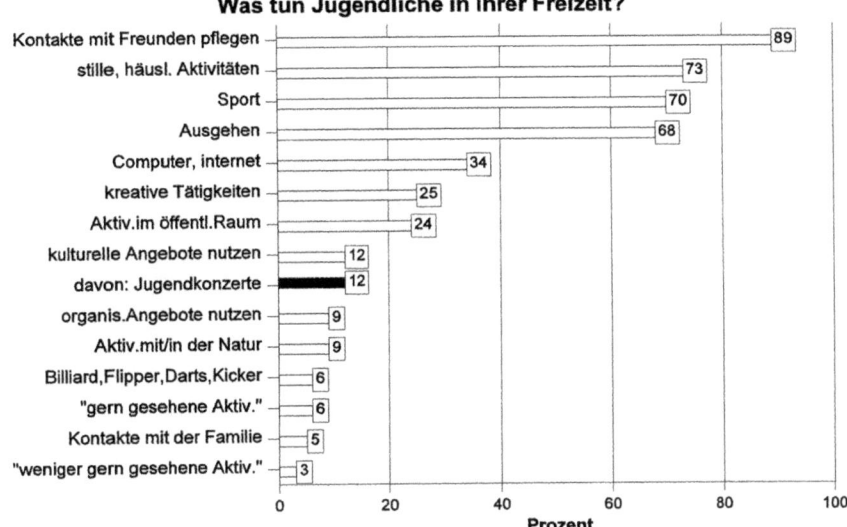

Was tun Jugendliche in ihrer Freizeit?

Kontakte mit Freunden pflegen	89
stille, häusl. Aktivitäten	73
Sport	70
Ausgehen	68
Computer, internet	34
kreative Tätigkeiten	25
Aktiv.im öffentl.Raum	24
kulturelle Angebote nutzen	12
davon: Jugendkonzerte	12
organis.Angebote nutzen	9
Aktiv.mit/in der Natur	9
Billiard,Flipper,Darts,Kicker	6
"gern gesehene Aktiv."	6
Kontakte mit der Familie	5
"weniger gern gesehene Aktiv."	3

Prozent

Abbildung29

Nach ihrer quantitativen Bedeutung lassen sich die Freizeitaktivitäten in fünf Gruppen zusammenfassen:

1. Aktivitäten, die nahezu alle tun (rund drei Viertel): Das sind *"Kontakte mit Freunden pflegen"* (fast 90 %) und die Gruppe der *"stillen, häuslichen Aktivitäten"* (73 %). Dazu gehören Musik hören, Lesen, Fernsehen, Sammeln, Basteln und Reparieren. In dieser Gruppe wird "Musik hören" am häufigsten genannt (53 %), gefolgt von "Fernsehen, Video" (25 %) und "Lesen" (20 %).

2. Aktivitäten, die von einer großen Mehrheit getan werden (rund zwei Drittel): *"Sport"* nennen fast 70 %. Dabei stehen konventionelle Sportarten im Vordergrund (59 %): Fußball, Basketball, Leichtathletik, Tennis... Mit deutlichem Abstand folgen jugendkulturelle Sportarten, die als "trendy" gelten (15 %): Skateboard, Inline-Skaten, Snowboard...

Zu dieser Gruppe der mehrheitlich ausgeübten Tätigkeiten zählt auch *"Ausgehen"*, eine Aktivität, die in irgendeiner Variante ebenfalls fast von 70 % der Jugendlichen genannt wird. Einen besonderen Stellenwert besitzen hier das Kino (41 %) und in die Disko gehen (23 %). Bei diesen beiden Aktivitäten ist auffällig, dass sie bei der Frage, was jemand *häufig* tut, nur von 6 % bzw. 2 % erwähnt werden, dagegen bei der Frage, was jemand *gerne* tut, nennen 38 % das Kino und 22 % die Disko. Dieser große Unterschied ist natürlich so zu interpretieren, dass die Diskrepanz zwischen Wünschen und Möglichkeiten besonders groß ist, wenn es um das Kino und die Disko geht.

3. Tätigkeiten, die von einer großen Minderheit getan werden (ein Viertel bis ein Drittel): *"Computer, Internet nutzen"* nennen 34 % als häufig bzw. gern ausgeübte Tätigkeit.

"Kreative Tätigkeiten" werden von rund einem Viertel der Jugendlichen erwähnt, wobei "selber Musik machen" mit 17 % im Vordergrund steht.

In diese Gruppe lassen sich auch *"Aktivitäten im öffentlichen Raum"* einordnen (24 %), von denen "Bummeln" (11 %) und "Herumfahren mit dem Mofa" (8 %) besonders oft genannt werden.

4. Aktivitäten, die von einer Minderheit gerne oder häufig getan werden (rund ein Zehntel): Dazu gehören *"kulturelle Angebote nutzen"* (12 %) und zwar in erster Linie Jugendkonzerte besuchen (12 %), *"organisierte Angebote nutzen"* (9 %) - also Jugendzentrum, Vereinsaktivitäten und kirchlich-religiöse Aktivitäten - und *"Aktivitäten mit/in der Natur"* (9 %), vor allem Wandern und Radfahren.

Die geringe Anzahl von Nennungen zum Thema "Juze besuchen" bzw. "organisierte Angebote nutzen" erscheint auf den ersten Blick im Widerspruch zu stehen zu der großen Bedeutung, die das Juze und andere organisierte Angebote in den Aussagen der Jugendlichen besitzen (vgl. Kap. II.2.). Dieser Widerspruch löst sich jedoch auf, wenn berücksichtigt wird, dass es in den beiden hier ausgewerteten Fragen um Freizeit*tätigkeiten* geht und nicht um Räume oder Angebote. In das Juze gehen wird von vielen vermutlich nicht als eine spezifische "Freizeittätigkeit" gesehen, sondern als Aktivität zum Erreichen eines Raumes, in dem dann erst bestimmte Tätigkeiten praktiziert werden, über die sich eine Aussage machen lässt, z.B. "Kontakte mit Freunden pflegen".

5. Tätigkeiten mit marginaler Bedeutung (deutlich weniger als 10 %): Dazu gehören *"bei Jugendlichen gern gesehene Aktivitäten"* wie Lernen, helfen und arbeiten, *"Kontakte mit der Familie"*, *"sonstige Angebote nutzen"*, insbesondere Spiele wie Billard, Darts, Flipper und Kicker und die *"weniger gern gesehenen Tätigkeiten"* (Drogen und Alkohol).

Nur sehr wenige Jugendliche (3 %) nennen Tätigkeiten, die man im allgemeinen eher weniger gerne sieht: Drogen, Alkohol, Sex. Ohne behaupten zu wollen, dass die Bedeutung dieser Beschäftigungen wirklich sehr viel höher ist, muss doch konstatiert werden, dass in einer Interviewsituation wohl nur sehr wenige bereit sind, sich zu diesen Aktivitäten zu bekennen.

Aber auch der Anteil der Jugendlichen, die "gern gesehene" Aktivitäten wie Lernen, sich fortbilden oder helfen nennen, ist mit 3 % sehr niedrig. Vielleicht liegt das daran, dass diese Tätigkeiten von vielen nicht zur Freizeit gerechnet werden. Es ist also nicht auszuschließen, dass diese Aktivitäten häufiger vorkommen als hier berichtet wurde.

Unterscheiden sich die Freizeitbeschäftigungen von Jungen und Mädchen?

Die Unterschiede in den Freizeitaktivitäten von Jungen und Mädchen sind besonders deutlich (signifikante Prozentdifferenz > 20) bei den folgenden Aktivitäten:
*   Sport: Jungen = 86 %, Mädchen = 56 %
*   Ausgehen: Jungen = 56 %, Mädchen = 80 %
*   dabei insbesondere Kino: Jungen = 29 %, Mädchen = 52 %
*   Computer, Internet nutzen: Jungen = 54 %, Mädchen = 15 %
*   kreative Tätigkeiten: Jungen = 15 %, Mädchen = 33 %

Die Bedeutung, die der Sport bei den Jungen hat, besitzt "Ausgehen" bei den Mädchen und ähnlich sind die Relationen für "Computer, Internet nutzen" und "kreative Tätigkeiten". "Computer und Internet" sind fast nur eine Domäne der Jungen - kreative Tätigkeiten werden dagegen sehr viel stärker von den Mädchen favorisiert.

Gibt es altersspezifische Freizeitbeschäftigungen?

Deutliche Unterschiede zwischen den Altersgruppen (signifikante Prozentdifferenz ~ 20) gibt es bei den folgenden Freizeitbeschäftigungen:

- Mit steigendem Alter verringert sich das Interesse am Sport, insbesondere an den konventionellen Sportarten: von 67 % auf 51 %.
- Mit steigendem Alter nimmt das Interesse am Ausgehen zu - besonders deutlich beim Diskobesuch: Anstieg von 10 % auf 44 %.
- Mit steigendem Alter verringert sich die Bedeutung von Computer und Internet als Freizeitbeschäftigung: von 46 % auf 23 %.

Welche Bedeutung haben strukturelle und jugendkulturelle Ressourcen für die Freizeitbeschäftigungen von Jugendlichen?

Signifikante Unterschiede lassen sich für die folgenden Aktivitäten beobachten:
Mit *steigenden strukturellen Ressourcen steigt* das Interesse an den folgenden Aktivitäten zu:
- Kontakte mit Freunden pflegen (von 79 % auf 93 %)
- jugendkulturelle Sportarten (von 7 % auf 19 %)

Mit *steigenden strukturellen Ressourcen sinkt* das Interesse an den folgenden Aktivitäten:
- Fitness-Sport betreiben (von 10 % auf 2 %)
- mit dem Mofa herumfahren (von 20 % auf 4 %)

Mit *steigenden jugendkulturellen Ressourcen steigt* das Interesse an:
- Fitness-Sport betreiben (von 1 % auf 15 %)
- ausgehen (von 62 % auf 79 %)
- Diskobesuch (von 9 % auf 39 %)
- Café, Gaststätten besuchen (von 9 % auf 25 %)
- mit dem Mofa herumfahren (von 4 % auf 16 %)
- organisierte Angebote nutzen (von 5 % auf 15 %)

Mit *steigenden jugendkulturellen Ressourcen sinkt* das Interesse an:
- Fernsehen, Videos anschauen (von 30 % auf 13 %)

III.2. Gibt es etwas, was Jugendliche in ihrer Freizeit gerne mehr tun würden?

Auch die Wünsche nach Tätigkeiten, die man gerne mehr tun würde, wurden im Interview durch eine offene und eine geschlossene Frage ermittelt. Auf die offene Frage (Frage 18) haben 48 % geantwortet, dass sie keine besonderen Wünsche haben. Sie sind also zufrieden, mit dem, was ihnen möglich ist. 52 % haben dagegen gesagt, dass sie den Wunsch haben, etwas mehr zu tun als bisher oder überhaupt etwas zu machen, was bisher nicht möglich ist. Bei der geschlossenen Frage, mit der ganz gezielt gefragt wurde, ob jemand eine bestimmte Aktivität gerne mehr tun möchte (Frage 22) sieht das Ergebnis ganz anders aus: nur 3 % nennen dann keine Aktivität, die sie gerne mehr tun möchten, wenn ihnen das möglich wäre. 97 % lassen sich durch die vorgegebenen Aktivitätsbeschreibungen also zu der Aussage anregen, dass sie mindestens eine der vorgegebenen Tätigkeiten gerne mehr tun möchten. (Tabelle III.2)

Das Ergebnis hängt also auch von der Frageform ab - vermutlich kann man davon ausgehen, dass Wünsche nach Tätigkeiten, die bei der offenen Frage genannt werden, eine größere Bedeutung haben. Sie müssen nicht erst durch die Antwortvorgaben angeregt werden, sondern werden spontan und unbeeinflusst geäußert. Andererseits ist nicht auszuschließen, dass in der Interviewsituation der befragten Person ein Wunsch nicht einfällt und sie erst durch eine Antwortvorgabe daran erinnert wird. Wie schon bei den Fragen, was gerne und häufig getan wird, fassen wir die beiden Ergebnisse auch hier zusammen, um ungefähr den "Stellenwert" von Wünschen nach bestimmten Aktivitäten abschätzen zu können (vgl. Tabelle III.2).

Tabelle III.2: **Was würden Staufener Jugendliche in ihrer Freizeit gerne mehr tun?**

	gerne mehr offen + geschlossen
	1
Kontakte mit Freunden pflegen	38,5%
stille, häusliche Aktivitäten	30,1%
davon: Musik hören	8,4%
davon: Fernsehen, Video	13,6%
davon: Lesen	9,0%
davon: Basteln, Reparieren	4,2%
davon: Sammeln	4,1%
Sport	63,4%
davon: konventionelle Sportarten	26,9%
davon: jugendkulturelle Sportarten	3,1%
davon: Erlebnissportarten	23,1%
davon: Fitness	8,4%
davon: Sportveranstaltungen besuchen	11,8%
davon: Kampfsport	17,8%
Ausgehen	77,5%
davon: Kino	51,8%
davon: Disco	53,2%
davon: ausgehen allgemein	6,1%
davon: Gaststätten, Café	10,5%
davon: auswärts etwas unternehmen	2,8%
davon: Tanzen	3,7%
Computer, Internet nutzen	38,1%
kreative Tätigkeiten	18,3%
davon: Selber Musik machen	9,7%
davon: Malen, Fotografieren	12,1%
davon: Schreiben	,0%

	gerne mehr offen + geschlossen
	1
davon: Theater, Zirkus spielen	,0%
Aktivitäten im öffentl. Raum	**32,7%**
davon: Bummeln	7,1%
davon: Herumfahren mit dem Mofa	25,9%
davon: Shopping	3,0%
davon: draußen spielen	,3%
kulturelle Angebote nutzen	**41,2%**
davon: Jugendkonzerte besuchen	40,5%
davon: kulturelle Veranstaltungen besuchen	3,3%
organisierte Angebote nutzen	**1,0%**
davon: Juze besuchen	1,0%
davon: Vereinsaktivitäten	,0%
davon: kirchlich, religiöse Aktivitäten	,0%
davon: schulische Aktivitäten	,0%
Aktivitäten mit/in der Natur	**8,0%**
davon: Wandern, Radfahren, Zelten	8,0%
davon: sich mit Natur, Tieren beschäftigen	,0%
bei Jugendlichen gern gesehene Aktivitäten	**4,1%**
davon: Lernen, sich Fortbilden	4,1%
davon: helfen	,0%
davon: arbeiten, jobben	,0%
Kontakte mit der Familie	**8,7%**
bei Jugendlichen weniger gern gesehene Aktivitäten	**,3%**
davon: Drogen, Alkohol	,3%
davon: Sex	,0%
sonstige Freizeiteinrichtungen/-angebote nutzen	**31,0%**
davon: Billard, Flipper, Darts, Kicker spielen	31,0%
Reisen	**1,7%**
nichts mehr - zufrieden mit den Möglichkeiten	**3,4%**
insges.	100,0%
	291

Erläuterungen:

"gerne mehr": aus der offenen Frage "Was würdest Du gerne **häufiger** tun?" und aus der geschlossenen Frage "Was (von der Liste) würdest Du **gerne mehr** tun?" (Spalte 1)

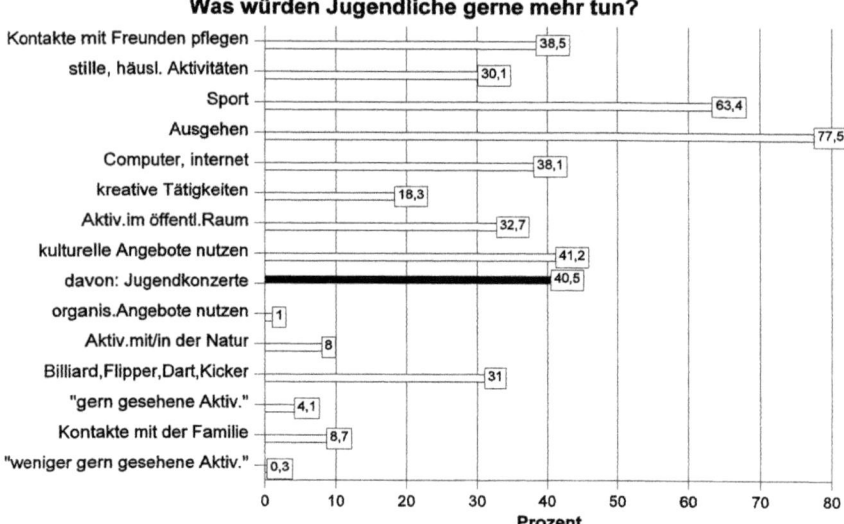

Was würden Jugendliche gerne mehr tun?

Abbildung30

Auch die Wünsche nach Möglichkeiten für Tätigkeiten, die man gerne mehr ausüben möchte, lassen sich nach ihrer zahlenmäßigen Bedeutung zu fünf Gruppen zusammenfassen:

1. Wünsche, die nahezu alle haben (mehr als drei Viertel) beziehen sich auf die Möglichkeiten zum *Ausgehen* (78 %). Nahezu gleich häufig werden hier das "Kino" (52 %) und die "Disco" (53 %) genannt.

2. Wünsche, die von einer großen Mehrheit geäußert werden (rund zwei Drittel) beziehen sich auf *sportliche Aktivitäten* (63 %), wobei mehr Möglichkeiten auf dem Gebiet der konventionellen Sportarten (27 %) nur wenig mehr genannt werden als mehr Möglichkeiten für Erlebnissport (23 %): Gletschertouren, Tauchen, Klettern, Kajak, Motocross, Downhill, Segeln und Segelfliegen.

3. Wünsche, die von einer relativ großen Minderheit genannt werden (30 bis 40 %): Rund 40 % der Jugendlichen würden gerne mehr *"kulturelle Angebote"* nutzen. Dabei stehen allerdings nicht die konventionellen Angebote im Vordergrund, sondern spezifische Angebote für Jugendliche, insbesondere Jugendkonzerte. 39 % würden gerne mehr für die Pflege von Kontakten zu Freunden tun; 38 % würden gerne mehr mit dem Computer bzw. Internet unternehmen und 30 % möchten irgendeine der "stillen, häuslichen Aktivitäten" mehr tun: vor allem Fernsehen (14 %), Lesen (9 %) und Musik hören (8 %) werden genannt. Ebenfalls in diese Gruppe fallen Wünsche nach mehr Möglichkeiten für Spiele wie Kicker, Darts, Flipper und Billard (31 %).

4. Wünsche einer Minderheit haben etwas mit "kreativen Tätigkeiten" zu tun (18 %), wobei Malen und Fotografieren (12 %) und mehr selber Musik machen (10 %) im Vordergrund stehen.

5. Marginale Wünsche (weniger als 10 %) sind unter quantitativen Gesichtspunkten: mehr Kontakte mit der Familie (9 %), "Aktivitäten mit/in der Natur" (8 %), "bei Jugendlichen gern gesehene Aktivitäten", vor allem Lernen (4 %) und mehr organisierte Angebote nutzen (1 %).

Unterscheiden sich die Wünsche von Jungen und Mädchen?

Für eine ganze Reihe von Aktivitäten lassen sich signifikante Unterschiede für die Wünsche von Jungen und Mädchen beobachten. Hier sei nur noch auf die Unterschiede verwiesen, die nicht nur signifikant sind, sondern auch noch eine größere Differenz in den Anteilen für Jungen und Mädchen aufweisen (> 15 %):

- Jungen wünschen häufiger mehr und bessere Möglichkeiten für Sport (72 % vs. 56 %) Besonders deutlich ist der Unterschied im Hinblick auf den Besuch von Sportveranstaltungen. Mädchen sagen dagegen häufiger, dass sie mehr im Bereich der konventionellen Sportarten tun möchten.
- Einen erheblichen Unterschied gibt es für die Aktivität "Herumfahren mit einem Fahrzeug", die deutlich häufiger die Jungen mehr tun möchten als die Mädchen (33 % vs. 19 %).
- Auch Spiele wie Flipper, Darts, Billard oder Kicker möchten Jungen sehr viel häufiger gerne mehr tun als Mädchen (45 % vs. 19 %).

Gibt es altersspezifische Wünschen für Freizeitbeschäftigungen?

Erstaunlicherweise unterscheiden sich die Wünsche der verschiedenen Altersgruppen nicht sehr stark. Nur die folgenden signifikanten Unterschiede sind beobachtbar:

- In der mittleren Altersgruppe (15 und 16) ist der Anteil der Jugendlichen, die sich mehr Kontakte mit Freunden wünschen deutlich höher als in den beiden anderen Altersgruppen (47 % vs. 31 % bzw. 40 %).
- Auch der Wunsch nach mehr Möglichkeiten zum Ausgehen wird in dieser mittleren Altersgruppe häufiger genannt: von 85 % der Jugendlichen gegenüber "nur" 71 % bei den jüngeren (12 bis 14) und 79 % bei den älteren (17 und 18). Wichtiger als dieser Unterschied ist aber sicher, dass der Wunsch nach mehr Möglichkeiten zum Ausgehen insgesamt eine sehr große Bedeutung besitzt, nämlich für rund drei Viertel der Staufener Jugendlichen.

Unterscheiden sich die Wünsche von Jugendlichen mit unterschiedlichen Ressourcen?

Mit steigender Verfügbarkeit über strukturelle Ressourcen würden Jugendliche gerne mehr ...
- lesen (geringe strukturelle Ressourcen: 8 % - viel strukturelle Ressourcen: 16 %)
- Erlebnissport betreiben (11 % - 30 %)
- Malen, Fotografieren (7 % - 19 %)
- kulturelle Angebote nutzen (42 % - 53 %)

Mit abnehmender Verfügbarkeit über strukturelle Ressourcen würden Jugendliche gerne mehr ...
- Fitness-Sport betreiben (23 % - 6 %)
- den Computer, das Internet nutzen (51 % - 27 %)

Jugendliche mit viel jugendkulturellen Ressourcen äußern häufiger als Jugendliche mit wenig jugendkulturellen Ressourcen den Wunsch nach mehr ...
- Sport (76 % vs. 61 %)
- Möglichkeiten zum Discobesuch (68 % vs. 42 %)
- Herumfahren mit dem Mofa (40 % vs. 24 %)

- Möglichkeiten zum Besuch von Jugendkonzerten (44 % vs. 30 %)
- Möglichkeiten zum Spielen mit Darts, Billard, Flipper oder Kicker (45 % vs. 26 %)

Je geringer die jugendkulturellen Ressourcen sind, desto häufiger wird der Wunsch geäußert, mehr ...

- den Computer, das Internet nutzen zu können (49 % vs. 31 %)

III.3. Was für Gründe werden von Jugendlichen dafür genannt, dass man etwas nicht tun kann oder nicht häufiger tun kann

Wenn Jugendliche etwas gerne mehr tun möchten, wurden sie gefragt, was die Gründe dafür sind, dass ihnen das nicht möglich ist. Die genannten Gründe wurden in der folgenden Weise zusammengefasst:

Gründe	Erläuterung / Beispiele
Angebote fehlen, sind ungeeignet	gibt es hier nicht; taugt nichts
Angebote sind schlecht erreichbar	nur in Freiburg; zu weit weg; schlechte Verkehrsverbindungen
keine Zeit	zu viel Termine; wenig Zeit dafür
zu teuer	kann ich mir nicht leisten; habe keine Anlage (Musik), die sich dafür eignet; kann mir keinen geeigneten PC leisten
Partner fehlen	niemand da, der mitmacht; Streit mit Freunden; Freunde haben keine Zeit
Eltern sind dagegen	Eltern verbieten mir Discobesuch; darf nicht surfen
Eltern fallen aus	habe keinen Vater; Eltern haben keine Zeit; Eltern haben keine Lust
sonstige Verbote	Nachbarn beschweren sich über Lärm; bin noch zu jung; keinen Führerschein
subjektive Gründe	ist zu schwierig; habe kein Talent; keine Lust; zu viel Angst; Kenntnisse fehlen

Über alle Tätigkeiten hinweg sind die wichtigsten Hinderungsgründe für Freizeitbeschäftigungen:
- *Fehlende bzw. schlecht erreichbare Angebote* werden von 79 % der Jugendlichen genannt - 69 % verweisen auf fehlende oder ungeeignete Angebote und 44 % sagen, dass Angebote schlecht erreichbar sind.
- Zu wenig Zeit für eine Tätigkeit, die man eigentlich gerne tun möchte, wird von 55 % der Jugendlichen als Grund genannt.
- Zu hohe Kosten, bzw. zu wenig Geld oder die Notwendigkeit einer zu kostspieligen Ausstattung erwähnen 52 %.
- Verbote nennen 49 % als Hinderungsgrund, wobei diese Verbote sich nahezu immer aus dem Alter ergeben, z.B. für den Disco-Besuch oder für den Wunsch, mit einem Fahrzeug herumfahren zu können.
- Für 15 % der Jugendlichen sind *"subjektive Gründe"* ausschlaggebend - genannt werden u.a.: keine Lust, zu viel Angst, kein Talent, zu schwierig.
- Auf *fehlende bzw. ungeeignete andere Jugendliche* verweisen 8 % der Befragten und
- die *Eltern* werden als prohibierende Instanz von nur 5 % der Jugendlichen genannt, haben aber für die Tätigkeit "Zeit in der Familie verbringen" eine gewisse Bedeutung: als Eltern, die keine Zeit oder Lust dafür haben oder anderweitig (Scheidung, Tod) nicht verfügbar sind.

Die Gründe, die den Freizeitwünschen entgegenstehen, sind bei Jungen und Mädchen ganz ähnlich. Beide nennen am häufigsten fehlende, ungeeignete oder schlecht erreichbare Angebote. "Keine Zeit" wird von den Jungen allerdings deutlich häufiger genannt als von den Mädchen

(64 % vs. 47 %). Die Mädchen nennen dafür häufiger den Grund "zu teuer, kein Geld": 57 % vs. 46 %. Jungen erwähnen häufiger als Mädchen, dass ihnen ein geeigneter Partner fehlt (12 % vs. 4 %).

Mit steigendem Alter gewinnt der Hinderungsgrund "keine Zeit" an Bedeutung. Von den 12- bis 14jährigen sagen 46 %, dass sie eine Freizeitbeschäftigung gerne mehr tun möchten, aber keine Zeit dafür haben. Bei den 17- und 18jährigen steigt dieser Anteil auf 60 %.

Bezogen auf einzelne Tätigkeiten ergibt sich für die Hinderungsgründe die in Tabelle III.3. dargestellte Verteilung.

Tabelle III.3: Gründe dafür, dass eine Tätigkeit nicht mehr getan werden kann

Wünsche nach mehr.	Jugendliche, die diesen Wunsch haben		Gründe, warum das nicht möglich ist (in Prozent der Jugendlichen, die einen Wunsch haben)							
	Anzahl	in Prozent	fehlende Angebote	schlecht erreichbare Angebote	keine Zeit	zu teuer	fehlende Partner	Eltern machen nicht mit	Verbote	subjektive Gründe ("keine Lust")
Ausgehen	**225**	**77.5 %**	**30.3%**	**38.1%**	**17.7%**	**24.4%**	**4.3%**	**0 %**	**36.6%**	**1.3%**
davon: Disco	155	53.2 %	25.8%	23.3%	5.3%	1.9%	2.3%	0 %	48.8%	1.3%
davon: Kino	151	51.8 %	20.5%	41.7%	19.4%	30.0%	4.0%	0 %	4.6%	.7%
davon: Gaststätte, Café	31	10.5 %	35.9%	3.3%	19.6%	37.9%	0 %	0 %	6.5%	0 %
Sport	**184**	**63.4 %**	**48.6%**	**6.7%**	**18.4%**	**7.4%**	**2.5%**	**0.5 %**	**4.7%**	**4.9%**
davon: konvent. Sportarten	78	26.9 %	26.4%	4.6%	21.3%	1.3%	2.6%	0 %	3.8%	6.4%
davon: Erlebnissportarten	67	23.1 %	60.4%	9.8%	5.9%	10.4%	0 %	1.5 %	1.5%	4.5%
davon: Kampfsport	52	17.8 %	65.6%	1.9%	16.6%	1.9%	5.1%	0 %	0 %	3.9%
davon: Sportveranst.besuch.	34	11.8 %	43.8%	16.4%	29.2%	16.4%	0 %	0 %	0 %	0 %
davon: Fitness, body building	24	8.4 %	29.6%	4.1%	31.1%	18.9%	0 %	0 %	18.9%	0 %
kulturelle Angebote nutzen	**120**	**41.2 %**	**58.4%**	**22.8%**	**6.4%**	**19.7%**	**0 %**	**0 %**	**14.2%**	**.8%**
davon: Jugendkonzerte	118	40.5 %	58.5%	21.4%	6.5%	18.4%	0 %	0 %	14.4%	.8%
davon: kult. Veranstaltungen	10	3.3 %	58.4%	20.8%	10.4%	20.8%	0 %	0 %	0 %	0 %
Kontakte mit Freunden	**112**	**38.5 %**	**4.5%**	**14.0%**	**73.3%**	**.0%**	**1.8%**	**.0%**	**5.0%**	**3.2%**
Computer, Internet	**111**	**38.1 %**	**12.3%**	**.0%**	**13.2%**	**66.3%**	**0 %**	**1.8 %**	**15.4%**	**8.1%**

| Wünsche nach mehr | Jugendliche, die diesen Wunsch haben | | Gründe, warum das nicht möglich ist (in Prozent der Jugendlichen, die einen Wunsch haben) | | | | | | | |
	Anzahl	in Prozent	fehlende Angebote	schlecht erreichbare Angebote	keine Zeit	zu teuer	fehlende Partner	Eltern machen nicht mit	Verbote	subjektive Gründe ("keine Lust")
Aktivitäten im öffentl.Raum	95	32.7 %	1.1%	.0%	17.9%	28.3%	1.1%	0 %	54.5%	0 %
davon: Herumfahren (Mofa, Motorrad, Auto)	75	25.9 %	.0%	.0%	4.0%	29.5%	0 %	0 %	68.6%	0 %
davon: Bummeln	21	7.1 %	4.8%	.0%	67.9%	22.4%	4.8%	0 %	0 %	0 %
sonst.Freizeitangebote nutzen: Billard, Darts, Flipper, Kicker	90	31.0 %	89.3%	2.2%	2.2%	3.3%	4.0%	0 %	7.8%	0 %
stille, häusliche Aktivitäten	88	30.1 %	8.0%	.0%	50.1%	14.4%	.0%	4.1%	13.3%	14.7%
davon: Fernsehen, Video	39	13.6 %	15.2%	.0%	38.6%	20.3%	0 %	9.2%	21.8%	35.2%
davon: Lesen	26	9.0 %	.0%	.0%	61.0%	0 %	0 %	0 %	3.8%	
davon: Musik hören	24	8.4 %	.0%	.0%	54.1%	8.2%	0 %	0 %	8.2%	10.7%
davon: Basteln, Reparieren	12	4.2 %	.0%	.0%	57.2%	0 %	0 %	0 %	0 %	21.4%
davon: Sammeln	12	4.2 %	8.4%	.0%	52.6%	30.5%	0 %	0 %	0 %	0 %
kreative Tätigkeiten	53	18.3 %	23.7%	1.9%	35.7%	33.1%	5.6%	0 %	1.9%	19.2%
davon: Malen, Fotografieren	35	12.1 %	24.5%	2.8%	34.1%	38.6%	0 %	0 %	0 %	8.5%
davon: selber Musik machen	28	9.7 %	17.7%	.0%	28.3%	17.7%	10.6%	0 %	3.5%	25.6%
Kontakte mit der Familie	25	8.7 %	.0%	.0%	50.0%	.0%	4.0%	46.0%	0 %	4.0%
Aktivitäten in der Natur: Wandern, Radfahren	23	8.0 %	.0%	4.3%	54.3%	0 %	17.2%	0 %	4.3%	24.2%
gern gesehene Aktivitäten: Lernen	12	4.1 %	58.3%	.0%	8.3%	0 %	0 %	0 %	0 %	16.7%

Hinderungsgrund fehlende bzw. unzureichende Angebote / schlecht erreichbare Angebote - Was könnte eine Verbesserung, Erweiterung von Angeboten bewirken?

Es gibt Tätigkeiten, die Jugendliche gerne mehr tun würden, wenn es bessere Angebote gäbe, wenn überhaupt entsprechende Angebote existieren würden oder wenn die Angebote besser erreichbar wären. Das sind vor allem die folgenden Tätigkeiten (Tabelle III.4):

Tabelle III.4:   Fehlende Angebote und/oder schlechte Erreichbarkeit als Gründe dafür, dass man eine Freizeitbeschäftigung nicht häufiger tun kann

Freizeitbeschäftigungen, die Jugendliche "gerne mehr tun" möchten	Prozent der Jugendlichen, die wegen fehlender Angebote eine Freizeitbeschäftigung weniger häufig ausüben können als sie möchten (100 % = alle Befragte) 1	Anteil der Jugendlichen, die eine Freizeitbeschäftigung *gerne mehr* ausüben möchten (100 % = alle Befragte) 2	Prozent, die *fehlende Angebote* und/oder schlechte Erreichbarkeit als Grund dafür angeben, dass sie eine Freizeitbeschäftigung weniger häufig ausüben können als sie möchten (100 % = Befragte, die eine Tätigkeit gerne mehr tun möchten/Spalte 2) 3
Jugendkonzerte besuchen	33 %	41 %	81 %
Kino	32 %	52 %	62 %
Billard, Darts, Flipper, Kicker	29 %	31 %	92 %
Disko	26 %	53 %	49 %
Erlebnissportarten	16 %	23 %	70 %
Kampfsport	12 %	18 %	67 %
konventionelle Sportarten	8 %	27 %	31 %
Sportveranstaltungen besuchen	7 %	12 %	60 %
in Gaststätten, Café gehen	4 %	11 %	39 %
kulturelle Veranstaltungen besuchen	2 %	3 %	79 %
Lernen, sich Fortbilden	2 %	4 %	58 %
selber Musik machen	2 %	10 %	18 %
Fernsehen, Videos	2 %	14 %	15 %

Insbesondere die Spalte 1 enthält eine wichtige Information: Sie berichtet über den Anteil der Jugendlichen, die zur Zeit durch fehlende, schlecht erreichbare oder ungeeignete Angebote eine bestimmte Tätigkeit nicht in dem Maße tun können, wie sie gerne möchten (= Spalte 2 * Spalte 3). Wenn es um die Frage geht, welche Angebote neu eingerichtet oder verbessert werden sollten, ist dieser Anteil vielleicht eine wichtige Kennziffer. Hohe Priorität würden dann zusätzliche oder verbesserte Angebote für die folgenden Freizeitbeschäftigungen besitzen, die unter verbesserten Angebotsbedingungen mindestens von einem Viertel der Jugendlichen häufiger genutzt würden:

- Angebote an Jugendkonzerten
- Möglichkeiten zum Kinobesuch,
- Spielmöglichkeiten für Billard, Kicker, Darts und Flipper und
- bessere Möglichkeiten für einen Diskobesuch.

Eine *mittlere Priorität* für die Verbesserung von Angeboten (für rund ein Zehntel der Jugendlichen würde sich eine solche Änderung auswirken) ergibt sich für

- das Angebot von Erlebnis- und
- Kampfsportarten
- für Angebote im Bereich der konventionellen Sportarten und
- für Möglichkeiten zum Besuch von Sportveranstaltungen.

Eine *geringe Priorität* für die Verbesserung von Angeboten ist für alle anderen zur Bewertung vorgelegten Aktivitäten zu veranschlagen. Nur für einen sehr kleinen Anteil von Jugendlichen würden sich die Freizeitchancen durch verbesserte Angebote deutlich verändern. Selbst wenn bei diesen Tätigkeiten sehr häufig fehlende bzw. schlecht erreichbare Angebote als Hinderungsgrund genannt werden, sind von einer Verbesserung der Angebote doch nur wenige Effekte zu erwarten, weil diese Tätigkeiten nur von sehr wenigen gerne mehr ausgeübt werden möchten.

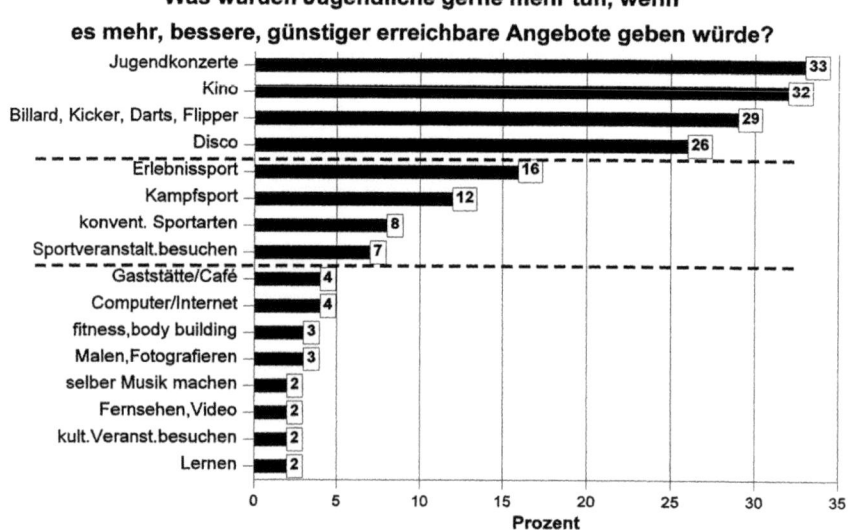

Was würden Jugendliche gerne mehr tun, wenn es mehr, bessere, günstiger erreichbare Angebote geben würde?

Abbildung31

Natürlich können die hier berichteten Anteile nicht der einzige Gesichtspunkt sein, den man berücksichtigen sollte. Es ist z.B. denkbar, dass Antworten auf die Frage, was jemand gerne mehr tun möchte, bereits eine realistische Einschätzung über die Möglichkeiten zugrunde liegt und dass die Wünsche sich an den Möglichkeiten orientieren. Es ist also durchaus möglich, sogar wahrscheinlich, dass eine Verbesserung von Angeboten auch neue Wünsche entstehen lässt. Das ist sicher ein wichtiger Punkt um zu einer optimalen Entscheidung zu kommen: Durch die Bereitstellung oder Verbesserung von Angeboten lassen sich natürlich auch Wünsche nach bestimmten Freizeitbeschäftigungen beeinflussen, sogar "herstellen". Natürlich kann das nicht durch eine Untersuchung wie die hier durchgeführte belegt werden. Wir können nur eine Bestandsaufnahme von dem machen, was *derzeit* gewünscht wird und welche Gründe für die mangelnde Realisierbarkeit gesehen werden.

Eine genauere Betrachtung dieser Konstellationen - Anteil der Jugendlichen, die eine bestimmte Aktivität gerne mehr tun würden und Anteil der Jugendlichen, die bestimmte Hinderungsgründe dafür nennen - kann also mit den erwähnten Einschränkungen einige Hinweise geben, was man tun könnte, um Jugendlichen in Staufen günstigere Bedingungen für die Gestaltung ihrer Freizeit zu schaffen. Natürlich sind für solche Veränderungen auch andere, qualitative Gesichtspunkte zu berücksichtigen. Ist z.B. eine Verbesserung der Möglichkeiten zum Spielen mit Darts, Flipper oder Kicker "wertvoller" als die Verbesserung von Möglichkeiten zur Fortbildung oder zum Kinobesuch? Aus der Sicht der Jugendlichen und auch aus der Sicht der politisch Verantwortlichen werden solche Fragen sicher sehr unterschiedlich beantwortet. Es sind also weitere Überlegungen und Diskurse über den "Nutzen" von Veränderungen erforderlich, und natürlich auch über die Kosten und ob Veränderungen überhaupt möglich sind. Dazu gehört auch, dass die z.T. sehr unterschiedlichen Interessenlagen von verschiedenen Gruppen berücksichtigt und gegeneinander abgewogen werden.

Die unten stehende Abbildung verdeutlicht noch einmal den Stellenwert von geeigneten Angeboten für bestimmte Freizeitbeschäftigungen unter einem etwas anderen Gesichtspunkt. Dabei wird der Anteil der Jugendlichen, die eine bestimmte Aktivität gerne tun (Frage 23), dem Anteil der Jugendlichen gegenübergestellt, die eine bestimmte Aktivität gerne mehr tun würden, das aber aufgrund fehlender, ungeeigneter oder schlecht erreichbarer Angebote nicht können. Es wird also gewissermaßen die "Wichtigkeit" oder "Wertigkeit" von Freizeitbeschäftigungen (= Anteil der Jugendlichen, die etwas "gerne" tun) der Bedeutung von fehlenden Angeboten als Hinderungsgrund gegenübergestellt.

Beliebtheit von Aktivitäten (Y-Achse) und

Verhinderung durch fehlende, ungeeignete, schlecht erreichbare Angebote

(X-Achse)

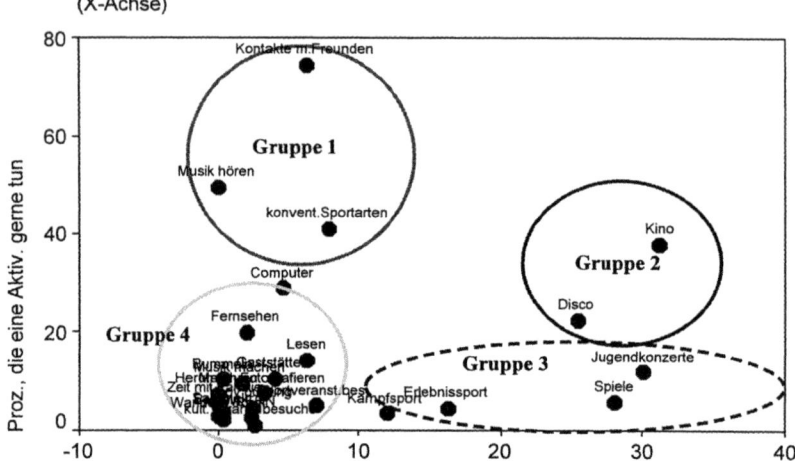

Proz., die durch fehl.Angeb.verhindert werden

Abbildung32

Dabei wird deutlich, dass vor allem drei Gruppen von Freizeitbeschäftigungen interessant sind:
Gruppe 1: Aktivitäten, die man gerne tut und die nicht bzw. kaum durch fehlende Angebote verhindert werden: Kontakte mit Freunden pflegen, Musik hören und konventionelle Sportarten ausüben.
Gruppe 2: Aktivitäten, die relativ viele gerne in der Freizeit tun bzw. tun würden, für die aber geeignete Angebote fehlen: Kino- und Disco-Besuch.
Gruppe 3: Freizeitbeschäftigungen, für die geeignete Angebote fehlen, die aber zur Zeit noch nicht sehr häufig als "gerne ausgeübte" Tätigkeiten genannt werden, von denen man aber annehmen kann, dass die Verbesserung der Angebotssituation auch zu einer Nachfragesteigerung führen würde: Jugendkonzerte besuchen, Spiele wie Billard, Flipper, Darts, Kicker - vielleicht auch noch Erlebnissportarten und Kampfsport.
Gruppe 4: Tätigkeiten, für die nur bei relativ wenigen ein deutliches Interesse besteht und die auch kaum durch fehlende oder ungeeignete Angebote verhindert werden: Bummeln, Lesen, Zeit mit der Familie verbringen, Wandern/Radfahren, Malen/Fotografieren, selber Musik machen, Basteln/Reparieren, Sammeln, Lernen/Fortbilden.

Unterschiedliche Interessen: Welche Bedeutung haben fehlende bzw. schlecht erreichbare Angebote für Jungen und Mädchen, für verschiedene Altersgruppen und für Jugendliche mit unterschiedlicher Verfügbarkeit über Ressourcen

Für einige der hier untersuchten Aktivitäten haben fehlende Angebote in verschiedenen Gruppen von Jugendlichen eine ganz unterschiedliche Bedeutung als Hinderungsgrund. In der Tabelle III.5 wird berichtet, für welche Gruppen von Jugendlichen der Anteil derjenigen besonders hoch ist, die wegen fehlender Angebote eine Freizeitbeschäftigung nicht so häufig ausüben könnten wie sie gerne möchten.

Tabelle III.5: **Auswirkung einer Verbesserung von Angeboten für verschiedene Gruppen von Jugendlichen**
(nur signifikante Unterschiede)

Zusätzliche, verbesserte oder besser erreichbare Angebote für ...	würden sich **besonders stark** auswirken auf die Freizeitmöglichkeiten von	würden sich **weniger stark** auswirken auf die Möglichkeiten von...
	(Anteil der Jugendlichen, die eine Beschäftigung wegen fehlender Angebote weniger häufig ausüben können)	
Spielen mit Billard, Darts, Flipper oder Kicker	Jungen (40 %)	Mädchen (18 %)
kulturelle Veranstaltungen besuchen	17-/18jährige (7 %)	12- bis 14jährige (0 %)
Kinobesuch	jugendkulturell und strukturell benachteiligt (52 %)	jugendkulturell privilegiert und strukturell benachteiligt (8 %)
Sportveranstaltungen besuchen	Jungen (14 %)	Mädchen (3 %)
Discobesuch	17-/18jährige (35 %)	12- bis 14järige (18 %)
Gaststätten/Café besuchen	Mädchen (7 %) 17-/18jährige (12 %)	Jungen (1 %) 12-bis 14jährige (1 %)
Fitness/body building	jugendkulturell privilegierte und strukturell benachteiligte (12 %)	jugendkulturell und strukturell privilegierte (0 %); jugendkulturell benachteiligte und strukturell privilegierte (2 %)
konventionelle Sportarten	12- bis 14jährige (12 %)	17-/18jährige (2 %)

Von einer Verbesserung der Spielmöglichkeiten für Flipper, Darts, Billard und Kicker würden rund 40 % der Jungen profitieren, aber nur 18 % der Mädchen.

Mit zunehmendem Alter steigt die Bedeutung von verbesserten Möglichkeiten zum Diskobesuch. Bei den 12- bis 14jährigen würde sich das nur für 18 % auswirken, bei den 17- und 18jährigen dagegen für 35 %.

Auch günstigere Angebote für den Besuch von Gaststätten/Cafés hätten unterschiedliche Auswirkungen in den Altersgruppen: bei den jüngsten würde sich das nur für 1 % auswirken, in der ältesten Gruppe dagegen für 12 % und für Mädchen wäre eine Verbesserung der Angebote wichtiger als für Jungen.

Gäbe es bessere bzw. leichter erreichbare Kinoangebote, wäre das für die jugendkulturell und strukturell benachteiligten Jugendlichen besonders wichtig: 52 % von ihnen werden durch fehlende Angebote daran gehindert, mehr ins Kino zu gehen.

Von verbesserten Angeboten für Fitness-Sport und body building würden vor allem strukturell benachteiligte Jugendliche profitieren (12 %), für die strukturell privilegierten Jugendlichen hätten zusätzliche Angebote nur wenig Bedeutung (0 %).

Von verbesserten und zusätzlichen Angeboten im Bereich der konventionellen Sportarten würden die jüngeren stärker profitieren (12 %) als die älteste Gruppe, in der nur 2 % mehr Fußball, Leichtathletik u.ä. betreiben würde, wenn es mehr oder bessere Angebote geben würde.

Geld als Hinderungsgrund: zu teuer, fehlende finanzielle Möglichkeiten

Geld bzw. Kosten als Hinderungsgründe haben bei weitem nicht die gleiche Bedeutung wie fehlende, ungeeignete oder schlecht erreichbare Angebote.

Für eine Reihe von Tätigkeiten spielt das Geld jedoch eine wichtige Rolle und verhindert, dass man die betreffende Beschäftigung häufiger oder intensiver ausüben kann. Das gilt in erster Linie für die Beschäftigung mit Computer und Internet. Rund ein Viertel der Jugendlichen würden sich gerne mehr mit dem Computer und mit dem Internet beschäftigen, wenn das nicht so teuer wäre. Bei den anderen Tätigkeiten spielt Geld keine sehr große Rolle als Hinderungsgrund.

Tabelle III.6:   **Geld als Grund dafür, dass man eine Freizeitbeschäftigung nicht mehr tun kann als man möchte**

Freizeitbeschäftigungen, die Jugendliche "gerne mehr tun" möchten	Prozent der Jugendlichen, die wegen fehlender Angebote eine Freizeitbeschäftigung weniger häufig ausüben können als sie möchten (100 % = alle Befragte) 1	Anteil der Jugendlichen, die eine Freizeitbe-schäftigung *gerne mehr* ausüben möchten (100 % = alle Befragte) 2	Prozent, die *fehlende Angebote* und/oder schlechte Erreichbarkeit als Grund dafür angeben, dass sie eine Freizeitbeschäftigung weniger häufig ausüben können als sie möchten (100 % = Befragte, die eine Tätigkeit gerne mehr tun möchten / Spalte 2) 3
Computer, Internet nutzen	25 %	38 %	66 %
Kino	16 %	52 %	30 %
Herumfahren mit Fahrzeugen	8 %	26 %	30 %
Jugendkonzerte besuchen	7 %	41 %	18 %
kulturelle Veranstaltungen besuchen	6 %	3 %	21 %
Malen, Fotografieren	5 %	12 %	39 %
in Gaststätte, Café gehen	4 %	11 %	38 %
Fernsehen, Video	3 %	14 %	20 %
Bummeln	2 %	7 %	22 %
Fitness, body building	2 %	8 %	19 %
selber Musik machen	2 %	10 %	18 %
Sportveranstaltungen besuchen	2 %	12 %	16 %
Sammeln	1 %	4 %	31 %

Hinderungsgrund fehlende Zeit

Auch Zeitmangel wird bei einer Reihe von Aktivitäten, die man eigentlich häufiger tun möchte, als Hinderungsgrund genannt. Das ist besonders bei den Tätigkeiten "Kontakte mit Freunden pflegen und herstellen" und "Zeit mit der Familie verbringen" der Fall, aber auch bei den "stillen, häuslichen Tätigkeiten" (Lesen, Musik hören, Basteln, Sammeln und Fernsehen), für das "Bummeln im Städtle", für "Wandern und Radfahren" und für kreative Tätigkeiten wie Malen, Fotografieren und selber Musik machen. Bei allen diesen Tätigkeiten spielen andere Gründe keine, bzw. eine weniger wichtige Rolle.

Hinderungsgrund Verbote

Als Verbote werden vor allem Regelungen genannt, die sich auf das Alter beziehen: Besuch einer Disko und Führerschein, damit man mit einem Fahrzeug herumfahren kann.

III.4. Zusammenfassung

Die Mehrheit der Staufener Jugendlichen (60 %) langweilt sich in der Freizeit nur "selten" oder "nie", wobei die Erfahrung von Langeweile nicht zufällig verteilt ist, sondern von Jugendlichen mit wenig jugendkulturellen und strukturellen Ressourcen deutlich häufiger berichtet wird.

Was die in der Freizeit gerne und häufig ausgeübten Aktivitäten angeht, steht der Kontakt mit Freunden - wie auch in anderen Jugendstudien - deutlich an der Spitze. 90 % der Jugendlichen nennen diese Tätigkeit, wenn man sie fragt, was sie gerne und häufig tun. Die weiteren Ränge belegen dann die folgenden Aktivitäten bzw. Aktivitätsgruppen: "stille häusliche Tätigkeiten" (76 %) wie z.B. Lesen, Musik hören, Fernsehen. An dritter Stelle folgt Sport (70 %), den vierten Rang nehmen Tätigkeiten ein, die etwas mit Ausgehen zu tun haben (68 %), vor allem Kino-, Disco- und Gaststättenbesuch werden hier genannt. Sich mit Computer und Internet beschäftigen steht an fünfter Stelle (34 %), gefolgt von der Gruppe der "kreativen Tätigkeiten", wie z.B. selber Musik machen, Malen (25 %). Aktivitäten im öffentlichen Raum wie Bummeln und Herumfahren mit Fahrzeugen werden von 24 % der Jugendlichen genannt und erwähnenswert mit einem Anteil von 12 % ist noch die Aktivität Jugendkonzerte besuchen.

Was die Wünsche angeht, was Jugendliche also in ihrer Freizeit gerne mehr tun würden, stehen eindeutig Tätigkeiten im Vordergrund, die sich auf Ausgehen beziehen (78 %), wobei der Kino- und Discobesuch am häufigsten genannt werden. An zweiter Stelle der gerne mehr betriebenen Aktivitäten steht der Sport (63 %), wobei konventionelle Sportarten (Fußball, Leichtathletik, Basketball) annähernd gleich häufig genannt werden wie Erlebnissportarten (z.B. Kajak, Segeln, Segelfliegen, Klettern, Tauchen). Auch jugendkulturelle Angebote wie Jugendkonzerte würden die Staufener Jugendlichen gerne mehr nutzen (41 %). In den Wünschen hat auch der Umgang mit dem Computer und das Surfen im Internet einen beachtlichen Stellenwert: 38 % würden das gerne mehr tun als ihnen zur Zeit möglich ist. Von den Wünschen ist schließlich noch besonders erwähnenswert das Interesse an mehr Möglichkeiten für Spiele wie Billard, Kicker, Flipper und Darts (31 %).

Die Freizeitaktivitäten und -wünsche sind z.T. für Jungen und Mädchen sehr unterschiedlich. Jungen interessieren sich mehr für Sport, für Medien und informationstechnische Möglichkeiten (Fernsehen, Computer, Internet), für Spiele wie Billard, Kicker, Flipper und Darts und für das Herumfahren mit Fahrzeugen. Mädchen sind mehr am Ausgehen und kreativen Tätigkeiten interessiert.

Mit zunehmendem Alter geht das Interesse an den Medien und am Computer/Internet zurück und auch der Sport verliert an Stellenwert. Ausgehen - Kino und Diskothek - werden dagegen zunehmend wichtiger.

Auch die Verfügbarkeit über Ressourcen korreliert zum Teil mit den Freizeitaktivitäten und -wünschen: Mit zunehmender Verfügbarkeit über jugendkulturelle Ressourcen (Zeit, Geld, Freiheiten, Kontakte) steigt das Interesse an body building, Ausgehen und Herumfahren mit Fahrzeugen, das Interesse am Fernsehen und an der Nutzung des Computers sinkt dagegen.

Mit steigenden strukturellen Ressourcen (Sozialstatus der Eltern, Schulbildung) steigt auch der Stellenwert von Kontakten mit Freunden, die Bedeutung von Sportarten, die als trendy gelten (Skateboard, Inline-Skaters, Snowboard) und der Wunsch nach mehr kulturellen Aktivitäten (z.B. Lesen, Malen). Die Bedeutung von body building als Freizeitbeschäftigung und Herumfahren mit Fahrzeugen sinkt dagegen mit steigenden strukturellen Ressourcen.

Als Hinderungsgründe für gerne mehr ausgeübte Tätigkeiten werden vor allem fehlende, ungeeignete bzw. schlecht erreichbare Angebote genannt - von fast 80 % der Jugendlichen. Auch Zeitmangel und zu hohe Kosten sind für einige der Freizeitwünsche Hinderungsgründe. Verbote spielen insofern eine Rolle, als sie sich auf das Alter beziehen und z.B. den Discobesuch oder das Herumfahren mit Fahrzeugen unmöglich machen. Fehlende, ungeeignete oder schlecht erreichbare Angebote verhindern vor allem für die folgenden Freizeitbeschäftigungen, dass sie häufiger ausgeübt werden können: Jugendkonzerte besuchen, Kino- und Discobesuch, Billard/Kicker/Dart/Flipper spielen. Ob sich auf dieser Grundlage bereits eine Prioritätenliste für die Verbesserung von Angebote erstellen lässt, bedarf allerdings sorgfältiger Erwägungen, nicht zuletzt auch deswegen, weil verbesserte Angebote sich auf die Situation verschiedener Gruppen von Jugendlichen (Jungen/Mädchen, Altersgruppen, benachteiligte/privilegierte Jugendliche) sehr unterschiedlich auswirken würden.

IV. Interessen und Wünsche von Jugendlichen, wie sie sich in Gruppendiskussionen darstellen[46]

Als weiterer Baustein der Studie zur Situation Jugendlicher in Staufen fanden an zwei Abenden in Staufen Gruppendiskussionen mit ausgewählten Jugendlichen statt, die vorher bereits an der schriftlichen Befragung teilgenommen hatten. Es wurden insgesamt ca. 30 Jugendliche gebeten, an den Veranstaltungen teilzunehmen[47]. Die Methodik der Auswahl und die Zusammensetzung der Gruppen sind in Kap. I.2.2 beschrieben.

Die Diskussionen sollten einerseits resümierenden Charakter haben, andererseits aber auch einige Themen nochmals vertiefen bzw. erweitern, die im Rahmen eines standardisierten Fragebogens mit größtenteils geschlossenen Fragekategorien nicht ausreichend erfasst werden konnten. Die Diskussionen wurden anhand eines Leitfadens moderiert und umfassten die folgenden Themenbereiche:

1. Allgemeine Situation der Jugendlichen in Staufen
2. Angebote für Jugendliche in Staufen
3. „Erlebnisse" für Jugendliche
4. Das Jugendzentrum
5. Konflikte und Jugendgruppierungen in Staufen
6. Kommunalpolitik, Erwartungen und Wünsche der Jugendlichen

IV.1. Zur allgemeinen Situation der Jugendlichen in Staufen

Einleitend wurde nach der allgemeinen Situation in Staufen für Jugendliche gefragt. Man kann sagen, dass die Jugendlichen im Allgemeinen gerne in Staufen wohnen und Staufen auch in dem später einige Male gezogenen Vergleich zu anderen Dörfern in der Umgebung positiv abschneidet oder sogar als „Zentrum" der näheren Region gelten kann.

Als positiv an Staufen wurde genannt, dass sich durch die Kleinräumigkeit viele Kontakte mit Gleichaltrigen ergeben, also das „Jeder-kennt-Jeden" durchaus positiv ist; einmal genannt wurde die schöne Umgebung (sowohl bezogen auf die Stadt als auch auf die Natur) und das Schwimmbad, den skatenden Jugendlichen gefällt der Funpark besonders gut. Den meisten Jugendlichen fiel allerdings spontan nichts Spezifisches ein, das Staufen besonders hervorheben würde.

Stark bemängelt wurde, dass die einzelnen jugendspezifischen Angebote nicht ausreichen, beziehungsweise bestimmte Angebote gar nicht erst vorhanden seien.

---

[46] Dieses Kapitel wurde von Regina Berglez bearbeitet, die auch die Gruppendiskussionen protokolliert hat.
[47] Zusätzlich wurde noch eine Gruppendiskussion mit den Jugendlichen durchgeführt, die als Interviewer bei der Befragung tätig waren. Diese Diskussion hatte vorrangig das Ziel, den Verlauf der Erhebung zu erörtern. Die Jugendlichen hatten aber auch die Möglichkeit, ihre Situation und ihre Wünsche zu artikulieren. An dieser Diskussion beteiligten sich nur drei Jugendliche. Die Ergebnisse sind in die hier vorgestellten Ausführungen eingeflossen.

Weiterhin kritisiert wurde, das sich die Stadt Staufen in besonderem Maße dem kulturellen Angeboten für Erwachsene widmet und dort Gelder investiert – gerade auch um die Stadt für Touristen interessant und attraktiv zu gestalten, - jedoch für die dort lebenden Jugendlichen kaum Angebote bereitstellt. In diesem Zusammenhang wurde auch direkt auf das geschlossene Jugendzentrum verwiesen. Grundsätzlich lässt sich sagen, dass das Juze in allen Stadien der Diskussion ein wichtiges Thema war. Fast einheitliche Meinung war, dass sich die Stadt auch nicht ernsthaft genug darum bemühe, den Jugendlichen geeignete Räumlichkeiten zur Verfügung zu stellen.

Da nunmehr kein nichtkommerzieller Treffpunkt für die Jugendlichen mehr existiert und da es sich die meisten finanziell einfach nicht leisten können, sich öfter im Café oder in der (einzigen von den Jugendlichen als gut befundenen) Kneipe zu treffen, sind sie gezwungen, sich - besonders abends - wieder vermehrt an öffentlichen Plätzen (Fußballplatz, Spielplatz, Funpark, Bahnhof, Schulhof) zu verabreden, was besonders im Winter unschön ist und als trostlos empfunden wird. Dies führt zu altbekannten Problemen, d.h. Anwohner beschweren sich über die Lärmbelästigung, über liegen gebliebene Dosen und ähnliches. Zitat hierzu von einem der Jugendlichen: *„Wenn man den Jugendlichen die Räume nimmt, dann sind sie halt draußen!"*

Nicht weiter erstaunlich ist hierbei, dass die Situation im Sommer allgemein als besser empfunden wird, da die Möglichkeiten der Freizeitgestaltung nicht so eingeschränkt sind und zudem das lokale Schwimmbad als Treffpunkt relativ beliebt ist.

IV.2. Angebote für Jugendliche in Staufen

In der Diskussion bestätigten sich im wesentlichen Ergebnisse, die sich bereits durch die Befragung ergeben hatten.

Alle an der Gruppendiskussion teilnehmenden Jugendlichen waren in zumindest einem (oder mehreren) Sportvereinen, welche auch in großer Zahl in Staufen existieren. Die Jungen waren vor allem im Fußballverein (auch Tennis), bei den Mädchen war es gemischt (Volleyball, Reiten, Leichtathletik etc.).

Angemerkt wurde auch, dass für die Jugendlichen unter 16 Jahren aus Mangel an anderen Möglichkeiten zur Freizeitgestaltung nicht viel mehr als Sport „übrig bleibt" und dass Sportvereine eine sehr wichtige Rolle beim Leute kennen lernen und Freundschaften schließen spielen.

Als Lücken im sportlichen Angebot wurde vereinzelt das Fehlen einer Kampfsportmöglichkeit genannt (Kickboxen etc. wäre gut, Judo eher weniger) und mehr Tanzmöglichkeiten (Jazzdance oder ähnliches).

In einem sozialen/kirchlichen Verein im engeren Sinne war keiner der teilnehmenden Jugendlichen engagiert, dafür waren drei der insgesamt elf Jugendlichen im Juze-Team. Zwei der Jugendlichen sind in überaus hohem Maße jugendkulturell engagiert und lokalpolitisch informiert, was im Verlauf der Diskussion klar zutage trat.

Als sommerlicher Treffpunkt wäre noch das Schwimmbad zu nennen, das sich alters-unabhängig großer Beliebtheit erfreut, als winterlicher Treffpunkt der Stadtsee, der – wenn er zugefroren ist – die Möglichkeit zum Eislaufen bietet.

Andere Treffpunkte sind je nach Cliquenzugehörigkeit und Interessengebiet verschiedene Orte und Plätze (diverse Sportplätze etc.) in Staufen. Wie schon angemerkt ist der Funpark aufgrund der Halfpipe der Treffpunkt der skatenden Jugendlichen - und zwar altersunabhängig. Am Funpark wurde bemängelt, dass sich das Angebot dort gerade weiter eingeschränkt habe, da der TÜV eine der Rampen entfernt hat und es nicht so scheint, als ob diese auf absehbare Zeit wieder installiert würde. Auch wurde erwähnt, dass einige dieser Jugendlichen einen Skater-Verein hatten gründen wollen, was aber nicht genehmigt wurde.

Außerdem gibt es eine Kneipe (Rombach-Scheuer), die von den älteren Jugendlichen durchaus geschätzt wird (*„gute Stimmung und die Leute, die das machen sind ziemlich cool"*), die aber neben dem Problem der finanziellen Belastung bei häufigem Besuch auf Dauer auch als etwas einseitig empfunden wird (*„Man will nicht immer nur in eine einzige Kneipe gehen."*).
Unterschiedliche Meinungen gab es darüber, ob es Kinoangebote, Konzerte oder ähnliches geben könnte bzw. sollte.

Kinoabende existieren unregelmäßig bereits in Staufen. Zum Thema Kino variieren die Ansichten stark von *„da gibt's dann eh nur sechs Monate alte Filme, die ich dann schon zweimal gesehen habe"*, über *„ein Kino sollte schon groß sein, und dafür muss man dann so oder so nach Freiburg, aber dafür zahle ich auch gerne zwei Euro mehr"*, bis zu *„wenn es eher aktuell ist und es Actionfilme sind, wäre das schon cool"*.

Konzerte wurden von der Mehrzahl der Jugendlichen gewünscht, wobei HipHop der vorherrschende Musikstil ist, aber auch DJ's und anderes (solange es sich nicht um Klassik handelt) sind für die Jugendlichen interessant.

Überraschend ist die teilweise reservierte Haltung der Jugendlichen zu Kinoangeboten in Staufen, zeigt doch die schriftliche Befragung, dass sehr viele der Staufener Jugendlichen Jugendkonzerte und Kino vermissen (vgl. Kap. III.2.).

Als negativ wurde in diesem Zusammenhang angemerkt, das man ohne eigenen fahrbaren Untersatz zwar abends nach Freiburg gelangt, aber nur umständlich wieder zurück. Diskutiert wurde auch das bestehende Angebot, das Sammeltaxi zu nutzen, wobei dieses Angebot nicht allen Jugendlichen bekannt zu sein scheint. Diejenigen, die das Sammeltaxi kannten, wissen zu schätzen, dass es ein solches Angebot überhaupt gibt, jedoch gab es auch Kritik. Unter der Woche ist auch in den Schulferien die letzte Fahrt vor null Uhr; am Wochenende kann man noch später vom Nachtbus in ein Sammeltaxi umsteigen. Es muss aber längere Zeit vorher angefordert werden und fährt auch nur ab einer bestimmten Personenanzahl überhaupt los, was die Planung relativ umständlich macht.

Einig waren sich alle Jugendlichen darin, dass schon immer ein nachmittäglicher Treffpunkt im Sinne eines Jugendcafés fehlt, worauf im nächsten Kapitel näher eingegangen wird.

Das wichtigste Angebot aber ist das **Juze**, welches alters-, geschlechts-, musikgeschmacks- und cliquenzugehörigkeitsunabhängig von nahezu allen Jugendlichen vermisst wird.

IV.2.1 Altersspezifische Unterschiede

Hier wurde im Wesentlichen bestätigt, was bereits aus der Befragung bekannt war. Die Situation in Staufen wurde von den TeilnehmerInnen der Diskussionen altersunabhängig als unbefriedigend bewertet, wobei die Älteren allerdings in der Lage sind, auch Möglichkeiten außerhalb Staufens nutzen zu können, womit hier vor allem Kino- und Diskothekenbesuche in Freiburg gemeint sind. Außerdem haben sie größere finanzielle Mittel zur Verfügung und können sich daher öfter an kommerziellen Orten treffen. Interessant in diesem Zusammenhang war, dass einer der Befragten (Alter 17 Jahre), der von allen Diskussionsteilnehmern am meistem Geld zur Verfügung hat, weil er sehr viel „jobbt" auch tendenziell am zufriedensten mit der Situation in Staufen war, da er sich – nach eigenem Bekunden - sehr häufig und gerne in seiner „Stammkneipe" aufhält. Das zeigt nochmals, wie stark die Bewertung und die Nutzungsmöglichkeiten dieser Art Angebote von finanziellen Ressourcen abhängen.

Alle Jugendlichen waren sich darüber einig, dass es auch einen Raum geben sollte, der die Möglichkeit bietet, sich nachmittags zu treffen um einfach zusammen zu sitzen, Musik zu hören oder auch Hausaufgaben zu machen. Die diesbezüglichen Wünsche im Hinblick auf die Struktur eines „Jugendcafés" waren relativ einfacher Natur. Laute Musik wurde eher nicht gewünscht, auch ein Angebot von alkoholischen Getränken wurde als eher unnötig erachtet, ein totales Rauchverbot wäre allerdings unakzeptabel. Die Gemütlichkeit steht im Vordergrund, einige Sofas wären schön und Cola oder Kaffee sollten bezahlbar sein. Beispielsweise im Rahmen eines solchen Cafés wäre zudem ein allgemein nutzbarer Computer mit Internetzugang für einige der Jugendlichen eine wünschenswerte Einrichtung. Ideal wäre die Aufteilung in zwei Räume; der eine sollte eher mit Tischen zum Hausaufgaben machen etc. ausgestattet sein (die man dann nicht aus dem Weg schieben muss, um Platz zu haben), der andere sollte mit den bereits erwähnten Sofas eher gemütlicher gestaltet werden.

Die älteren DiskussionsteilnehmerInnen haben allerdings eher im Hinblick auf die Möglichkeiten für die jüngeren Jugendlichen für einen nachmittäglichen Treffpunkt plädiert. Die

Bewertung der Wichtigkeit einer solchen Angebotes nimmt mit zunehmendem Alter ab, was mit der bereits erwähnten größeren Mobilität zusammenhängt (*„nicht mehr so zwingend darauf angewiesen sein"*), aber auch mit abnehmendem Zeitbudget. Ältere Jugendliche können einerseits fehlende Angebote einfacher kompensieren und z.B. auch im Nachbarort im Tennisverein sein oder Reiten gehen und haben andererseits aufgrund ihrer finanziellen Ressourcen auch eher die Möglichkeit kommerzielle Räume zu nutzen. Außerdem waren die Nachmittage der über 16jährigen tendenziell ohnehin „ausgefüllter" als die der Jüngeren, entweder weil bereits eine Ausbildung begonnen wurde oder gejobbt wird, weil in der gymnasialen Oberstufe mehr gelernt werden muss, weil Hobbys Zeit in Anspruch nehmen etc.. Für die 13- und 14jährigen, die sich abends noch eher zuhause aufhalten, ist es demzufolge wichtiger, ein Tagesangebot zur Verfügung zu haben.

IV.2.2 Geschlechtsspezifische Unterschiede

Generell kann gesagt werden, dass das Angebot für Mädchen noch etwas geringer ausfällt als für Jungen. Zwar bestehen (Sport-)Vereinsmitgliedschaften in ungefähr gleich starkem Ausmaß, jedoch sind die vorhandenen Möglichkeiten der vereinsunabhängigen Aktivitäten, - d.h. im Wesentlichen Fußballplatz und Funpark - klar auf männlichen Interessen zugeschnitten. Der Funpark mit der Halfpipe wurde vor allem von dem einen (männlichen) Skater in der Diskussionsrunde besonders hervorgehoben und war anderen Jugendlichen weniger wichtig. Mädchen spielen (bis auf sehr wenige Ausnahmen) normalerweise weder Fußball, noch fahren sie Skateboard – das ist auch in Staufen nicht anders.

Dies bestätigt die Ergebnisse der Befragung. Dort zeigte sich bereits, dass Mädchen signifikant weniger als Jungen öffentliche und inszenierte Räume (z.B. Sportplatz, Funpark) nutzen und signifikant mehr Mädchen als Jungen kommerzielle und organisierte Räume nutzen (vgl. Kap. II., Tab. II.11).

Ein weiterer Unterschied zeigte sich in den Reaktionen auf die Frage *„wäre es vorstellbar, dass das Juze auch in einem anderen Gebiet von Staufen wäre – z. B. im Gewerbegebiet- oder ginge man dann nicht mehr so gerne hin?"* Die männlichen Jugendlichen direkt aus Staufen haben lediglich die verlängerte Wegstrecke als negativ angemerkt (*„Im Moment wohne ich direkt daneben, ins Gewerbegebiet muss ich schon mit dem Fahrrad."*), dem Jungen aus Grunern war das nicht so wichtig (*„Ich muss ohnehin mit dem Fahrrad nach Staufen – einige Minuten mehr oder weniger sind auch egal."*).

Für die Mädchen wäre ein Jugendzentrum im Gewerbegebiet ungleich problematischer. Eines der Mädchen merkte an, dass ihre Eltern schon geäußert hatten, sie würden ihr den Besuch des Juze unter diesen Umständen verbieten und erzählte ähnliche Erfahrungen auch von ihren Freundinnen. Andere berichteten, sie würden sich eher nicht trauen, alleine durch das unbewohnte und dunkle Gewerbegebiet Rad zu fahren oder gar zu laufen, wären also immer auf eine Begleitung angewiesen und dadurch unflexibel und eingeschränkt. Im Zentrum von Staufen oder zumindest in der Nähe des Stadtkerns wird die Sicherheit von keinem der Mädchen angezweifelt.

Dies zeigt, dass bei der Diskussion von Standorten für Jugendangebote wie dem Juze solche geschlechtsspezifischen Gesichtspunkte berücksichtigt werden müssen, will man nicht die Mädchen erneut benachteiligen.

IV.3. „Erlebnisse" für Jugendliche

Da in der Befragung unklar blieb, was die Jugendlichen eigentlich meinen, wenn sie antworten „In Staufen kann man nichts erleben", sollte diesem Punkt in den Gruppendiskussionen nachgegangen werden. Was bedeutet es, etwas erleben zu wollen? Wo kann man in Staufen dafür hingehen? Benötigt man bestimmte Angebote, Räume oder Ausstattung um etwas zu erleben? Unter welchen Bedingungen langweilt man sich? Dies waren Fragen, die mit den Jugendlichen in diesem Zusammenhang diskutiert wurden.

Die Jüngeren taten sich mit der Frage und ihren Antwortformulierungen eher schwer. Im Wesentlichen ergab sich (mit Hilfe einigen Nachhakens), dass es am wichtigsten ist, sich mit anderen zu treffen und dies das eigentliche Erlebnis darstellt und es nicht um den Konsum irgendwelcher spektakulärer Attraktionen geht. Um Freunde zu treffen wären Musik und ein gemütlicher Raum (bei dem eine gewisse Einflussnahme auf die Gestaltung zu haben ohne wiederum hundertprozentig für alles verantwortlich zu sein am besten wäre) gut: kurz gesagt man will das Juze zurück.

Diskothekenbesuche sind aus Altersgründen noch nicht möglich (was stark bedauert wurde), aber auch sich zum Sport zu treffen wird oftmals als Erlebnis gesehen. Dies scheint zum *Spaß haben / etwas erleben* vorerst zu genügen. Langeweile kommt dann auf, wenn man alleine ist, durch Staufen läuft (in der Hoffnung, an den üblichen Treffpunkten Freunde vorzufinden), jedoch niemand da ist.

Es liegt auf der Hand, dass der Wunsch nach einem Raum stark durch den Schock der Schließung des Jugendzentrums bedingt ist und es ist schwer abzuschätzen, ob es darüber hinaus ein Bedürfnis nach „Erlebnissen" jenseits des Juze gibt.

Die Antworten und Überlegungen der über 16jährigen waren dezidierter, hier beispielhaft einige der Äußerungen, die allgemeine Zustimmung hervorriefen: *„Man kann dann etwas erleben, wenn man selbst aktiv wird. Im Grunde ist die Einstellung entscheidend. Dann werden sich auch die Leute finden, mit denen man Spaß haben kann, Party machen kann. Das „Wo" ist nicht unbedingt entscheidend. Etwas trinken gehört schon auch dazu, aber damit ist keineswegs zwingend gemeint, sich auch zu betrinken.*

Die Stimmung muss passen, dann kann sich „etwas Besonderes" entwickeln, auch und gerade spontan. Es sind die „kleinen Dinge", die einen Tag besonders machen, und nochmals: „Erleben" ist dann gegeben, wenn man Spaß hat. Immer nur meckern ist passiv und sinnlos."

Dennoch wurde auch in dieser Altersgruppe stark auf den nach der Schließung des Jugendzentrums verbliebenen Leerraum hingewiesen.

Zusammenfassend bleibt festzuhalten, dass *etwas Erleben* von allen Jugendlichen in erster Linie unter sozialen Gesichtspunkten bewertet wird und dass die Jugendlichen kaum konsumorientierte Erlebnisbedürfnisse aufweisen. Um etwas zu erleben braucht man in erster Linie andere Leute und nicht unbedingt tolle Angebote.

IV.4. Das Jugendzentrum

Das Jugendzentrum war mit Sofas, einem Billardtisch und einem Tischfußball ausgestattet, befand sich zentral im Stadtzentrum und war normalerweise an zwei Abenden in der Woche für alle geöffnet, wo neben normalen „Kneipenabenden" auch Konzertangebote stattfanden und zeitweise auch versucht wurde, andere Projekte ins Leben zu rufen. Zusätzlich traf sich das Juze-

Team regelmäßig Sonntagnachmittags um Spaß zu haben, aber auch um anstehende Projekte zu besprechen und anfallende Arbeiten zu leisten.

Obwohl manche Gruppen im Juze stärker vertreten waren als andere, kann man davon ausgehen, dass das Juze eine breite Akzeptanz unter den Jugendlichen aller Altersstufen in Staufen und sogar in den umliegenden Ortschaften genoss. Von den Jugendlichen, die an der Diskussionsrunde teilnahmen, war lediglich der anwesende 12jährige noch niemals im Juze gewesen, alle anderen nutzten das Juze manchmal bis regelmäßig (bzw. waren ohnehin im Juze-Team engagiert) und berichteten ähnliches auch von ihren Freunden. Neben vereinzelten 12- und 13jährigen wurde das Juze im Wesentlichen ab ca. 14 Jahren besucht. Ab dem Alter von 18 Jahren wird das Juze wieder weniger genutzt, was u.a. mit der größeren Mobilität zusammenhängt. Diese Aussagen entsprechen ziemlich genau den Ergebnissen der Befragung.

Manche der Jugendlichen fanden das Juze zu klein, da es gerade auch an Konzertabenden manchmal sehr überfüllt war, andere meinten, gerade die geringe Größe habe die gemütliche Atmosphäre mit bedingt. In diesem Zusammenhang tauchte auch die Frage auf, ob ein Juze im Standort Gewerbegebiet überhaupt noch dasselbe Flair haben könne wie zuvor. Einig waren sich die Jugendlichen darin, dass ein wesentlicher Vorteil der Standort war. Man musste nicht vorher planen, wann man wie nach Hause gelangen konnte, blieb flexibel, außerdem waren die Preise auch für 14jährige bezahlbar. Hervorgehoben wurde auch die „richtige" Mischung von Lebendigkeit im Sinne von Konzerten etc. und ruhigen Abenden zum Sprechen und Relaxen.

Über die Fragen, was besonders gut oder schlecht am Juze war bzw. was das Besondere ausmachte, gingen die Meinungen erwartungsgemäß stark auseinander.

Manche der Jugendlichen berichteten, dass sie ohnehin stark cliquenorientiert und deshalb nicht so abhängig von Treffpunkten sind, andere hoben hervor, dass eben der Rahmen des Juze die Möglichkeit bot, auch andere Jugendliche kennen zu lernen und im Juze durchaus eine starke Durchmischung der einzelnen Jugendkulturen gegeben war. Viele Kontakte liefen über die Begegnung im Juze, seit der Schließung gäbe es eine größere Trennung, die Einzelgruppen blieben an ihren Treffpunkten wieder mehr „unter sich", manchen Jugendlichen aus dem Bekanntenkreis würde man gar nicht treffen, seitdem das Begegnungsforum Juze weggefallen sei. Dem entgegen stand das Argument, man habe im Juze niemand „Neuen" mehr kennen lernen können, es seien ohnehin immer dieselben schon bekannten Jugendlichen dort gewesen bis hin zu einer genannten negativen Äußerung, im Juze gäbe eine feste Gruppe mit internen „Ritualen", es werde eben nicht jeder akzeptiert.

Ziel des Juze sei eigentlich gewesen, für alle Jugendlichen gleichermaßen „da zu sein". Dies scheiterte leider an der Realität. Gerade zum Ende des Juze hin, aber auch schon zuvor entstand ein klassisches Konfliktpotential mit „sozial benachteiligten Gruppierungen". Zitat einer der im Juze-Team engagierten Diskussionsteilnehmerin hierzu war: *„Eben die, die allen alles kaputtmachen wollen!"*

Es kam zu Situationen, wie zum Beispiel der, das von einigen wenigen Jugendlichen in der Umgebung des Juze Müllsäcke aufgerissen und der Müll überall verteilt wurde, was natürlich stark negativ auf die Betreiber des Juze zurückfiel und zu weiterem Ärger mit den umliegenden Anwohnern führte. Obwohl die Jugendlichen darin übereinstimmten, dass der „Stress" mit solchen Gruppen in Staufen keineswegs über ein Maß hinausging, welches sich vermutlich überall finden lässt, kamen auch Pöbeleien im Juze durchaus mal vor, was die Selbstverwaltung langsam in eine Situation der Hilflosigkeit führte. Da die Erfahrung zeigte, dass die Juze-betreibenden Jugendlichen mit einem Durchschnittsalter von ca. 18 Jahren einfach nicht genügend Autoritätspotential gegenüber den Gleichaltrigen hatten (was einsichtig ist) und beispielsweise das vom Juze-Team klar ausgesprochene Haschischverbot unterlaufen wurde, wurde nach und nach zu anderen Maßnahmen gegriffen. Teilweise wurden professionelle Sicherheitskräfte engagiert, Ausweiskontrollen durchgeführt etc., was der Atmosphäre eines solchen „offenen Treffs" natürlich auch schadete. Das Frustpotential der engagierten Betreibenden wurde trotzdem höher und der Ärger mit der Stadt Staufen und den Anwohnern nicht unbedingt weniger, was nach einer längeren Entwicklung im Endeffekt die Schließung mit bedingte. Allerdings macht die Befragung deutlich, dass lediglich drei Jugendliche innerhalb des letzten Jahres durch Gewalttätigkeiten anderer Jugendlicher im Juze bedroht wurden, so dass man davon ausgehen kann, dass es sich hier in erster Linie um kleinere Streitigkeiten, als um ernsthafte Bedrohungen handelt.

Aus diesen Erfahrungen heraus lässt sich vermutlich auch die vordergründig erstaunlich wirkende Tatsache erklären, dass die diskutierenden Jugendlichen der Frage einer Betreuung des Juze durch Erwachsene keineswegs nur ablehnend gegenüberstanden. Wünsche hierzu waren, dass der oder die entsprechenden Erwachsenen nicht unbedingt jenseits der 30 sein sollten und nicht *„ständig alles penibel kontrollieren sollten"*. Eine Autoritätsperson als Ansprechpartner und für Fälle, in denen Streitschlichtung oder ähnliches erforderlich ist, schien den Jugendlichen durchaus vorstellbar.

IV.5. Konflikte und Jugendgruppierungen in Staufen

Durch die repräsentative Befragung entstand der Eindruck, dass Staufen für Jugendliche außerordentlich beschaulich und friedlich ist und es wenig Konflikte und Gewalt gibt. Dieses Bild wurde durch die Gruppendiskussionen größtenteils bestätigt. Konfliktpotentiale zwischen einzelnen Jugendlichen oder Jugendgruppen sind nach einhelliger Meinung der TeilnehmerInnen insgesamt gesehen eher schwächer als anderswo oder höchstens gleich hoch und es gab in der letzten Zeit auch keine besondere Zunahme von Gewalt.

Gänzlich spannungsfrei ist das Verhältnis der unterschiedlichen Cliquen mit ihren unterschiedlichen Freizeitinteressen und Lebensstilen aber auch in Staufen nicht, was die Schilderungen zur Entwicklung des Jugendzentrums im letzten Kapitel bereits belegen.

Im Einzelnen gingen die Auffassungen darüber, ob und in welchem Rahmen überhaupt Konfliktpotential besteht, alters- und jugendmilieubedingt auseinander. Einige der anwesenden Jugendlichen hatten quasi noch keinerlei „Gewalterfahrungen" gemacht, waren der Auffassung, dass eigentlich alles friedlich sei. Andere berichteten von Anpöbeleien z.B. am Falkensteinsportplatz zwischen den sich dort aufhaltenden "Jabbos" und anderen Staufener Gruppierungen. Dagegen sprach die ebenfalls geäußerte Meinung, dass unter den Staufener Gruppen an sich - da man sich schon lange kenne - eher eine gegenseitige „Leben-und-Leben-lassen"-Akzeptanz vorhanden sei und vielmehr Konflikte mit Jugendcliquen aus den umliegenden Ortschaften das Problem darstellen.

Ein reges Streitgespräch entstand beispielsweise um eine konkrete Fallschilderung. Ein (das Gymnasium besuchender) Jugendlicher berichtete von einem Zusammenstoß vor dem Juze zwischen sich betont „cool und arrogant" aufspielenden breakdancenden Hauptschülern und anderen Besuchern. Ein anderer (die Realschule besuchender) Jugendlicher warf ihm daraufhin die pauschale negative Aburteilung von Hauptschülern vor. Es wurde sich schließlich darauf geeinigt, dass es in diesem Fall bekanntermaßen eben um Hauptschüler gehandelt habe, aber die Äußerung mitnichten generalisierbar „aburteilend" gemeint war.

Zur Frage, welche Treffpunkte verschieden Cliquen bzw. Jugendgruppen haben, gab es einige Aussagen: Die Oberstufenschüler des Faust-Gymnasiums treffen sich eher an einem Podest auf dem Schulhof ihres Gymnasiums, die Gruppe der „Jabbos" (welche sich nochmals in einige „Teilcliquen" aufzuteilen scheint) an diversen anderen Plätzen (z.B. dem Falkensteinsportplatz), die Skater befinden sich fast ausschließlich im Funpark.

IV.6. Kommunalpolitik, Erwartungen und Wünsche der Jugendlichen

Wie anfangs bereits angesprochen, besteht – gerade auch bei den jugendkulturell engagierten Jugendlichen – eine gewisse Skepsis gegenüber der Hilfsbereitschaft der Stadt Staufen.
So fand beispielsweise die Renovierung des Juze zu einem großen Teil durch ehrenamtliches Engagement einiger Jugendlicher statt. Die Kritik derer, die nach eigenem Bekunden *„gekämpft, gemacht, getan"* haben, bezieht sich durchaus nicht nur auf die Stadt Staufen, sondern auch auf den großen Teil der nicht engagierten Jugendlichen und natürlich besonders auf die, *„die alles kaputtmachen wollen"*.

So ist natürlich auch nicht von der Hand zu weisen, dass ein großer Teil der Jugendlichen sich damit zufrieden gibt, das bestehende Angebot zu nutzen ohne selber aktiv zu werden oder an ehrenamtliches Engagement zu denken, - aber das sind eben nicht alle. Auch gibt es Jugendliche, die im Prinzip gerne aktiv werden würden, aber nicht genau wissen, wie sie dies angehen sollen. Es wurde klar, dass sich die Jugendlichen von der Stadt Staufen alleingelassen fühlen. Zitat hierzu: *„Blöde Denkmäler kriegen Geld, was wir für das Juze bekommen haben, waren zwei Eimer Farbe und eine Türklinke."* Es klang an, dass die Jugendlichen keineswegs erwarten oder in der Mehrzahl auch gewollt hätten, dass beispielsweise die Stadt Staufen alle anfallenden Arbeiten für sie erledigen lässt, da Eigeninitiative auch Freiräume bietet und eigenen Gestaltungswünschen Raum lässt. Es wäre allerdings nicht von Nachteil, eine professionelle Firma zur Stromverlegung oder mehr finanzielle Mittel für die Ausstattung zu haben – so die Äußerungen der im Juze-Team engagierten Jugendlichen.

Das Frustrationspotential aufgrund der gemachten Erfahrungen und Enttäuschungen ist inzwischen relativ hoch, die Motivation, sich noch weiterhin einzubringen demgemäß nachlassend. Auch wurde hier – neben fehlender Hilfsbereitschaft in finanzieller Hinsicht - noch angemerkt, dass alleine schon positive Anreize im Sinne von *„auch mal ein Lob für gemachten Einsatz zu bekommen"* keinesfalls normal seien.

Eine der Jugendliche sagte stellvertretend hierzu sinngemäß: *„Man muss dranbleiben ohne Ende; obwohl das mit dem Ernstnehmen von uns Jugendlichen schon ein Problem ist, wird man dann schon angehört, aber geschehen tut dann nicht viel"*.

V. Wie hängt alles zusammen?

Die in dem Bericht vorgelegten Ergebnisse sind das Resultat einer soziologischen Untersuchung, in der im Rahmen einer praxisbezogenen Fragestellung eine Vielzahl von Einzelinformationen erhoben wurden. Diese Informationen beziehen sich einerseits auf die Ressourcen von Jugendlichen unter verschiedenen Gesichtspunkten und andererseits auf den Bereich "Freizeit - Freizeitverhalten - Freizeitwünsche". Unserer Arbeit liegt aber auch eine Art "roter Faden" zugrunde, nicht eine Theorie im strengen Sinne, aber ein Schema, eine Grundidee, die sich für die Entwicklung der Fragestellung und im Prinzip auch für die Präsentation der Ergebnisse nutzen lässt[48]. Dieser rote Faden lässt sich wie folgt skizzieren:

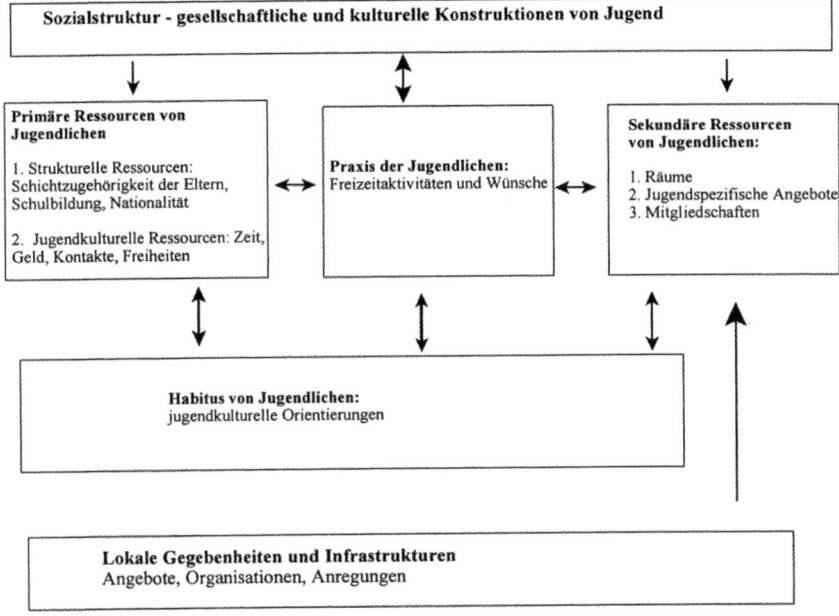

Abbildung 33

In der Sozialstruktur und in gesellschaftlich-kulturellen Konstruktionen ist weitgehend vorgegeben, über welche "primären Ressourcen" Jugendliche verfügen können. Unter "primären Ressourcen" verstehen wir die für soziale Chancen wichtigen strukturellen Ressourcen und die für die Realisierung jugendspezifischer Interessen wichtigen jugendkulturellen Ressourcen. Die strukturellen Ressourcen hängen nicht vollständig, aber doch sehr deutlich von der Art und Weise ab, wie soziale Ungleichheit institutionalisiert ist aber natürlich auch vom Bildungssystem, z.B. davon, wie durchlässig die einzelnen Bildungsgänge sind und in welchem Ausmaß es zu einer "Vererbung" von sozialem Status kommt. Sowohl die PISA-Studie wie auch unsere Jugendstudie für die Stadt Staufen haben gezeigt, dass im Gegensatz zu allen Vorstellungen von einer offenen Gesellschaft, in der soziale Chancen allein von Entscheidungen des Einzelnen abhängen, die

---

[48] Vgl. B. Blinkert (1995, 1998)

soziale Herkunft - also der Status der Eltern - ein nicht unwesentlicher Bestimmungsfaktor ist. Für die jugendkulturellen Ressourcen - Zeit, Geld, Kontakte, Freiheiten - ist anzunehmen, dass sie in nicht unerheblichem Maße durch gesellschaftlich-kulturelle Definitionen von Jugend vorgegeben sind: Welche Freiheiten dürfen/sollen Jugendliche haben? Welche Kaufkraft wird ihnen zugebilligt, bzw. wird von ihnen erwartet? Welche Bedeutung haben Peer-groups? In welchem Ausmaß können/müssen Jugendliche über freie Zeit verfügen? Diese Abhängigkeiten können in einer Studie wie dieser Untersuchung nicht deutlich werden, zeigen sich aber, sobald Jugend in einer historischen Perspektive betrachtet wird[49]. Diese gesellschaftlichen Konstruktionen von Jugend sind einerseits Ergebnis und Ausdruck des sozialen Wandels, und andererseits geht aber auch die Praxis der Jugendlichen selber in diese Konstruktionen ein. Das Bild von Jugendlichen, die an sie gerichteten Erwartungen, hängen auch vom Verhalten der Jugendlichen selber ab, von den Jugendszenen oder von Stilen, für die sicher mit einer gewissen Berechtigung angenommen werden kann, dass sie - wie natürlich auch die Lebensstile der Erwachsenen - von ökonomischen Verwertungsinteressen beeinflusst sind. Andererseits aber ist davon auszugehen, dass ein ökonomischer Determinismus der Pluralität von jugendspezifischen Stilen und Leitbildern nicht gerecht werden kann.

Als "sekundäre Ressourcen" betrachten wir die von Jugendlichen angeeigneten und genutzten Bedingungen ihres sozialen und räumlichen Umfeldes: vorhandene Räume, die für verschiedene Funktionen genutzt werden; auch die von Jugendlichen wahrgenommenen und genutzten Angebote verschiedenster Art - also nicht nur die von der kommunalen Jugendpolitik bereitgestellten Angebote (Jugendtreffs, Jugendzentren), sondern natürlich auch kommerzielle Angebote (Kino, Discos, Bistros, Fitness-Studios usw.). Zu den "sekundären Ressourcen" zählen wir auch Mitgliedschaften in Organisationen wie Verbänden oder Vereinen. Ob solche Ressourcen verfügbar sind, hängt zum größten Teil von lokalen Gegebenheiten ab: Ob Ressourcen wie bestimmte Räume, Jugendzentren, Kinos etc. überhaupt vorhanden sind. Aber das ist nicht der einzige Bestimmungsfaktor, wie auch die Staufener Untersuchung zeigen konnte: Ob z.B. vorhandene Räume eines bestimmten Typs dann auch genutzt werden und damit zu Ressourcen werden, kann in verschiedenen Altersgruppen sehr unterschiedlich sein, kann für Mädchen ganz anders aussehen als für Jungen und kann auch von den primären Ressourcen abhängen, z.B. von der Verfügbarkeit über Geld oder Zeit. Es ist wohl davon auszugehen, dass kommunale Jugendpolitik in erster Linie an den lokalen Gegebenheiten ansetzen muss - ganz einfach in dem Sinne, dass fehlende Angebote oder Infrastrukturen geschaffen oder verbessert werden. Ob diese Infrastrukturen dann zu Ressourcen für die Jugendlichen werden, hängt aber auch von diesen selber ab, ob sie davon Gebrauch machen und ob sie für die Freizeitgestaltung einen Stellenwert besitzen. Ein zweiter Hebel der kommunalen Jugendpolitik könnte dann die Veränderung von Nutzungsgewohnheiten sein, in dem Sinne, dass bereits vorhandene Angebote wie z.B. ein Jugendzentrum attraktiv gemacht werden, insbesondere auch für solche Gruppen, die es bisher nicht genutzt haben.

In dieser Untersuchung ging es letztlich um die Frage, welche Freizeitaktivitäten Jugendliche in Staufen bevorzugen und welche Wünsche sie haben im Hinblick auf die Gestaltung ihrer Freizeit. Das ist zunächst einmal eine deskriptive Aufgabenstellung, die zutreffende Beschreibungen von Aktivitäten und Wünschen erforderlich macht. Es kann nun aber zusätzlich gefragt werden, ob sich Präferenzen für Aktivitäten auch erklären lassen. *Warum* tun Jugendliche dies und jenes? *Warum* nicht etwas ganz anderes? Eine erste Antwort muss sich natürlich auf die gesellschaftlich-kulturellen Konstruktionen von Jugend beziehen: Jugendliche im 19. Jahrhundert

---

[49] Zur gesellschaftlichen Konstruktion/Definition von Jugend vgl. T. von Trotha (1982), H. Fend (1988), U. Preuss-Lausitz (1989)

haben ihre Freizeit ganz anders verbracht als Jugendliche in den 50er Jahren des 20. Jahrhunderts und diese wiederum ganz anders als unsere heutigen Jugendlichen[50]. Freizeitpräferenzen hängen aber auch von den Ressourcen ab - sowohl von den primären wie auch von den sekundären Ressourcen. Wir gehen davon aus, dass die primären Ressourcen - strukturelle und jugendkulturelle Ressourcen - relativ dauerhafte Orientierungen entstehen lassen, dass diese Orientierungen sich in der Praxis der Jugendlichen - in ihren Aktivitäten - manifestieren und dass durch die Praxis, also durch die Aktivitäten, diese Orientierungen wiederum verstärkt werden. Sekundäre Ressourcen - Räume, Angebote und Mitgliedschaften - spielen dabei insofern eine Rolle, als sie eine Möglichkeitsstruktur für die Praxis der Jugendlichen bieten, bzw. über das Interesse an spezifischen Aktivitäten eine selektive Aneignung bzw. Nutzung von Räumen, Angeboten und Mitgliedschaften erfolgt. Eine interessante, aber hier nicht untersuchbare Frage wäre, ob durch die Praxis der Jugendlichen auch die Verfügbarkeit über strukturelle und jugendkulturelle Ressourcen beeinflusst wird, d.h., ob durch die Freizeitaktivitäten der Jugendlichen ihre Position im System der sozialen Ungleichheit reproduziert wird[51]. Ein solcher - sicher nicht deterministischer, aber doch spürbarer - Zusammenhang ist durchaus zu erwarten: Jugendliche, die z.B. viel lesen, viel musizieren, in hohem Maße institutionell integriert sind (s.u.) werden möglicherweise günstigere Bedingungen im Wettlauf um Chancen akkumulieren können als "actionorientierte" Jugendliche (s.u.), die ein größeres Interesse an body building und Herumfahren mit dem Mofa an den Tag legen.

Einige unserer Überlegungen lassen sich zumindest teilweise auch durch die für Staufen durchgeführte Jugendstudie belegen. Dabei lässt sich folgendes zeigen: Hinter den Freizeitaktivitäten und der selektiven Nutzung sekundärer Ressourcen stehen dauerhaftere Dispositionen, die sich ebenso wie verschiedene konkrete Freizeitaktivitäten in einer interpretierbaren Weise in einem durch die "Achsen" der strukturellen und der jugendkulturellen Ressourcen gebildeten Koordinatensystem verorten lassen. Auf diese Weise wird auch für die praktischen Zwecke der kommunalen Jugendpolitik noch einmal deutlich, welche Veränderungen sich in welcher Weise für verschiedene Gruppen von Jugendlichen auswirken könnten. Diesen Zusammenhang werden wir im folgenden in zwei Schritten darstellen: 1. durch eine zusammenfassende Betrachtung der für Jugendliche bedeutsamen Formen von sozialer Ungleichheit und 2. durch die Konzentration von Freizeitaktivitäten, -wünschen und Nutzung sekundärer Ressourcen zu Orientierungstypen, mit denen sich relativ dauerhafte Dispositionen von Jugendlichen beschreiben lassen und durch die Verortung dieser Orientierungstypen und konkreter Aktivitäten in einem durch strukturelle und jugendkulturelle Ressourcen gebildeten Koordinatensystem.

1. *Soziale Ungleichheit unter Jugendlichen*

Wie alle Menschen in einer Gesellschaft haben auch Jugendliche Positionen in der Sozialstruktur. Natürlich sind diese Positionen zunächst einmal an das Alter und die damit verbundene Lebensphase geknüpft: bestimmte Rechte und Pflichten, die in unserer Gesellschaft Jugendlichen zugestanden oder auferlegt werden. Darauf müssen wir hier nicht weiter eingehen. Interessanter ist für uns die Position von Jugendlichen in Systemen der Ungleichheit. Das sind einmal allgemeine Ungleichheiten, die sich schon in einer sehr frühen Lebensphase auf die sozialen Chancen auswirken können: sozialer Status der Eltern, Art des Schulbesuches, aber auch ethnische Herkunft bzw. Staatsangehörigkeit. Die sich so manifestierende Ungleichheit zwischen

---

[50] vgl. dazu M. Fischer-Kowalski (1989), U. Preuss-Lausitz (1989)
[51] Vgl. dazu P. Bourdieu (1984)

Jugendlichen bezeichnen wir mit dem Begriff "strukturelle Ressourcen": Damit meinen wir Merkmale, die voraussichtlich von großer Bedeutung für die sozialen Chancen von Jugendlichen sind - eben der soziale Status der Eltern, die Schulbildung und der Nationalitätenstatus. Für die Messung der Verfügbarkeit über diese "strukturellen Ressourcen" wurde ein Index entwickelt (vgl. Kap. II.1.1).

Zum anderen gibt es aber auch jugendspezifische Ungleichheiten: Unterschiede in der frei verfügbaren Zeit, im Taschengeld, in der Einbindung in Jugendcliquen, im Ausmaß der zugestandenen Freiheiten. Die auf diese Weise beschreibbaren Ungleichheiten bezeichnen wir mit dem Begriff "jugendkulturelle Ressourcen": Verfügbarkeit über Zeit, Geld, Kontakte, Freiheiten. Auch dafür wurde ein Index entwickelt (vgl. Kap. II.1.2.).

Diese beiden Aspekte von Ungleichheit korrelieren nur schwach (r = -0,12), d.h. strukturell privilegierte Jugendliche mit guten sozialen Chancen sind nicht immer auch jugendkulturell privilegiert und jugendkulturell privilegierte Jugendliche mit viel Zeit, Geld, Freiheiten und Kontakten können sowohl über gute wie auch über weniger gute soziale Chancen verfügen usw. Da diese beiden Dimensionen relativ unabhängig voneinander sind, ist es sinnvoll, durch sie ein Koordinatensystem zu definieren, durch das sich verschiedene Typen der Privilegierung und Benachteiligung darstellen lassen:

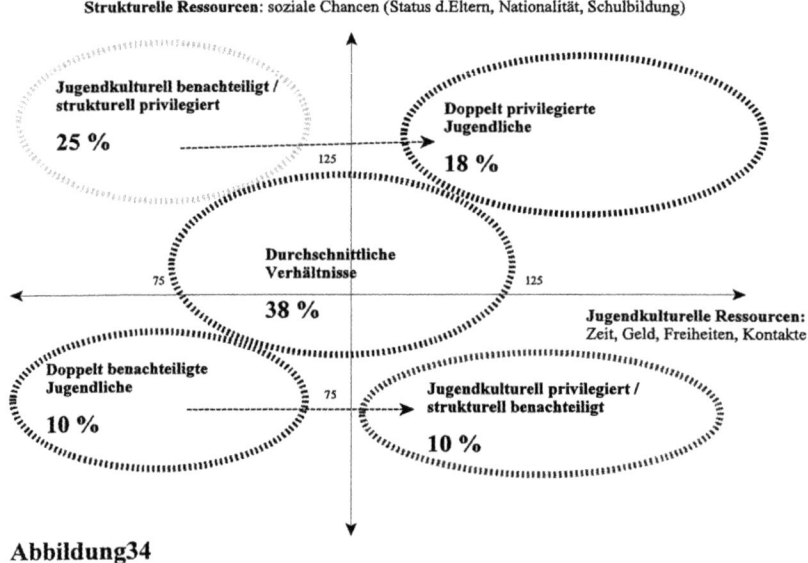

Abbildung 34

Die Prozentangaben in der Abbildung beziehen sich auf die Verteilung der in Staufen befragten Jugendlichen auf die fünf Typen, die sich über die beiden Achsen definieren lassen[52]:

---

[52] Zwischen den Typen gibt es natürlich Übergänge, also Fälle, die sich nicht ganz eindeutig dem einen oder anderen Typ zuordnen lassen. In diesen Fällen wurde so verfahren, dass der Typ zur Klassifizierung gewählt wurde, zu dem der Abstand auf den beiden Dimensionen minimal ist.

- jugendkulturell benachteiligt (wenig Zeit, wenig Geld,
  wenig Freiheiten, wenig Kontakte) aber strukturell
  privilegiert (gute soziale Chancen)   25 %
- doppelt privilegierte Jugendliche (viel Zeit, viel Geld,
  viel Freiheiten, viel Kontakte und gute soziale
  Chancen)   18 %
- durchschnittliche Verhältnisse   38 %
- doppelt benachteiligte Jugendliche (wenig Zeit, wenig
  Geld, wenig Freiheiten, wenig Kontakte und ungünstige
  soziale Chancen)   10 %
- strukturell benachteiligte Jugendliche (ungünstige
  Chancen), aber jugendkulturell privilegiert (viel
  Zeit, viel Geld, viel Freiheiten, viel Kontakte)   10 %

Die Verteilung dieser Typen unterscheidet sich nicht signifikant für Jungen und Mädchen. Allerdings variieren die Ressourcentypen z.T. mit dem Alter:
- der Anteil der "doppelt privilegierten" Jugendlichen steigt mit zunehmendem Alter, von 15 % in der jüngsten Gruppe auf 28 % bei den älteren Jugendlichen und
- der Anteil der "doppelt benachteiligten" Jugendlichen sinkt mit steigendem Alter und reduziert sich von 19 % in der jüngeren Gruppe auf 0 % bei den älteren.
- Dafür steigt mit zunehmendem Alter der Anteil der "jugendkulturell privilegierten" aber "strukturell benachteiligten" Jugendlichen - das sind Jugendliche mit viel Zeit, Geld, Freiheiten, Kontakten aber ungünstigen sozialen Chancen.

Diese deutliche Altersabhängigkeit zeigt, dass einige dieser Typen gewissermaßen "Übergangs-konstellationen" darstellen: Die strukturellen Ressourcen sind relativ konstant, während die jugendkulturellen Ressourcen sehr viel variabler sind und in hohem Maße vom Alter abhängen. Mit steigendem Alter ändern sich also im Allgemeinen nicht die strukturellen Ressourcen, wohl aber einige der jugendkulturellen Ressourcen: insbesondere die Freiheiten und die Verfügbarkeit über Geld nehmen im Allgemeinen zu. Auf diese Weise verändern sich die "jugendkulturell benachteiligten und strukturell privilegierten" zu "doppelt privilegierten", und die "doppelt benachteiligten" werden sehr oft zu "jugendkulturell privilegierten und strukturell benach-teiligten".

2. Soziale Ungleichheit und der Habitus von Jugendlichen - jugendkulturelle Orientierungen

Wir vermuten, dass Freizeitinteressen, Freizeitverhalten und Wünsche nach Angeboten nicht zufällig verteilt sind, sondern sich - zwar nicht vollständig, aber doch zu einem beträchtlichen Grad - mit diesen Ressourcentypen in Verbindung bringen lassen. Dahinter steht die Überlegung, dass diese Ressourcentypen auch mit Möglichkeiten und Hindernisse verbunden sind, spezifische Anpassungsleistungen erfordern und deshalb bis zu einem gewissen Grad den Habitus von Jugendlichen prägen. Wir vermuten, dass sich diese Prägung zu relativ stabilen Dispositionen verfestigt, die wir als "jugendkulturelle Orientierungen" beschreiben und im Rahmen dieser Studie wie folgt klassifizieren[53]:

---

[53] Ähnliche Typen wurden für die Jugendstudie Pforzheim definiert;Vgl. B. Blinkert / P. Höfflin (1995). Wesentliche und hilfreiche Anregungen zur Definition und Analyse der jugendkulturelle Orientierungen verdanken wir Markus Winkelmann.

1. institutionell integrierte Jugendliche,
2. hedonistische Jugendliche,
3. Jugendliche mit einer Medienorientierung
4. kulturelle Interessierte und
5. aktionsorientierte Jugendliche.

Diese Orientierungen sind zwar *relativ* stabil, aber durchaus einem Wandel unterworfen, der sich z.T. durch das Alter erklären lässt, d.h. durch eine altersbedingte Veränderung von Interessenlagen, z.T. aber auch von allgemeineren Strömungen und Trends abhängig ist, von der Veränderung von Stilen und jugendkulturellen Moden. Für eine gewisse - natürlich nicht genauer bestimmbare - Zeit jedoch bilden diese Orientierungen den Kristallisationskern für das Selbstverständnis von Jugendlichen und äußern sich dann auch in ganz konkreten Freizeitwünschen, in Wünschen nach weiteren Angeboten und in der Nutzung bestimmter Orte für Freizeitzwecke. Sowohl in der Realität wie auch im Rahmen unserer Untersuchung lassen sich diese Typen natürlich nicht klar abgrenzen und es gibt auch Überschneidungen: jemand kann z.B. sowohl institutionell integriert sein, wie auch medienorientiert und kulturell interessiert oder hedonistisch.

Unsere Vermutung ist, dass sich die für Jugendliche spezifischen Formen von Ungleichheit - darstellbar über die strukturellen und jugendkulturellen Ressourcen - auch auf die Konstitution relativ dauerhafter Orientierungen auswirken. Dabei ist es aber wichtig zu berücksichtigen, dass diese Dispositionen noch keineswegs in einer endgültigen Form verfestigt sind. Darauf deuten allein schon die noch zu berichtenden zum Teil sehr deutlichen Zusammenhänge zwischen Alter und jugendkulturellen Orientierungen hin. Dennoch ist zu erwarten, dass Ungleichheiten in den Anregungen, in den Grenzen und Möglichkeiten, wie sie durch die Verteilung von Ressourcen ja zum Ausdruck kommen, sich auch in den Orientierungen von Jugendlichen niederschlagen und letztlich dann auch in der konkreten Praxis der Jugendlichen, d.h. in den von ihnen bevorzugten Orten und Freizeitbeschäftigungen.

Die Abbildung 35 zeigt, dass es in der Tat einen solchen Zusammenhang zwischen Ressourcen und Orientierungen gibt. Im folgenden werden die Orientierungstypen und ihre Beziehungen zu jugendspezifischen Formen der Ungleichheit erläutert.

Orientierungstypen und strukturelle/jugendkulturelle Ressourcen

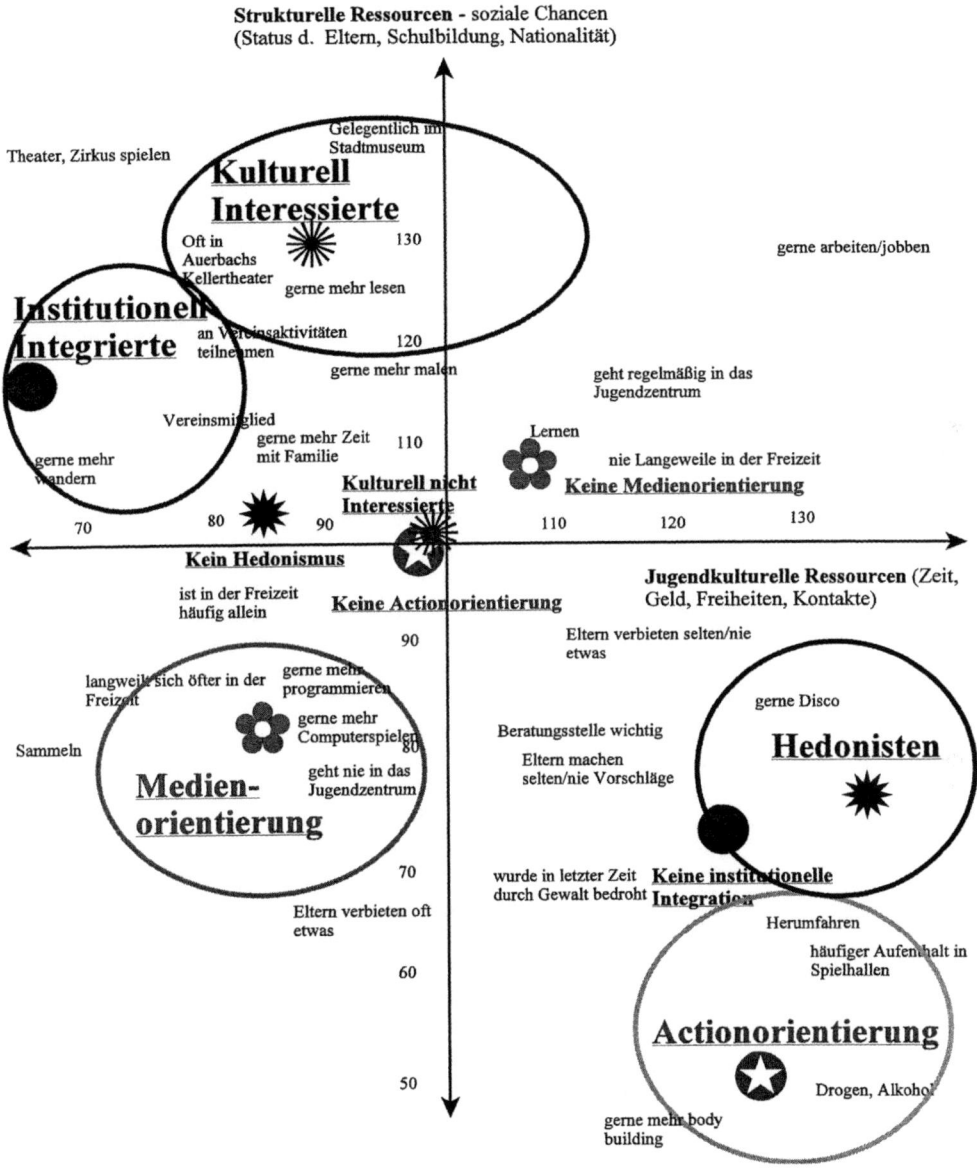

Abbildung35

1. Institutionell integrierte Jugendliche sind Mitglieder in Vereinen, sie halten sich in ihrer Freizeit häufig zuhause auf, meiden Spielhallen und Fitnesscenter und haben an einer oder mehreren der folgenden Aktivitäten ein starkes Interesse: Sammeln, Wandern, Spazieren gehen, Zeit mit der Familie verbringen, Basteln, Handarbeiten, sich fortbilden, an Vereinsaktivitäten teilnehmen, Umgang mit der Natur und mit Tieren, an kirchlichen oder schulischen Aktivitäten teilnehmen. Jugendliche mit einer institutionell-integrierten Orientierung akzeptieren zumindest einen Großteil der an sie durch Familie und Schule herangetragenen Wertvorstellungen und Normen, sie verhalten sich meist konform zu den bestehenden Konventionen, und versuchen ihre Meinungen, Vorstellungen und Ziele innerhalb des gegebenen Regelwerks zu verwirklichen. Dies soll nicht heißen, dass von solchen Jugendlichen immer alles ohne Widerspruch akzeptiert wird, oder dass es sich hier zwangsläufig um erzkonservative Konformisten handeln muss, es bedeutet lediglich, dass der Wunsch nach Veränderungen in gesellschaftlich akzeptierten Bahnen artikuliert wird. Diese Gruppe der „auffällig Unauffälligen" bildet im Normalfall die weitaus größte Gruppe von Jugendlichen. Kennzeichen dieser Gruppe sind vor allem die Orientierung an Werten wie Ausbildung, Leistung und Arbeit, die Mitgliedschaft in Vereinen und/oder Verbänden sowie eine relativ starke Familienorientierung. Ungefähr 50 % der Staufener Jugendlichen verfügen in relativ starkem Maße über diese Orientierung und nur bei 25 % von ihnen konnte keines der dafür definierten Symptome beobachtet werden. Der Anteil der stark institutionell Integrierten variiert mit dem Alter und sinkt von 56 % bei den jüngeren (12 bis 14 Jahre) auf nur noch 42 % bei den älteren (17 und 18 Jahre).

Für die *institutionell integrierten Jugendlichen* sind relativ hohe strukturelle Ressourcen typisch - also Eltern mit einem Mittelschichtstatus und eine gute Schulbildung - und relativ wenig jugendkulturelle Ressourcen, d.h. im Vergleich zu den anderen Jugendlichen haben sie insbesondere weniger Zeit, weniger Freiheiten und weniger frei verfügbares Geld.

Diese "auffällig Unauffälligen" sind also insofern auch integriert, als sie einerseits mittlere bis gute soziale Chancen erwarten können und andererseits nur in relativ begrenztem Umfang über Möglichkeiten wie Zeit, Geld und Freiheiten verfügen können, die mit einer gewissen Unabhängigkeit von der Kontrolle durch Erwachsene verbunden sind. Das ist bei den Jugendlichen, die in dem hier definierten Sinne nur wenig integriert sind gänzlich anders. Sie haben viel jugendkulturelle aber wenig strukturelle Ressourcen, also eher ungünstige soziale Chancen aber dafür recht gute Möglichkeiten, sich von kontrollierenden und Anregung gebenden Erwachsenen in einem relativ hohen Maße unabhängig zu machen.

2. Actionorientierte Jugendliche halten sich häufig in Fitnesscentern und Spielhallen auf, fahren gerne mit dem Mofa oder Moped herum, betreiben gerne Kampfsport- und Erlebnissportarten und body building und machen gerne "einen drauf" - z.B. indem sie kiffen oder trinken.

Bei 88 % der Staufener Jugendlichen konnte keines dieser Merkmale beobachtet werden - nur 3 % zeigen deutliche Anzeichen einer Actionorientierung und bei weiteren 9 % ergab sich eine Einstufung als "gering actionorientiert"[54]. Der Anteil der stark und gering Actionorientierten variiert mit dem Alter und steigt von 8 % in der jüngsten Altersgruppe auf 18 % bei den älteren. Jungen sind häufiger actionorientiert (17 % gering und stark) als Mädchen (8 %).

Für die *Actionorientierten* sind im Durchschnitt sehr geringe strukturelle Ressourcen typisch, d.h. sie sind eher benachteiligt im Hinblick auf ihre künftigen Startchancen. Sie verfügen aber in hohem Maße über jugendkulturelle Ressourcen, d.h. sie haben viele Freiheiten, viel Zeit, Kaufkraft und Kontakte mit anderen. Die von uns zur Definition von Actionorientierung

---

[54] Ähnlich geringe Anteile für Actionorientierung konnten wir auch in der für die Stadt Pforzheim durchgeführten Jugendstudie beobachten, vgl. B. Blinkert / P. Höfflin (1995)

berücksichtigten Indikatoren lassen erwarten, dass Jugendliche mit hohen Werten auf dieser Skala nicht nur ein starkes Interesse an "action" haben, sondern tendenziell auch die Neigung, körperliche Gewalt als ein Mittel zur Konfliktlösung in Betracht zu ziehen. Gewaltbereitschaft und Gewalterfahrung haben in Staufen insgesamt nur eine marginale Bedeutung. Allerdings entspricht die hier für die Actionorientierten beobachtete Ressourcenkonstellation auch den Befunden anderer Studien über gewaltbereite Jugendliche[55]. Es ist deshalb zu vermuten, dass Gewaltbereitschaft am ehesten unter den für die Actionorientierten charakteristischen Bedingungen zu erwarten ist: bei Jugendlichen, die aufgrund ihrer sozialen Herkunft und ihrer Schulbildung eher ungünstige soziale Chancen haben, die andererseits aber über relativ viel Zeit, Geld, Freiheiten und Kontakte mit anderen Jugendlichen verfügen können und weitgehend dem kontrollierenden und zivilisierenden Einfluß von Schule und Familie entzogen sind.

Insgesamt hat dieser Orientierungstyp aber mit weniger als 10 % nur eine sehr geringe quantitative Bedeutung, und bei den Jugendlichen mit der beschriebenen Ressourcenkonstellation kommt er zwar deutlich häufiger vor, ist aber auch hier mit rund 25 % keineswegs der Modaltyp.

3. Medienorientierte Jugendliche beschäftigen sich in ihrer Freizeit gerne mit dem Computer, surfen im Internet oder haben an Fernsehen und Videos ein starkes Interesse und würden sich auch gerne mehr damit beschäftigen, wenn sie die Möglichkeit dazu hätten. Die Möglichkeiten einer Beschäftigung mit den Unterhaltungsmedien hat sich nicht zuletzt durch die Einführung des Kabelfernsehens und der damit verbundenen enormen Erweiterung des Senderspektrums, der raschen Weiterentwicklung im Homecomputerbereich zusammen mit der damit verbundenen Verbesserung der Anwenderfreundlichkeit, sowie durch das sich seit Mitte der neunziger Jahren zum Massenmedium erweiterte Internet, an Reiz hinzugewonnen. Neben den „traditionellen" Medien Fernsehen und Video, ist daher vor allem der Computer auf Grund seiner technischen Weiterentwicklung auch bei Jugendlichen zu einer bedeutsamen Freizeitbeschäftigung avanciert. Das spezifisch Neue, im Vergleich zum Fernsehen, liegt in den wesentlich erweiterten Interaktions- und Kommunikationsmöglichkeiten, welche der Computer gerade auch im Verbund mit dem Internet in virtuellen Räumen ermöglicht, sei es beim chat, beim e-mailen beim (vielleicht sogar Online-) Computerspiel, oder auch bei der Erstellung einer Homepage oder beim Programmieren. Neben den Möglichkeiten einer weltweiten Vernetzung via Internet kann aber auch die Möglichkeit einer Vernetzung von Computern in kleinerem Rahmen - ob auf so genannten LAN-Parties mit zum Teil mehreren Hundert Teilnehmern oder im engeren Freundeskreis - für eine dahingehend orientierte Gruppe von Jugendlichen einen gewissen Reiz haben. Unter einer Medienorientierung wird daher das Interesse verstanden, sich in seiner Freizeit gerne mit Fernsehen, Video, DVD, dem Computer oder dem Internet zu beschäftigen.

Bei zwei Dritteln der Staufener Jugendlichen konnten wir überhaupt keine Anzeichen für eine Medienorientierung feststellen, rund ein Viertel sind in geringem Umfang medienorientiert und nur 12 % lassen sich als "stark medienorientiert" einstufen: Fernsehen und/oder Computer stehen bei ihnen im Mittelpunkt der Freizeitgestaltung und sie wünschen sich auch, diese Medien noch mehr nutzen zu können. Insgesamt sind diese geringen Anteile - auch angesichts der in den letzten Jahren entstandenen neuen Möglichkeiten - überraschend und widersprechen dem Bild von den "fernseh- und computersüchtigen" Jugendlichen. Die uns verfügbaren Vergleichsdaten

---

[55]Vgl. u.a. W. Heitmeyer et al. (1995)

deuten darauf hin, dass die Staufener Jugendlichen eher etwas weniger medienorientiert sind als im Durchschnitt[56].

Mit zunehmendem Alter verringert sich der Anteil der stark Medienorientierten von 14 % in der Gruppe der 12- bis 14jährigen auf nur noch 2 % bei den 17- und 18jährigen. Bei den Jungen ist der Anteil der stark an Medien Interessierten mit 19 % deutlich höher als bei den Mädchen (5 %). Im Hinblick auf Ressourcen-Ungleichheiten entsprechen die stark Medienorientierten am ehesten der Konstellation der doppelten Benachteiligung: Sie haben aufgrund ihrer geringen strukturellen Ressourcen eher ungünstige soziale Chancen und auch ihre jugendkulturellen Ressourcen - also Zeit, Geld, Freiheiten, Kontakte - sind eher gering.

Der Typ der Medienorientierung weist im übrigen hinsichtlich der Ressourcenkonstellation ganz ähnliche Merkmale auf wie die Aktivität "Vorliebe für Sammeln", oder wie die Aussagen "bin in meiner Freizeit oft allein" und "langweile mich häufig". Auch Jugendliche, die nie in das Jugendzentrum gehen, haben eine ähnliche Ressourcenkonstellation, d.h. auch sie sind unter beiden Gesichtspunkten benachteiligt. Diese "Nachbarschaften" lassen vermuten, dass die Beschäftigung mit Medien für viele nicht selten eine Kompensation ist und fehlende Freunde und Anregungen ausgleichen soll. Für diese Annahme spricht auch, dass die Jugendlichen, deren Eltern ihnen oft etwas verbieten, in einer ähnlichen Weise nur in relativ geringem Umfang über strukturelle und jugendkulturelle Ressourcen verfügen. Da mit zunehmendem Alter zumindest mit einer Zunahme der jugendkulturellen Ressourcen zu rechnen ist, wäre zu erwarten, dass sich auch die Orientierungen der medienorientierten Jugendlichen zumindest zum Teil ändern und u.U. in Richtung Actionorientierung oder Hedonismus tendieren.

Jugendliche, bei denen keinerlei Symptome für eine Medienorientierung festgestellt werden konnten, sind hinsichtlich ihrer Ressourcenkombination ein Gegentyp zu den Medienorientierten. Sie verfügen über deutlich mehr strukturelle und jugendkulturelle Ressourcen und sind in dieser Hinsicht ähnlich ausgestattet wie Jugendliche, die regelmäßig in das Jugendzentrum gehen und "Lernen" als eine gern praktizierte Freizeitbeschäftigung nennen.

4. Hedonistisch orientierte Jugendliche haben ein starkes Interesse an Aktivitäten, die im weitesten Sinne mit Ausgehen und Entspannen zu tun haben: Disko, Kino, Cafés, Bistros oder Gaststätten besuchen, auf Parties gehen, durch´s Städtle bummeln, Shopping oder aber nichts tun und faulenzen. *Hedonismus* steht im Griechischen für „Freude", „Vergnügen", „Lust". Eine hedonistische Orientierung äußert sich in dem Bestreben, seine Zeit möglichst genussvoll zu erleben, und kann in Bezug auf Jugendliche als der Wunsch interpretiert werden, möglichst viel und oft jugendspezifische Freizeit- und Konsumangebote zu nutzen. Ein hedonistischer Jugendlicher sucht den Spaß um seiner selbst Willen, also ohne einen tiefer liegenden Sinn oder ein weitergehendes Ziel. Eine hedonistische Handlung kann mit Nutzen verbunden sein, wie beispielsweise ein erfolgreicher Einkaufsbummel, muss aber nicht unbedingt nützlich sein. Der eigentliche Zweck der Handlung liegt im Spaß haben selbst, also zum Beispiel im Feiern einer Party, beim Flanieren durch die Innenstadt oder dem ungestörten Ausleben von Hobbys oder Neigungen. Obwohl anzunehmen ist, dass eine gewisse hedonistische Grundstimmung zu den kulturellen Selbstverständlichkeiten von Jugendlichen gehört, konnte bei rund 30 % der Staufener Jugendlichen keines der dafür vorgesehenen Symptome beobachtet werden und nur für 30 % ergab sich eine Einstufung als "deutlich hedonistisch". Dieser Anteil ist bei den Mädchen

---

[56] Eine Sekundärauswertung der Shell-Jugendstudie 1997 für die Ortsgrößen 5.000 - 20.000 Einwohner in den alten Bundesländern lässt die folgenden Anteile erkennen: "oft" und "sehr oft" mit dem Computer spielen 41 %, Fernsehen 80 %, Videos schauen 51 %. Diese Daten sind aber nur begrenzt mit den Ergebnissen für Staufen vergleichbar, da nach diesen Aktivitäten nicht in der gleichen Weise gefragt wurde.

mit 37 % signifikant höher als bei den Jungen (24 %) und variiert sehr stark mit dem Alter: von den 12- bis 14jährigen entsprechen nur 8 % in deutlicher Weise dem Typ "hedonistische Orientierung", bei den 17- und 18jährigen dagegen 58 %.

Für die hedonistischen Jugendlichen ist eine ähnliche Ressourcenkonstellation charakteristisch wie für die Actionorientierten. Auch sie sind jugendkulturell privilegiert - haben also relativ viel Zeit, Geld, Freiheiten und Kontakte - und sind strukturell eher benachteiligt, allerdings weniger deutlich als die Actionorientierten.

5. Kulturell interessierte Jugendliche besuchen in ihrer Freizeit kulturelle Veranstaltungen wie Theateraufführungen. Sie sind selber kreativ, machen Musik, spielen ein Instrument, malen oder fotografieren gern und halten sich relativ häufig an Orten mit kulturellem Anspruch auf: in Büchereien, in Auerbach's Kellertheater, im Stubenhaus, Stadtmuseum oder im Keramikmuseum von Staufen. Für 76 % der Staufener Jugendlichen, also für rund drei Viertel, kann keines der auf ein kulturelles Interesse hindeutenden Symptome beobachtet werden. Nur 3 % zeigen ein deutliches kulturelles Interesse und rund 20 % sind in "gemäßigtem Maße" an Kultur interessiert. Der Anteil der gering oder stark kulturell Interessierten ist bei den Mädchen mit 34 % deutlich höher als bei den Jungen (13 %) und variiert nicht mit dem Alter.

Die deutlich kulturell interessierten Jugendlichen verfügen in hohem Maße über strukturelle Ressourcen. Ihre Eltern haben überwiegend einen Sozialstatus in der oberen Mittelschicht und sie selber besuchen das Gymnasium. Die jugendkulturellen Ressourcen dieser Gruppe sind jedoch unterdurchschnittlich: sie haben weniger Zeit, weniger Geld und weniger Freiheiten als der Durchschnitt der Staufener Jugendlichen. Es ist zu vermuten, dass diese Ressourcenkonstellation auf der einen Seite mit beträchtlichen Anregungen und Einflüssen durch die Eltern verbunden ist und auf der anderen Seite aber auch mit einer gewissen Kontrolle.

Ein "Schlusswort"

Was wissen wir nun über die Jugendlichen in Staufen? Eines wissen wir mit Sicherheit: Die in den Medien meist spektakulär berichteten Vorstellungen sind hier - wie auch in den meisten anderen Orten - nicht zutreffend. Es gibt so gut wie keine gewaltbereiten Jugendlichen. Auch mediensüchtige Jugendliche scheinen in Staufen eine Minderheit zu sein. Und auch die oft beschworenen Klagen von den konsumabhängigen Jugendlichen konnten wir in Staufen nicht verifizieren. Die Jugendlichen in Staufen sind ganz überwiegend "unauffällig" - aber nicht im negativen Sinne. Durch die Interviews, aber auch in der Vorbereitungsgruppe, haben wir originelle und kreative Jugendliche kennen gelernt, auch Jugendliche, die kritisch sind, die Neugier entwickeln und ungewöhnliche Fragen stellen. Mit "unauffällig" meinen wir nur, dass ein vorrangig an Problemen ausgerichteter Diskurs über Jugendliche nicht angemessen wäre. Jugend in Staufen - und nicht nur in Staufen - ist kein besonders gutes Anwendungsgebiet für Theorien über Gewalt, Kriminalität oder andere Verhaltensstörungen. Jugend in Staufen - und in vielen anderen Orten - ist etwas ganz Normales.

Nun kann man sich natürlich fragen, warum dann der ganze Aufwand? Nicht nur diese Untersuchung, sondern auch die Jugendarbeit, gar die Stelle einer Jugendreferentin. Auf diese Fragen gibt es einige allgemeine und einige für Staufen spezifische Antworten. Unsere Untersuchung hat gezeigt, dass im Durchschnitt die Staufener Jugendlichen über sehr gute Ressourcen verfügen. Ihre strukturellen Ressourcen - alles das, was für die sozialen Startchancen wichtig ist, vor allem Schulbildung - sind überdurchschnittlich, wenn wir Staufen mit dem Bundesgebiet insgesamt vergleichen. Auch ihre jugendkulturellen Ressourcen können sich sehen lassen: im Hinblick auf freie Zeit, Kaufkraft, Kontakte und Freiheiten ist ihre Situation nicht schlechter als anderswo. Und wenn wir beides zusammennehmen: den Jugendlichen in Staufen geht es gewiss nicht schlecht - bei Betrachtung der *Durchschnittswerte*.

Geht man ins Detail, so zeigen sich aber doch einige Probleme: Es gibt auch in Staufen Jugendliche mit einem sehr niedrigen strukturellem Kapital, das sind vor allem die Hauptschüler, die einen Anteil von rund 16 % an den Jugendlichen haben. Diese Gruppe ist in Staufen eine Minorität und wir haben den Eindruck, dass sie auch nur sehr begrenzt und am Rande an der Staufener Jugendkultur teilhaben kann. Ein Indikator dafür ist, dass sie viel seltener das Juze besucht als andere und aus den Gruppendiskussionen haben wir gelernt, dass diese Gruppe dort auch nicht immer gern gesehen ist. Auch wenn es sich hier um eine kleine Gruppe handelt, wäre es doch sehr wichtig sie einzubeziehen. Das ist auch deshalb wichtig, weil wir in Staufen - wie auch sonst überall - einen nicht unbeträchtlichen Trend zur "Status-Vererbung" feststellen konnten. Die Schulbildung, bzw. der Schulbesuch korreliert sehr deutlich mit dem sozialen Status der Eltern. In einer Stadt, in der die überwiegende Mehrheit der Jugendlichen in einem sozialen Sinne nicht benachteiligt ist, tut Benachteiligung besonders weh, ist vielleicht sogar ein Stigma. Gerade die im *Durchschnitt* so günstige Situation der Staufener Jugendlichen macht besondere Anstrengungen gegenüber den weniger Begünstigten dringend erforderlich. Natürlich kann das nicht allein Sache der Jugendsozialarbeit sein, auch die Schulen, die Vereine, die Eltern und die Jugendlichen selber sind gefragt. Wenn der Anteil der Jugendlichen mit einer deutlichen Actionorientierung bei niedrigen strukturellen und hohen jugendkulturellen Ressourcen erheblich höher ist als im Durchschnitt, werden natürlich Habitus-Unterschiede deutlich - vor allem gegenüber den institutionell Integrierten und den Kulturbeflissenen, die i.a. ja eher über günstige Startchancen verfügen, also über viel strukturelle Ressourcen. Wie kann man zwischen diesen Unterschieden vermitteln? Hilft dabei das Wissen, dass diese Orientierungen nicht zufällig zustande kommen, sondern auch die Stellung im System der Ungleichheit reflektieren? Ist es hilfreich, wenn man einen Schritt weitergeht und daran denkt, dass diese Orientierungen - also letztlich die Praxis der Jugendlichen - wiederum die Stellung im Ungleichheitssystem reproduzieren? Es gehört nicht viel Phantasie dazu, um sich vorzustellen, dass Jugendliche, die ihren Tag mit Herumfahren oder in Fitness-Centern verbringen, eine andere Perspektive gegenüber ihrer sozialen Zukunft und auch andere Kompetenzen erwerben als diejenigen, die sich an Vereinsaktivitäten beteiligen, Theater spielen, Musizieren oder gerne Lesen.

In unserer Untersuchung haben wir uns intensiv mit Räumen befasst. Dabei konnten wir etwas entdecken, das eine Art roter Faden für ein Verständnis der Situation von Staufener Jugendlichen ist. Diese Jugendlichen leben in einem sehr schönen Städtchen, in einer Art Idylle, aber es gibt für sie wenig Räume, die für sie einen Erlebniswert haben. Das ist natürlich verständlich, denn die Jugendlichen sehen ihre Stadt mit anderen Augen als Erwachsene oder Touristen. Dabei erscheinen uns die Staufener Jugendlichen im Hinblick auf Erlebnisse schon ziemlich bescheiden. Das zeigten jedenfalls die Gruppendiskussionen. Man erwartet gar nichts besonderes, sondern etwas erleben kann schon heißen, andere zu treffen. Staufen als Kleinstadt kann natürlich nicht alles das bieten, was Jugendliche in einer großen Stadt unter die Rubrik "Erlebnisse" einordnen würden: z.B. Begegnungen mit "schrägen Typen" oder "schrille Orte" wie z.B. das Cräsh in Freiburg, ganz zu schweigen von Diskos, Kinos oder Plätzen wie dem Freiburger Augustiner-Platz, wo abends was abgeht, aber auch Grenzerfahrungen mit anderen Jugendlichen wie Skins oder Punks. Der Soziologe Richard Sennett hat eine Abhandlung über den Nutzen von Unordnung verfasst (The Use of Disorder), und zwar gerade für die Herausbildung von Identität und Selbständigkeit bei Jugendlichen. Natürlich kann man die Situation in Staufen im Hinblick auf diesen Aspekt nicht ändern - auch die Jugendreferentin wird nicht für etwas mehr Unordnung und Chaos im Städtchen sorgen können. Aber ist es wirklich zu viel verlangt, die sehr bescheidenen Ansätze der Jugendlichen zur Produktion von ein bisschen Unordnung im Umfeld ihres geliebten Juze mit etwas mehr Toleranz zu behandeln? Die Jugendlichen scheinen ein besseres Gespür als Erwachsene dafür zu haben, dass es zwei Dinge gibt, die die Menschheit ständig bedrohen: das eine ist Chaos und das andere ist Ordnung (P. Schaeffer).

Zum Schluss noch ein paar Worte zum Juze: Die Ergebnisse zum Thema Jugendzentrum geben Anlass, über die Frage nachzudenken, ob Staufen denn überhaupt ein Jugendzentrum braucht. Üblicherweise werden Jugendzentren eher für benachteiligte Jugendliche angeboten. Das ist vielleicht nicht immer ein damit verbundenes manifestes Ziel, aber die Praxis läuft doch meistens darauf hinaus. Das konnten wir z.B. auch für die Stadt Pforzheim feststellen: Die regelmäßigen Jugendzentrumsbesucher rekrutierten sich überwiegend aus der Gruppe der strukturell benachteiligten Jugendlichen, haben also aufgrund ihrer Schulbildung und ihrer sozialen Herkunft eher ungünstige soziale Chancen. Ein Jugendzentrum übernimmt dann eine Art kompensatorische Funktion: es soll Benachteiligungen ausgleichen, die sich aufgrund der geringen strukturellen Ressourcen für diese Jugendlichen sonst vielleicht ergeben würden. Das ist in Staufen ganz anders. In Staufen ist das Jugendzentrum der örtliche Kristallisationskern für eine Jugendkultur von "unauffälligen Jugendlichen", die aufgrund ihrer Schulbildung und ihrer sozialen Herkunft nicht eine Karriere an der Peripherie dieser Gesellschaft vor Augen haben, sondern mit günstigen Chancen rechnen können. Man könnte nun einwenden, dass diese Jugendlichen ein Jugendzentrum überhaupt nicht brauchen. Eine Kompensation von Nachteilen sei nicht notwendig und sie bzw. ihre Eltern sind auch so "gut situiert", dass sie in der Lage sein müßten, auch ohne ein Jugendzentrum ihren Interessen nachgehen zu können. Eine solche Entscheidung wäre angesichts von Sparzwängen zwar durchaus naheliegend, aber wir halten sie aus den folgenden Gründen nicht für richtig:

(1) Im ländlichen Bereich, bzw. in kleineren Städten werden von Jugendzentren auch andere Funktionen wahrgenommen als in Großstädten. Es steht weniger das Ziel im Vordergrund, einen Ausgleich für benachteiligte Jugendliche zu schaffen, sondern Jugendzentren sollen einen sehr viel größeren Kreis ansprechen und einen Ausgleich schaffen, für die im allgemeinen nicht sehr günstigen Möglichkeiten, jugendspezifischen Interessen nachgehen zu können.

(2) Es ist keineswegs so, dass nur Jugendliche mit guten sozialen Chancen das Jugendzentrum besuchen und dass das Jugendzentrum für alle anderen bedeutungslos wäre. Die eher privilegierten Jugendlichen sind lediglich überrepräsentiert, aber keineswegs die alleinigen Nutzer.

(3) Staufen ist zwar eine sehr schöne und idyllische Stadt, die auch von den Jugendlichen ganz überwiegend so gesehen wird. Dabei darf man jedoch nicht übersehen, dass es in Staufen nur sehr wenig jugendspezifische Angebote gibt. Die große Akzeptanz des Jugendzentrums beruht ja auch darauf, dass es nur wenig Alternativen gibt. Selbst die kommerziellen Angebote können diese Lücke nicht füllen. Wenn man nicht will, dass die Jugendlichen sich noch mehr aus Staufen weg orientieren, um ihren Interessen nachzugehen, wird man ihnen einen vielfältig nutzbaren Ort wie das Jugendzentrum zugestehen müssen.

(4) Räume wie das Jugendzentrum, vor allem wenn sie mit der Möglichkeit der Selbstverwaltung verbunden sind, sind nicht nur "Vergnügungsstätten", sondern sind auch mit wichtigen Lernmöglichkeiten verbunden: man kann andere Jugendliche kennen lernen, man begegnet Fremden und muss einen dafür geeigneten Verhaltensstil entwickeln, man kann und muss Verantwortung übernehmen, um Anlässe wie Feste oder Jugendkonzerte zu planen und deren Ablauf zu gestalten ... kurz: ein Ort wie das Jugendzentrum ermöglicht es vielen Jugendlichen, ein hohes Maß an verbindlicher Verantwortung in öffentlichen Rollen zu übernehmen und die dafür erforderlichen Kompetenzen zu trainieren. Niemand kann bezweifeln, dass diese Kompetenzen in einer Zivilgesellschaft allergrößte Bedeutung besitzen.

(5) Es ist nicht nur ein schlechter Stil, sondern hat auch demotivierende und demoralisierende Wirkung, wenn für Jugendliche nur etwas getan wird, wenn sie "auffällig" werden. Die Mehrheit der Jugendlichen ist ja nicht "auffällig" und diese Mehrheit stellt sich zwangsläufig die Frage, warum es denn diese Ungleichbehandlung gibt und ob es nicht ratsam sein könnte, unter diesen Bedingungen einer nicht recht verständlichen Verteilungspolitik etwas weniger unauffällig zu sein.

In welcher Weise ein Jugendzentrum in Staufen angeboten wird, ob das in der alten Form und am alten Ort geschehen sollte, kann ja durchaus Gegenstand eines öffentlichen Diskurses sein. Es ist sicher sinnvoll über Optionen nachzudenken:

- Mehrere dezentrale Räume statt eines einzigen Zentrums?
- Völlige Selbstverwaltung oder Mitbeteiligung von Jugendreferat bzw. anderen Organisationen?
- Gleicher Ort oder an anderer Stelle, die vielleicht weniger zu Konflikten führt?

Literatur

Baacke, D., Ferchhoff, W.: Jugend und Kultur. in: H.-H. Krüger (Hg.), Handbuch der Jugendforschung, S.403-446, Opladen: 1993

Baumert, J. u.a. (Hg.): PISA 2000. Basiskompetenzen von Schülerinnen und Schülern im internationalen Vergleich. Leverkusen: 2002

Becker, H., Eigenbrodt, J., May, M.: Pfadfinderheim, Teestube, Straßenleben. Frankfurt: 1984

Blinkert, B.: Jugend, Freizeit und offene Jugendarbeit, in: Stadt Freiburg, Dezernat für Jugend, Soziales und Gesundheit (Hg.), Materialien zur Jugendhilfeplanung, Bd. 4, Jugendpolitik in Freiburg. Freiburg: 1995

Blinkert, B.: Rahmenbedingungen für "Jugendhilfe 2000+", in: AFET Mitglieder - Rundbrief der Arbeitsgemeinschaft für Erziehungshilfe, Nr. 4, Dez. 1998, S. 4 - 14. Hannover: 1998

Blinkert, B.: Aktionsräume von Kindern in der Stadt. Eine Untersuchung im Auftrag der Stadt Freiburg (Freiburger Kinderstudie). Pfaffenweiler (Centaurus): 1993

Blinkert, B., Höfflin, P.: Jugend - Freizeit und offene Jugendarbeit. Pfaffenweiler (Centaurus): 1995

Blücher, V.: Jugend, Bildung und Freizeit. Bielefeld: 1966

Böhnisch, L., Münchmeier, R.: Pädagogik des Jugendraums. Zur Begründung und Praxis einer sozialräumlichen Jugendpädagogik. Weinheim und München: 1990

Bourdieu, P.: Die feinen Unterschiede. Frankfurt: 1984

Büchner, P., Krüger, H.H. (Hg.): Aufwachsen hüben und drüben. Opladen: 1991

Clarke, J. et al.: Jugendkultur als Widerstand. Frankfurt: 1979

Dudek, Peter: Jugend als Objekt der Wissenschaften. Geschichte der Jugendforschung in Deutschland und Österreich 1890 - 1933. Opladen: Westdeutscher Verlag: 1990

Eisenstadt, S.N.: Von Generation zu Generation,. München: , 1966

Fend, H.: Sozialgeschichte des Aufwachsens. Bedingungen des Aufwachsens und Jugendgestalten im zwanzigsten Jahrhundert. Frankfurt: 1988

Ferchhoff, W., Sander, U., Vollbrecht, R.: Jugendarbeit ohne Jugendliche? Zum Verhältnis von Medien, Kommerz, Individualisierung und Formen der offenen Jugendarbeit. in: Deutsche Jugend, H.7/8, Jg. 36: 1988

Fischer-Kowalski, M.: Halbstarke 1958, Studenten 1968: Eine Generation und zwei Rebellionen, in: U.Preuss-Lausitz u.a. (Hg.), Kriegskinder, Konsumkinder, Krisenkinder, S. 53-70. Weinheim/Basel: 1989

Friedrich, P. u.a.: Die 'Lücke-Kinder' : zur Freizeitsituation von 9- bis 14jährige n. Weinheim: 1989

Fuchs, W.: Jugendliche Statuspassagen oder individualisierte Jugendbiographie. in: Soziale Welt 34, S. 341-371: 1983

Gaiser, W., Müller, H.-U.: Erosion der Normalbiographie und Muster der Lebensbewältigung von jungen Erwachsenen in der Großstadt. in: Schweiz. Zeitschr. f. Soziologie 15, S. 15-37: 1989

Hartung, K.: Der Untergang der Jugend. Monolog über einen gealterten Begriff. in: Kursbuch 113: Deutsche Jugend, Berlin, S. 144-157: 1993

Heitmeyer, W., Collmann, B., Conrads, J., Matuschek, I., Kraul, D., Kühnel, W., Müller, R., Ulbrich-Hermann, M.: Gewalt. Schattenseiten der Individualisierung bei Jugendlichen aus unterschiedlichen Milieus. Weinheim/München: Juventa1995

Hurrelmann, K., Neubauer, G.: Sozialisationstheoretische Subjektmodelle in der Jugendforschung. in: W. Heitmeyer (Hg.), Interdisziplinäre Jugendforschung, Weinheim/München: 1986

Jugendwerk der Deutschen Shell (Hg): Jugend 2000 - 13. Shell Jugendstudie. Opladen: 2000

Kieper, M.: Lebenswelten verwahrloster Mädchen. München: 1980

Krüger, H.H.: Zum Wandel von Freizeitverhalten und kulturellen Lebensstilen bei Heranwachsenden in Westdeutschland, in: P. Büchner, H.H. Krüger (Hg.): Aufwachsen hüben und drüben, S. 203-223. Opladen: 1991

Krüger, H.-H., Thole, W.: Jugend, Freizeit und Medien. in: H.H. Krüger (Hg.), Handbuch der Jugendforschung, Opladen S. 447-472: 1993

Lappe, L.: Berufliche Chancen Jugendlicher in der Bundesrepublik Deutschland, in: Aus Politik u. Zeitgeschichte, Beilage zur Wochenzeitschrift das Parlament B26/1999.

Lenz, K.: Die vielen Gesichter der Jugend. Frankfurt: 1988

Lüdtke, H.: Zwei Jugendkulturen? Freizeitmuster in Ost und West. in: Jugend 92, Lebenslagen, Orientierungen und Entwicklungsperspektiven im vereinten Deutschland, Bd. 2, Jugendwerk der Deutschen Shell (Hg.), Opladen: 1992

Merten, R,: Wertlose Jugend? - Zur aktuellen Wertedebatte um das Verhältnis von Jugend und Gewalt. in: Unsere Jugend 47. Jg., S. 33-41: 1995

Müller, I.: Jugend und Freizeit. Aufgabe der allgemeinen Sozialisation oder einer intentionalen Erziehung durch die Schule. Frankfurt: 1984

Oberwittler, D. et al.: Soziale Lebenslagen und Delinquenz von Jugendlichen. Ergebnisse der MPI-Schulbefragung 1999 in Freiburg und Köln. Arbeitsberichte aus dem MPI für ausländisches und internationales Strafrecht Freiburg i.Br. Freiburg: 1999

Oberwittler, D. et al.: MPI-Schulbefragung Breisgau / Markgräfler Land 2000. Ergebnisbericht. Freiburg: 2000

Olk, T.: Jugend und Gesellschaft. Entwurf für einen Perspektivenwechsel in der sozialwissenschaftlichen Jugendforschung. in: W. Heitmeyer (Hg.), Interdisziplinäre Jugendforschung, Weinheim/München: 1986

Olk, T.: Gesellschaftstheoretische Ansätze in der Jugendforschung. in: H.H. Krüger (Hg.): Handbuch der Jugendforschung, Opladen: 1992

Preuss-Lausitz, U.: Vom gepanzerten zum sinnstiftenden Körper. in: U. Preuss-Lausitz u.a. (Hg.), Kriegskinder, Konsumkinder, Krisenkinder, Weinheim/Basel S. 89-196: 1989

Sennet, R.: The Uses of Disorder. New York: 1970

Silbereisen, R., Vaskovics, L.A., Zinnecker, J. (Hg.): Jungsein in Deutschland. Jugendliche und junge Erwachsene 1991 und 1996. Opladen: 1996

Strzoda, C., Zinnecker, J.: Das persönliche Zeitbudget zwischen 13 und 30, in: R.K. Silbereisen, L.A. Vaskovics, J. Zinnecker (Hg.): Jungsein in Deutschland. Jugendliche und junge Erwachsene 1991 und 1996, Opladen 1996, S. 281-300. Opladen: 1996

Tenbruck, F.H.: Jugend und Gesellschaft. Freiburg: 1962

Thole, W.: Familie - Szene - Jugendhaus. Alltag und Subjektivität einer Jugendclique. Opladen: 1991

Tippelt, R.: Methoden und Ergebnisse der quantitativ orientierten Jugendforschung. in: H.-H. Krüger (Hg.), Handbuch der Jugendforschung, S. 225-248, Opladen: 1993

Tippelt, R. et al.: Jugend und Medien. Weinheim/Basel: 1986

Trotha, T. v.: Zur Entstehung von Jugend. in: Kölner Zeitschr. f. Soziologie u. Sozialpsychologie, 34, S. 254-277: 1982

Tully, C.J., Wahler, P.: Jugend und Ausbildung - von der Statuspassage zur Übergangsbiographie mit open end. in: Schweiz. Zeitschr. f. Soziologie 11, S. 191-213: 1985

Wiesner, C., Silbereisen, R.K.: Lebenslaufereignisse und biographische Muster in Kindheit und Jugend, in: R.K. Silbereisen et al. (Hg.), Jungsein in Deutschland. Jugendliche und junge Erwachsene 1991 und 1996, S. 185-198, Opladen: 1996

Zinnecker, J.: Jugend im Raum gesellschaftlicher Klassen. in: W. Heitmeyer (Hg.), Interdisziplinäre Jugendforschung, S. 99-132, Weinheim/München: 1986

Anhang

- **schriftlicher Fragebogen**
- **mündlicher Fragebogen**

Fallnummer: ☐☐☐☐☐   Interviewer-Nummer: ☐☐☐

Bitte fülle diesen Teil des Fragebogens nun selbst aus und gebe ihn mir zurück. Wir werden ihn dann in einen Umschlag tun. Kreuze bitte einfach die zutreffenden Zahlen an oder schreibe die Antworten auf die Linien. Wenn nicht anders vermerkt, bitte nur *eine Zahl pro Frage* ankreuzen!

0.   Zunächst einmal eine allgemeine Frage, um Dich etwas kennen zu lernen:

Unter diesem Text findest Du 10 nummerierte Leerzeilen. Schreibe in diese Zeilen bitte 10 Antworten auf die Frage **"Wer bin ich?"** Gebe 10 verschiedene Antworten auf diese Frage. Antworte so, als ob Du Dir selbst eine Antwort geben würdest, und nicht irgend einem anderen. Schreibe die Antworten in der Reihenfolge auf, in der sie Dir einfallen. Mache Dir keine Gedanken über Logik oder Wichtigkeit von Antworten. Beeile Dich bei der Beantwortung, da die Zeit begrenzt ist.

1) _____

2) _____

3) _____

4) _____

5) _____

6) _____

7) _____

8) _____

9) _____

10) _____

1. Wie wohnst Du? Bei Deinen Eltern, mit anderen Jugendlichen zusammen, in einer eigenen Wohnung, in einem Wohnheim oder ist etwas ganz anderes zutreffend?

    1   bei den Eltern ☞   Mit beiden Eltern zusammen oder bei einem Elternteil?

                      11   mit beiden zusammen

                      12   bei einem Elternteil: Mutter

                      13   bei einem Elternteil: Vater

    2   bei anderen Verwandten, z.B. Großeltern

    3   allein in einer eigenen Wohnung

    4   mit einem Lebenspartner/einer Lebenspartnerin in einer eigenen Wohnung

    5   mit anderen Jugendlichen zusammen in einer Wohnung ("WG")

    6   in einem Wohnheim   **(BITTE WEITER MIT FRAGE 6)**

    7   anderes: _____

---

2. Wohnst Du ...

    1   ... in einem eigenen Haus?

    2   ... in einem gemieteten Haus?

    3   ... in einer Eigentumswohnung?

    4   ... in einer gemieteten Wohnung?

---

3. Wie viele Wohnräume hat die Wohnung?
   - **ohne** Küche, Bad und Flur -   _____ Zimmer

---

4. Wie viele Personen leben in Eurer Wohnung?   _____ Personen

---

5. Hast Du ein eigenes Zimmer?

    0   nein ☞   Wie viele Personen außer Dir leben darin?: _____

    1   ja

6. Nun zum Thema "Schule / Ausbildung". Gehst Du noch zur Schule?
   Wir meinen hier nur allgemeinbildende Schulen, zur Berufsausbildung werden gleich noch Fragen gestellt.

   0   nein, nicht mehr   **(BITTE WEITER MIT FRAGE 7)**

   1   ja   ☞   Auf was für eine Schule gehst Du?
          11   Förderschule
          12   Hauptschule
          13   Realschule
          14   Gymnasium
          15   sonstige Schule:_____
          (BITTE WEITER MIT FRAGE 11)

Die Fragen 7 - 10 bitte nur beantworten, wenn Du nicht mehr zur Schule gehst!

---

7. Welchen Schulabschluss hast Du?

   0   keinen, ohne Schulabschluss
   1   Förderschule
   2   Hauptschulabschluss
   3   mittlere Reife (Realschulabschluss, Fachschulreife, Polytechnische Oberschule u.ä.)
   4   Fachhochschulreife
   5   Abitur (allgemein oder fachgebunden)
   6   anderer Abschluss, und zwar: _____

---

8. Bist Du zur Zeit in einer Berufsausbildung? Z.B. in einer Lehre, in einem Berufsvorbereitungsjahr, in einem Praktikum, oder in einer anderen Ausbildung?

   0   nein

   1   ja   ☞   Was für eine Ausbildung ist das?

          11   Berufsvorbereitungsjahr, Praktikum
          12   als Auszubildende(r) in einer Lehre   ☞   Was für eine Lehre ist das?
                                                                          _____

          13   an einer Fachschule   ☞   Welche Fachrichtung?
                                                                          _____

          14   an einer Fachhochschule / Hochschule   ☞   Welche Fachrichtung?
                                                                          _____

          (BITTE WEITER MIT FRAGE 11)

9. Hast Du einen Berufsabschluss?

    0   nein

    1   ja   ☞   Was für einen Abschluss hast Du? _____

---

10. Was machst Du zur Zeit? Hast Du einen Job, bist Du arbeitslos, im freiwilligen sozialen Jahr, bist Du Hausmann oder Hausfrau oder ist etwas ganz anderes zutreffend?

    1   Job/berufstätig   ☞   Was für einen Job oder Beruf hast Du? _____

    2   arbeitslos   ☞   Wie lange schon? Wie viel Monate? _____ Monate

    3   freiwilliges soziales Jahr

    4   Hausmann/-frau

    5   etwas ganz anderes: _____

Die folgenden Fragen sollen wieder alle beantworten!

---

11. Wie viel Geld steht Dir persönlich in etwa monatlich zur freien Verfügung? Wenn Dir Deine Eltern Geld für Kleidung oder Essen geben, so zähle dies bitte nicht dazu.

    _____ DM

---

12. Zum Schluß brauchen wir noch ein paar Informationen für die statistische Auswertung:

    Bist Du ein Einzelkind oder hast Du Geschwister?

    1   Einzelkind   2   habe Geschwister - wie viele?   _____

---

13. Welchen Beruf übt Dein Vater aus?

    0   nicht zutreffend: verstorben

    1   nicht zutreffend: arbeitslos

    2   nicht zutreffend: Hausmann

    3   nicht zutreffend: Ruhestand, Rentner

    4   berufstätig als:

    _____ ☞   Arbeitet er den ganzen Tag oder weniger?

                                       41   den ganzen Tag (Vollzeit)

                                       42   weniger   (Teilzeit)

    5   weiß ich nicht

14. Und wie ist das mit Deiner Mutter? Welchen Beruf übt sie aus?

    0   nicht zutreffend: verstorben

    1   nicht zutreffend: arbeitslos

    2   nicht zutreffend: Hausfrau

    3   nicht zutreffend: Ruhestand, Rentnerin

    4   berufstätig als:

_____ ☞   Arbeitet sie den ganzen Tag oder weniger?

                                         41   den ganzen Tag (Vollzeit)

                                         42   weniger   (Teilzeit)

    5   weiß ich nicht

Nun noch eine letzte Fragen zum Interview:

---

15. Wie gut kennst Du den/die Interviewer/in?

    0   überhaupt nicht

    1   flüchtig

    2   gut

    3   sehr gut

Einleitungstext: Guten Tag, mein Name ist ... Ich komme im Auftrag des Jugendreferates der Stadt Staufen und des Freiburger Instituts für angewandte Sozialwissenschaft. Du hast doch sicher unseren Brief erhalten. Wir führen hier in Staufen eine Jugendbefragung durch, mit der wir herausfinden wollen wie Jugendliche ihre Freizeit verbringen und welche Angebote sie nutzen. Das Interview wird ca. 20-30 min. dauern. Ist es Dir recht wenn wir jetzt damit anfangen?

Es gibt zunächst ein paar allgemeine Fragen, die Eure Wohnverhältnisse und Eure persönliche Situation betreffen. Diese Fragen möchte ich Dir nicht selbst stellen. Wir haben einen kurzen Fragebogen vorbereitet, den Du selbst ausfüllen kannst. Lass Dir dabei ruhig Zeit, ich werde solange warten, wenn Du willst auch in einem anderen Zimmer. Du kannst mir den ausgefüllten Fragebogen dann zurückgeben. Danach würde ich gerne noch einige weitere Fragen an Dich stellen und Deine Antworten in einem zweiten Fragebogen notieren.
Wir werden dann später die beiden Fragebögen in einen Umschlag tun, der zugeklebt wird. Der Umschlag wird nur für die wissenschaftliche Auswertung geöffnet, ich selbst werde den Inhalt nicht zu sehen bekommen.

ZUNÄCHST FRAGEBOGEN ZUM SELBSTAUSFÜLLEN ÜBERREICHEN!
VORHER AUF JEDEN FALL FALLNUMMER UND INTERVIEWERNUMMER DARAUF EINTRAGEN!!!
DEM/R BEFRAGTEN <u>OHNE EINFLUSSNAHME</u> AUSREICHEND ZEIT ZUM AUSFÜLLEN LASSEN!
FRAGEBOGEN DANN ENTGEGENNEHMEN UND <u>UNGESEHEN</u> IN DEN UMSCHLAG STECKEN!

Es geht nun weiter mit dem zweiten Teil der Befragung. Zunächst wieder ein paar allgemeine Angaben:

1. **GESCHLECHT NOTIEREN:**

    1   männlich
    2   weiblich

2.   Wie alt bist Du? _____ Jahre

3.   Welche Nationalität hast Du?

    1   deutsch
    2   andere   ☞   Welche? _____

4.   Wie lange wohnst Du schon in Staufen?

    0   Schon immer

    _____ Jahre   ☞   Wo hast Du zuletzt gewohnt, bevor Du nach Staufen gezogen bist? (**VORLESEN!**)

        1   In der näheren Umgebung von Staufen (bis zu 20 km entfernt)
        2   In der weiteren Umgebung von Staufen (über 20 und bis zu 50 km entfernt)
        3   Weiter als 50 km von Staufen entfernt

5.   Ganz allgemein: Was gefällt Dir an Staufen besonders gut?

    _____

    _____

    _____

6. Was ist nicht so toll in Staufen und sollte dringend verändert werden?

_____

_____

_____

7. Gibt es einen Ort, an dem Du lieber leben würdest?

0   Nein   **(WEITER MIT 8)**
1   Ja, nämlich: _____

   NACHFRAGEN: Warum möchtest Du lieber dort leben?

   _____

8. Was denkst Du? Wirst Du später als Erwachsener einmal in Staufen wohnen bleiben oder willst Du eher von hier weg?

1   Werde wahrscheinlich hier bleiben   **(WEITER MIT 10)**
2   Werde wahrscheinlich woanders hingehen   **(WEITER MIT 9)**
3   Weiß ich noch nicht   **(WEITER MIT 9)**

9. Wenn Du später einmal aus Staufen weggehen würdest, was wäre wohl der hauptsächliche Grund dafür?

   _____

10. Kannst Du Dich mit Freunden oder Freundinnen in Deiner Wohnung treffen?

1   ja
0   nein, das geht nicht ☞ **NACHFRAGEN:** Warum nicht?

   _____

10.1 Wenn Dich jemand fragt, in welchem Wohngebiet Du hier wohnst, wie würdest Du Dein Wohngebiet nennen?

   _____

11. Wenn Du mal so an das Gebiet um Deine Wohnung rum denkst. Was stört Dich da? Was gefällt Dir?

   Es **stört:**_____

   _____

   Es **gefällt:**_____

   _____

12. Wenn Du in Deiner Freizeit irgendwo hinwillst, welche der folgenden Fortbewegungsmöglichkeiten benutzt Du dabei regelmäßig? **(VORLESEN! MEHRFACHNENNUNGEN MÖGLICH)**

1   gehe zu Fuß
2   Fahrrad
3   Mofa / Moped / Motorrad
4   Bus oder Bahn
5   meine Eltern oder andere Verwandte fahren mich
6   anderes: _____

Ich komme nun zur Freizeit - also der Zeit, die Du ganz zu Deiner persönlichen Verfügung hast (ohne Pflichten wie z.B. Hausaufgaben, Geschwister hüten, im Haushalt helfen usw.).

13. Wie viel Zeit hast Du durchschnittlich an einem **Wochentag** zu Deiner freien Verfügung? **(KATEGORIEN NICHT VORLESEN!)**

1   weniger als 1 Stunde
2   1 bis unter 2 Stunden
3   2 bis unter 3 Stunden
4   3 bis unter 4 Stunden
5   4 bis unter 5 Stunden
6   5 bis unter 6 Stunden
7   6 Stunden und mehr

14. Und wie ist das an einem normalen **Samstag**? Wie viel Zeit hast Du da zur Verfügung?

1   weniger als 3 Stunden
2   3 bis unter 6 Stunden
3   6 bis unter 10 Stunden
4   10 Stunden und mehr

15. Und an einem gewöhnlichen **Sonntag**? Über wie viel Zeit kannst Du an einem normalen Sonntag frei verfügen?

1   weniger als 3 Stunden
2   3 bis unter 6 Stunden
3   6 bis unter 10 Stunden
4   10 Stunden und mehr

16. Wenn Du mit anderen in Kontakt treten möchtest, wie kannst Du die folgenden Möglichkeiten nutzen? Problemlos, mit Einschränkungen oder gar nicht? **(IN JEDE ZEILE EIN KREUZ!)**

	problemlos	gelegentlich oder mit Einschränkungen	gar nicht
Telefon	2	1	0
Handy	2	1	0
Internet (Email, Chat, usw.)	2	1	0

17. Was machst Du in Deiner Freizeit besonders häufig?

_____

_____

_____

18. Gibt es etwas, was Du in Deiner Freizeit gerne tun würdest, was Du aber nicht tun kannst oder etwas, das Du gerne häufiger tun würdest?

   0   nein, das gibt es nicht   **(WEITER MIT 20)**
   1   ja, das gibt es und zwar: **NACHFRAGEN**

_____

_____

19. Woran liegt es, dass Du das nicht oder nur zu wenig tun kannst? Fehlen dazu in Staufen Einrichtungen oder Angebote? Sind die Eltern dagegen? Ist die Wohnung ungeeignet? Ist es zu teuer oder schlecht erreichbar? Oder gibt es andere Gründe? **(MEHRFACHNENNUNGEN MÖGLICH)**

   1   Einrichtungen, Angebote fehlen
   2   die Eltern sind dagegen
   3   die Wohnung ist ungeeignet
   4   ist zu teuer
   5   ist schlecht erreichbar
   6   andere Gründe **(EVTL. NACHFRAGEN):** _____

20. Wie oft kommt es vor, dass Dir Deine Eltern etwas verbieten, das Du in Deiner Freizeit unternehmen möchtest? **(VORLESEN)**

   1   Sehr oft
   2   Oft
   3   Manchmal
   4   Selten oder nie

21. Wie oft kommt es vor, dass Dir Deine Eltern Vorschläge machen, was Du in Deiner Freizeit unternehmen könntest oder Dich bei Deinen Unternehmungen unterstützen? **(VORLESEN)**

   1   Sehr oft
   2   Oft
   3   Manchmal
   4   Selten oder nie

22. Ich möchte jetzt mit Dir diese Liste mit verschiedenen Freizeitbeschäftigungen einmal durchgehen (LISTE 1 ÜBERGEBEN). Sage mir nun bitte für jede Beschäftigung auf dieser Liste, ob Du sie **"gerne mehr machen"** möchtest, wenn Du dazu die Möglichkeit hättest.
(FÜR JEDE <u>GENANNTE</u> TÄTIGKEIT NACHFRAGEN, *WARUM* ES NICHT HÄUFIGER GEMACHT WIRD!)

	Tätigkeiten	gerne mehr	Warum machst Du das nicht häufiger?
1	sich mit Freundinnen oder Freunden treffen	1 →	
2	lesen	1 →	
3	Musik hören	1 →	
4	Fernsehen, Video gucken	1 →	
5	Sammeln	1 →	
6	Wandern, Radtouren unternehmen, Spazieren gehen	1 →	
7	mit dem Auto, Motorrad oder Moped herumfahren	1 →	
8	Zeit mit der Familie verbringen	1 →	
9	durch's Städtle bummeln	1 →	
10	eine Discothek besuchen	1 →	
11	Musik machen, Singen	1 →	
12	Malen, Zeichnen, Fotografieren, Filmen	1 →	
13	Basteln, Reparieren, Handarbeiten	1 →	
14	Spiele wie z.B. Billard, Flipper, Kicker oder Darts	1 →	
15	Selbstverteidigung/Kampfsport	1 →	

1 6	Body Building	1 →	
1 7	Erlebnissport betreiben (z.B. Drachenfliegen, Klettern)	1 →	
1 8	Sport treiben (z.B. Fußball, Leichtathletik)	1 →	
1 9	ins Kino gehen	1 →	
2 0	kulturelle Veranstaltungen besuchen (z.B. Theater)	1 →	
2 1	Konzerte für Jugendliche besuchen (z.B. Rockkonzerte)	1 →	
2 2	Gaststätte, Café aufsuchen	1 →	
2 3	sich mit Computer- und Videospielen unterhalten	1 →	
2 4	sich mit dem Computer beschäftigen (z.B. Programmieren)	1 →	
2 5	das Internet nutzen	1 →	
2 6	Sportveranstaltungen besuchen	1 →	
2 7	Sich Fortbilden	1 →	
2 8	etwas ganz anderes - nämlich: _____	1 →	

23. Nenne mir nun bitte die vier Tätigkeiten auf dieser Liste, die Du am liebsten tust: **(ZIFFERN DER LISTE NOTIEREN!)**

    1. Nennung:_____

    2. Nennung:_____

    3. Nennung:_____

    4. Nennung:_____

24. Auf der folgenden Liste stehen verschiedene Orte, wo man sich in der Freizeit aufhalten kann (**LISTE 2 ÜBERGEBEN**). Sage mir bitte, wo Du Dich häufig aufhältst. (**MEHRFACHNENNUNGEN MÖGLICH**)

1	zuhause in der Wohnung	7	auf dem Spielplatz
2	Gaststätte/Café	8	auf einem Schulhof
3	Jugendzentrum (Juze)	9	Discothek
4	auf der Straße/im Park	10	Fitneßcenter
5	Sportplatz, Bolzplatz	11	Spielhalle
6	in der Natur	12	Schwimmbad

25. Gibt es für Dich einen wichtigen Ort, der auf der Liste nicht erwähnt ist?

    0   nein
    1   ja ☞ Welcher? _____

26. Verbringst Du Deine Freizeit häufig allein?

    0   nein
    1   ja

27. Darfst Du die Woche über abends weggehen?

    0   nein, oder nur selten
    1   ja ☞ **NACHFRAGEN:** Solange Du willst oder nur bis zu einer bestimmten Zeit?
                  11 solange ich will
                  12 höchstens bis   _____ Uhr

28. Und wie ist das am Wochenende? Darfst Du da abends ausgehen?

    0   nein, oder nur selten
    1   ja ☞ **NACHFRAGEN:** Solange Du willst oder nur bis zu einer bestimmten Zeit?
                  11 solange ich will
                  12 höchstens bis   _____ Uhr

29. Gehst Du oft, gelegentlich oder nie in ... (**VORLESEN**)

	Oft	Gelegentlich	Nie
Öffentliche Bücherei	2	1	0
Auerbach´s Kellertheater	2	1	0
Stubenhaus	2	1	0
Stadtmuseum	2	1	0
Keramikmuseum	2	1	0

30. Gibt es einen Kreis junger Leute - eine Clique - mit denen Du Dich regelmäßig triffst und mit denen Du Dich zusammengehörig fühlst?

    0   nein **(WEITER MIT 35)**
    1   ja ☞ Sind in der Clique nur Jungen bzw. Mädchen oder ist sie gemischt?

             0 nur Jungen bzw. Mädchen
             1 gemischt
            (WEITER MIT 31)

31. Wie häufig trefft Ihr Euch? Fast täglich, mehrmals in der Woche oder seltener?

    3   fast täglich
    2   mehrmals in der Woche
    1   seltener

32. Habt Ihr einen regelmäßigen Treffpunkt?

    0   nein **(WEITER MIT 35)**
    1   ja

33. Wo trefft Ihr Euch?

    _____

34. Habt Ihr da manchmal Schwierigkeiten?

    0   nein
    1   ja ☞ **NACHFRAGEN:** Was für Schwierigkeiten sind das?

             _____

             _____

35. Wurdest Du im Laufe dieses Jahres hier in Staufen durch Gewalttätigkeiten anderer Jugendlicher bedroht?

    0   Nein
    1   Ja ☞ **NACHFRAGEN:** Wo war das? _____

36. NUR AN **MÄNNLICHE** BEFRAGTE:

Hast Du einen wirklich guten Freund?	0	nein	1	ja
Hast Du eine feste Freundin?	0	nein	1	ja

37. NUR AN **WEIBLICHE** BEFRAGTE:

Hast Du eine wirklich gute Freundin?	0	nein	1	ja
Hast Du einen festen Freund?	0	nein	1	ja

38. Hast Du einen Freund oder eine Freundin mit anderer Nationalität als Du selbst?

    0   nein **(WEITER MIT 40)**
    1   ja   **(WEITER MIT 39)**

39. Wo habt Ihr Euch kennen gelernt? **(VORLESEN)**

    1   in der Schule
    2   in der Nachbarschaft
    3   in einem Jugendtreff
    4   in einem Verein
    5   in meiner Clique
    6   über andere Freunde/Freundinnen
    7   woanders ☞   wo? _____

40. Wie hast Du Deine letzten Sommerferien verbracht? Bist Du in Staufen geblieben oder bist Du verreist?

    0   in Staufen
    1   verreist

41. Wäre es für Dich wichtig, dass es in Staufen Ferienangebote für Jugendliche gibt?

    0   Nein
    1   Ja ☞ **NACHFRAGEN:** Welche Ferienangebote sollten das sein?

    _____

42. Zum Thema "Freizeit" noch eine letzte Frage: Wie ist das? Langweilst Du Dich schon mal in Deiner Freizeit? Kommt das öfter vor, ab und zu, selten oder nie?

    0   nie
    1   selten
    2   ab und zu
    3   öfter

43. Ich möchte jetzt mit Dir das Thema **"Angebote für Jugendliche"** in Staufen durchgehen. Gibt es etwas, was Du in Staufen für Jugendliche besonders vermisst?

    0   nein **(WEITER MIT 45)**
    1   ja   **(WEITER MIT 44)**

44. An was denkst Du dabei?

    _____

    _____

    _____

45. Wo kann man in Staufen hin, wenn man andere Jugendliche treffen möchte?

    _____

46. Und wo geht man in Staufen hin, wenn man 'mal etwas erleben möchte?

    _____

47. Und wie ist das, wenn man 'mal ein Problem hat und Hilfe und Beratung braucht. Wohin kann man sich da wenden?

_____

48. Wäre es für Dich wichtig, dass es in Staufen eine Beratungsstelle für Jugendliche gibt?

    0   Nein
    1   Ja
    7   Weiß nicht

49. Kennst Du das Staufener Jugendzentrum (Juze)?

    0   Nein **(WEITER MIT 55)**
    1   Ja ☞ **NACHFRAGEN:**   Was gefällt Dir am Staufener Juze, was gefällt Dir nicht?

    Es gefällt: _____

                      _____

    Es gefällt nicht: _____

                      _____

    Warst Du schon einmal da?

    0   Nein   **(WEITER MIT 50)**
    1   Ja   **(WEITER MIT 52)**

50. Warum gehst Du dort nicht hin?

_____

_____

51. Sage mir bitte noch, welcher der folgenden Gründe für Dich zutrifft (LISTE 3 VORLEGEN!)

	trifft zu
1. Habe kein Interesse an solchen Treffs	1
2. Zu weit weg von meiner Wohnung	1
3. Das Programm gefällt mir nicht	1
4. Die Leute dort gefallen mir nicht	1
5. Da sind immer die selben Leute	1
6. Das ist eher etwas für Jüngere	1
7. Das ist eher etwas für Ältere	1
8. Die Erwachsenen dort stören mich	1
9. Ich unternehme lieber alleine etwas oder mit Freunden	1
10. Ich habe da zu wenig Möglichkeiten zu Engagement und Mitgestaltung	1
11. Die Räume sprechen mich nicht an	1
12. Der Weg dorthin ist zu gefährlich	1
13. Man hat dort oft Ärger mit anderen Jugendlichen	1
14. Das Juze ist zu teuer	1
15. Die Musik gefällt mir nicht	1
16. Ich kenne da niemand	1
17. Dort wird nicht jeder akzeptiert	1

(WEITER MIT 54)

52. Gehst Du dort nur ab und zu oder regelmäßig hin?

1 Ab und zu
2 Regelmäßig

Warum gehst Du dort hin?

_____

53. Sage mir bitte noch, welcher der folgenden Gründe auf dich zutrifft **(LISTE 4 VORLEGEN!)**

	trifft zu
1. Das Juze ist leicht erreichbar	1
2. Das Programm gefällt mir (z.B. die Themenabende)	1
3. Die Leute dort gefallen mir	1
4. Man kann dort neue Leute kennen lernen	1
5. Ins Juze dürfen auch Jugendliche unter 16 Jahren	1
6. Im Juze gibt es keine Erwachsenen	1
7. Ich habe da die Möglichkeit zu Engagement und Mitgestaltung	1
8. Die Räume sprechen mich an	1
9. Es ist sicher zu erreichen	1
10. Es gibt dort selten Ärger mit anderen Jugendlichen	1
11. Es kostet keinen Eintritt und es gibt dort billige Getränke	1
12. Man kann dort umsonst kickern	1
13. Die Musik gefällt mir	1
14. Ich kenne dort viele Leute	1
15. Es gibt dort gute Partys	1
16. Im Juze wird jeder akzeptiert	1

54. Hast Du die Räume des Juze schon einmal privat gemietet?

0 Nein
1 Ja

55. Was für Vereine gibt es in Staufen, die etwas für Jugendliche anbieten?
(VEREIN GENAU BENENNEN! FÜR JEDE NENNUNG NACHFRAGEN, OB ANGEBOT SCHON GENUTZT WURDE!)

Name des Vereins	Angebot schon genutzt?	
	Ja	Nein
_____	1	0
_____	1	0
_____	1	0
_____	1	0
_____	1	0

(LISTE MIT STAUFENER VEREINEN ZUR INFORMATION AN BEFRAGTE AUSTEILEN!)

56. Gibt es Angebote für Jugendliche *außerhalb* von Staufen, die Du regelmäßig nutzt? Wir meinen dabei nicht nur Angebote von Vereinen, sondern ganz allgemein.

    0   Nein
    1   Ja ☞   NACHFRAGEN: Welche sind das und in welchem Ort befinden sie sich?

    Art des Angebots / Name: Ort:

    _____   _____

    _____   _____

    _____   _____

57. Bist Du Mitglied in einem Verein, einem Verband oder einer Jugendgruppe?

    0   nein **(WEITER MIT 59)**
    1   ja   **(WEITER MIT 58)**

58. Nenne mir bitte alle Organisationen, in denen Du Mitglied bist.

    _____

    _____

    _____

    (WEITER MIT 60)

59. Kannst Du Gründe dafür nennen, warum Du **nicht** in einem Verein, Verband bzw. in einer Jugendgruppe Mitglied bist?

    _____

    _____

    (BEI ALLGEMEINEN AUSSAGEN - "KEINE LUST" U.Ä. - NACHFRAGEN: Kannst Du mir das etwas erläutern?)

60. Kennst Du in Staufen Freizeitangebote nur für Mädchen oder nur für Jungen?

    0   nein **(WEITER MIT 61)**
    1   ja   NACHFRAGEN: Hast Du schon einmal teilgenommen?

                                0 nein
                                1 ja

61. Sollte es in Staufen mehr Angebote nur für Mädchen oder Jungen geben?

    0   nein   **(WEITER MIT 63)**
    1   ja   **(WEITER MIT 62)**
    7   weiß nicht   **(WEITER MIT 63)**

62. An was denkst Du da?

    _____

63. Nach Abschluss der Auswertungen möchten wir uns gerne mit einigen Jugendlichen noch einmal zusammensetzen und intensiver über das Thema Freizeit diskutieren. Wärest Du bereit an einer solchen Diskussion teilzunehmen?

   1   Ja, ich würde an einer Gruppendiskussion teilnehmen und bin telefonisch erreichbar unter der Nummer:

       _____

   0   Nein, ich möchte lieber nicht daran teilnehmen

64. Noch eine Frage zum Interview. Wie fandest Du das Interview alles in allem? **(VORLESEN! MEHRFACHNENNUNGEN MÖGLICH)**

   1   Das Interview war zu lang
   2   Das Interview war zu schwierig
   3   Es war mir unangenehm die Fragen zu beantworten
   4   Die Fragen waren komisch und unpassend, besonders Frage(n): _____

Ende   Ich bedanke mich bei Dir für das Gespräch. Wenn Du noch etwas sagen möchtest, was aus Deiner Sicht ganz wichtig wäre, so würde ich mir das noch notieren:

       _____

       _____

Fallnummer: ☐☐☐☐☐   **Interviewer-Nummer:** ☐☐☐

Dauer des Interviews insgesamt (Befragung und Selbstausfüllen) : _____ Minuten

I. Wo fand das Interview statt?

    1   Zimmer des Jugendlichen
    2   Wohnzimmer
    3   Küche
    4   sonstiger Ort in der Wohnung
    5   außerhalb der Wohnung

II. Wer war während des Interviews anwesend?

    0   nur die Interviewpartner ☞ **WEITER MIT IV!**

    -   auch andere Personen **(MEHRFACHNENNUNGEN MÖGLICH):**
           1 Vater oder Mutter
           2 andere Erwachsene
           3 andere Kinder/Jugendliche
           (WEITER MIT III)

III. Haben sich diese anderen Anwesenden in das Interview eingemischt?
     (MEHRFACHNENNUNGEN MÖGLICH)

    0   ja, häufig
    1   ja, durch gelegentliche Kommentare
    2   nein, sie haben nur zugehört
    3   nein, sie waren mit anderem beschäftigt

IV. Welche der Aussagen über die Interviewsituation trifft zu?

    1   das Interview konnte konzentriert und flüssig durchgeführt werden
    2   das Interview war zu lang
    3   der Befragte/die Befragte nahm die Sache nicht ernst
    4   etliche Fragen wurden nicht verstanden oder waren unpassend
               ☞ Welche Fragen? (Nummern): _____

Weitere Anmerkungen zum Interview:

_____

_____

_____

_____

(ggf. Rückseite bzw. gesondertes Blatt verwenden)

Information

Das *Freiburger Institut für angewandte Sozialwissenschaft e.V.* (FIFAS) wurde 1983 als gemeinnütziger Verein gegründet. Der Arbeitsschwerpunkt ist die praxisnahe empirische Sozialforschung auf den Gebieten der Stadt-, Verkehrs- und Sozialplanung und der Wohnungswirtschaft.

Über die von uns durchgeführten Forschungsarbeiten informiert ausführlich unsere Homepage. Hier eine Auswahl unserer Studien im Bereich Kinder und Jugendliche:

2002   Grundlagen für die Jugendhilfeplanung für den Landkreis Waldshut (Jugendstudie Waldshut)

1997   Baldo Blinkert: Aktionsräume von Kindern auf dem Land: eine Untersuchung im Auftrag des Ministeriums für Umwelt und Forsten Rheinland-Pfalz. FIFAS-Schriftenreihe Bd. 5. Centaurus Pfaffenweiler.

1995   Baldo Blinkert / Peter Höfflin: Jugend-Freizeit und offene Jugendarbeit. Eine empirische Untersuchung zur Unterstützung der Jugendhilfeplanung in Pforzheim. FIFAS-Schriftenreihe Bd. 4. Centaurus Pfaffenweiler.

1993   Baldo Blinkert: Aktionsräume von Kindern in der Stadt. Eine Untersuchung im Auftrag der Stadt Freiburg. FIFAS-Schriftenreihe Bd. 2. Centaurus Pfaffenweiler.

Freiburger Institut für angewandte
Sozialwissenschaft e.V.
Wannerstr. 33

79106 Freiburg

Tel.:   0761 / 28 83 64
Fax.:   0761 / 29 27 493
email: info@fifas.de
web: www.fifas.de

Schriftenreihe des Freiburger Instituts für angewandte Sozialwissenschaft e.V. (FIFAS)

Freiburger Verkehrs AG / Freiburger Institut
für angewandte Sozialwissenschaft e.V. (FIFAS) (Hg.):
Die Umweltschutzkarte in Freiburg
*Band 1, 1986, 98 + XII S., ISBN 3-89085-139-8,
14,32 € (vergriffen)*

Neuauflage in Vorbereitung!

Blinkert, Baldo
Aktionsräume von Kindern in der Stadt
Eine Untersuchung im Auftrag der Stadt Freiburg
*Band 2, 3. Auflage 2003, 300 + X S., Abb., ISBN 3-89085-887-2,
19,43 €*

Nübling, Matthias
Sozio-kulturelle Angebote der offenen Altenhilfe in Backnang
Bestandsaufnahme des Benutzerverhaltens und Prognose
*Band 3, 1996, 224 S., ISBN 3-89085-997-6,
40,80 €*

Blinkert, Baldo / Peter Höfflin
Jugend-Freizeit und offene Jugendarbeit
Eine empirische Untersuchung zur Unterstützung
der Jugendhilfeplanung in Pforzheim
*Band 4, 1995, 167 S., ISBN 3-8255-0062-4,
25,46 €*

Blinkert, Baldo
Aktionsräume von Kindern auf dem Land
Eine Untersuchung im Auftrag des Ministeriums
für Umwelt und Forsten Rheinland-Pfalz
*Band 5, 1997, 144 S. 29 s/w Abb., ISBN 3-8255-0195-7,
19,43 €*

Nam, Sang-Hui
Leben und Wohnen in Raum und Zeit
Die Verknüpfung von Stadt- und Biographieforschung am Beispiel
des Freiburger Stadtteils Weingarten
*Band 6, 1998, 200 S., ISBN 3-8255-0233-3,
29,65 €*

Böse, Helmut
Persönlicher Rat in der Gegenwartsgesellschaft
Zu einem unterschätzten Alltagsphänomen
Band 7, 2001, 218 S., ISBN 3-8255-0324-0, 25,46 €

CENTAURUS VERLAG